Karl Peter Sprinkart
Franz-Theo Gottwald

Fair Finance

Karl Peter Sprinkart
Franz-Theo Gottwald

Fair Finance

Das Kapital der Zukunft

Mit 9 Abbildungen

HERBiG

MIX
Papier aus verantwortungsvollen Quellen
FSC® C014496

Umschlaggestaltung: Wolfgang Heinzel
Umschlagbild: shutterstock-images
Grafik: Seite 151: Thomas Mayer, www.eurorettung.org;
Seite 227: Theiss Heidolph, München
Satz: VerlagsService Dr. Helmut Neuberger
& Karl Schaumann GmbH, Heimstetten
Gesetzt aus der 10,8/14,5 Punkt Minion
Druck und Binden: GGP Media GmbH, Pößneck
Printed in Germany
ISBN 978-3-7766-2716-9

Auch als ebook

www.herbig-verlag.de

Inhalt

Einleitung

Tage des Zorns

Zukunftsangst könnte einen befallen, wenn man miterlebt, wie Politiker mit immer neuen Milliardenbeträgen um sich werfen, um ein Finanzsystem stabil zu halten, das aufgrund eines Übermaßes an Spekulation zum systemischen Risiko für die Gesellschaft geworden ist. Wozu dieser Aufwand? Welche Zukunft hat ein solches System? Worin liegt überhaupt der Beitrag dieses Systems für unsere Zukunft? Wie sieht diese aus, wenn die Spirale von hilflosen Rettungsversuchen und immer neuer Finanzierungsbedarfe weiter wächst?

Wir sind inzwischen abgestumpft. Wut und Resignation machen sich breit. In dieser Situation von *Fair Finance* zu sprechen erscheint wie ein schlechter Witz. Schließlich erleben wir gerade die soziale Unausgewogenheit der Rettungsversuche, immer mehr Details kommen ans Licht, wie innerhalb dieses Systems betrogen wird, indem z. B. Schlüsselwerte wie Leitzinsen manipuliert werden oder mit Insiderinformationen wirtschaftliche Vorteile erzielt werden. Ja, wir erleben gerade, wie dieses System, nachdem es mit der Pleite von Lehman 2008 vor dem Zusammenbruch stand und mit dem Geld der Allgemeinheit gerettet werden musste, seine toxischen Spekulationen mit Macht auf neue Ziele ausrichtet und sich durch geschickte Lobbyarbeit jedem Versuch einer Regulation entzieht. Daran ist kaum etwas fair, darin steckt jenseits kurzfristiger Spekulationsgewinne keine Zukunft.

Der Eindruck, der uns von Seiten der politischen Führungsriegen vermittelt wird, ist, dass diese Unausgewogenheit alternativlos sei. Betrachtet man allerdings die politischen Rettungsbemühungen seit 2008 unter dem Blickwinkel ihres Erfolgs, so muss man feststellen, dass die Staatsverschuldung in allen Ländern erheblich zugenommen, die Lebensbedingungen insbesondere in den Krisenländern des europäischen Südens sich erheblich verschlechtert haben und die Bedrohung des Euro bzw. des europäischen Bankensystems nicht aus der Welt geschafft werden konnte. Kurz: Es ist keine Verbesserung, sondern eine sehr deutliche Verschlechterung gegenüber der Situation von 2008 eingetreten, was nicht unbedingt für die Qualität der eingeschlagenen Maßnahmen spricht und die Behauptung der Alternativlosigkeit erheblich infrage stellt.

In dieser Situation ultimativer Bedrohung von *Fair Finance* zu sprechen, klingt daher wie ein sentimentaler Traum. In der Tat wäre es schön, wenn es in der Welt der Finanzen fair zugehen würde, wenn der von diesem System versprochene Wohlstand trotz egoistischer Einzelner durch das Wirken einer »unsichtbaren Hand« auch uns alle erreichen würde, wenn unsere Wünsche nach finanzieller Zukunftssicherung, wie in den Werbeanzeigen von Finanzdienstleistern versprochen, auch durch eine gerechtes Geben und Nehmen erreicht werden könnten, wenn dabei durch globale Finanzmärkte auch ein substanzieller Beitrag zu Bewältigung der großen ökologischen und sozialen Zukunftsherausforderungen unserer Zeit geleistet würde.

Was wie ein Wunschtraum klingt, ist jedoch keineswegs so blutleer und versponnen, wie es auf den ersten Blick scheinen mag. Es spricht einiges dafür, dass aktuell rund um das Finanzthema ein weitreichender Kulturwandel in Gang gekommen ist. Seine ersten Anzeichen sind bereits sichtbar: Die Politik beginnt nach den Kosten des Finanzsystems für das gesellschaftliche Miteinander zu fragen, in der Finanzindustrie werden neue Impulse für eine veränderte Unternehmenskultur gesetzt, der einzelne Bürger macht sich Gedanken und fragt kritisch nach, wie er sein Erspartes sinnvoll und sozialverträglich anlegen kann. Kurz, ein Kulturwandel deutet sich an, der besagt: Alle müssen sich bewegen, alle müssen sich von überkommenen Vorstellungen verabschieden, alle müssen offen für Neues sein.

1 Borderline – wie sich die Welt in der Krise verhält

Vertrauen, so wird es in Lehrbüchern der Wirtschaftswissenschaften immer wieder beschworen, bildet die zentrale Voraussetzung eines erfolgreich funktionierenden Finanzsystems. Vertrauen ist, so steht in den Lehrbüchern der Psychologie und Kommunikationswissenschaften, das Ergebnis gelingender Kommunikation. Diese beiden Verständnisse von Vertrauen sind nicht deckungsgleich; sie wieder in ein balanciertes Verhältnis zu bringen, bildet eine der großen Herausforderungen, vor denen eine demokratisch legitimierte Bewältigung der Finanzmarkt- und Staatsschuldenkrise steht.

Befragt man Menschen heute danach, inwieweit sie nach den Erfahrungen der Finanzmarktkrise von 2008 und der nachfolgenden Staatsschuldenkrise Finanzmarktakteuren und politischen Führungseliten noch vertrauen, so lässt sich zweifelsfrei feststellen, dass das Vertrauen in diesen Bereich unserer gesellschaftlichen Lebenswelt so weit erodiert ist, dass das Handeln wirtschaftlicher und politischer Eliten unter einen Generalverdacht geraten ist. Waren vor der Krise von 2008 Banker, insbesondere Investmentbanker, smarte Leitbilder eines globalen Kapitalismus, so hat sich das Blatt in der Zwischenzeit komplett gewendet. Das Stereotyp verbindet Banker mit Gier und rücksichtslosem Egoismus, der Begriff »Bankster« ist zum Brandzeichen der Mitarbeiter einer ganzen Industrie geworden – ein Begriff, in dem sich der Bruch geteilter gesellschaftlicher Werte ebenso spiegelt wie der Wunsch nach Bestrafung. »Was ist ein Einbruch in eine Bank gegen die Gründung einer Bank«[1], hatte

Bertolt Brecht einst in Zeiten der Weltwirtschaftskrise von 1929 flott gedichtet. Angesichts der im Zuge der Finanzkrise sichtbar gewordenen Praktiken und Exzesse gilt es in der öffentlichen Wahrnehmung als ausgemacht, dass es mit der jüngsten Geldschöpfung durch die Finanzindustrie nicht mit rechten Dingen zugegangen ist.

Hinzu kommt: Was mit der Lehman-Pleite zugleich zerbrach, war die Selbstverständlichkeit, mit der wir den Finanzdienstleistern die finanzielle Seite unseres Lebens anvertrauen konnten. Wir leben in einer Welt, in der Geld, Kredit, Währungen, Aktien, Bausparverträge, Lebensversicherungen etc. zur Selbstverständlichkeit geworden sind. Wir leben damit, ohne zu wissen, was es damit auf sich hat, und ohne zu realisieren, wie fragil dieses System eigentlich ist. Dies ist kaum anders als unser Umgang mit anderen technischen Systemen: Wir fahren Auto, besteigen Flugzeuge, zwängen uns in Nahverkehrszüge und leben im Alltag auf dünnem Eis. Was den Umgang mit Geld angeht: Dieser beschränkt sich meist auf die Regelung einfacher Transaktionen: Kontoauszüge drucken, abheben, einzahlen, überweisen. Finanzwirtschaftliches Kontextwissen wird kaum vermittelt. Und dort, wo es doch geschieht, wird ein von Harmlosigkeit geprägtes idealtypisches Standardmodell eines freundlichen Herrn Kaiser vorgestellt.

Ein wenig von der Fragilität dieses Systems war sichtbar geworden, als es 2001 um die Einführung der neuen europäischen Gemeinschaftswährung Euro ging, allerdings verschwand die Irritation vergleichsweise schnell. Was blieb, war das Bild einer wohlgeordneten, balancierten Finanzlandschaft. Dank liberaler gesetzlicher Rahmenvorgaben und elaborierter Modelle der Finanzindustrie, die das professionelle Management von Risiken erlauben, schien eine Welt garantierter Prosperität zumindest in westlichen Industrienationen denkbar.

Allerdings – was dann kam, war ein jähes Erwachen, ein Bruch des Vertrauens, der Blick in den Abgrund: Wo ist nun die von diesem System stets suggerierte Sicherheit geblieben? Die realen Ereignisse kennt inzwischen jedes Kind, jeder von uns kann die wichtigsten Stationen im Schlaf hersagen: im Oktober 2008 der Zusammenbruch der Investmentbank Lehman Brother, in der Folge eine weltweite Finanzmarktkrise, die einer, der es wissen muss, Josef Ackermann, in einem jüngsten Rückblick als »drohende Kernschmelze des finanziellen Systems«[2] bezeichnet hat. Das globale Finanzsystem war nicht mehr in der Lage, sich selbst zu retten, es musste durch die Staatengemeinschaft gerettet werden, was einem Systembruch in der marktliberalen Rhetorik gleichkam, die bis dahin den Aufstieg der Finanzindustrie begleitet hatte. Die Krise war systemisch, der erste Krisengipfel von London schlug geeignete Maßnahmen vor, deren Umsetzung bis heute auf sich warten lässt. Ab 2009 dann entwickelte sich durch den Druck der eben erst geretteten Märkte eine Staatsschuldenkrise, verbunden mit einer Bankenkrise, gegen die es bis heute kein Rezept zu geben scheint.

Das Erwachen war jedenfalls unsanft, die Konfrontation mit der Realität brachte vieles ans Tageslicht, was wir lieber nicht gewusst hätten. Aus dem Traum von einst ist inzwischen ein nicht enden wollender Alptraum geworden. Wie in einem schlechten Zeichentrickfilm erweist sich keines der angewendeten Mittel als wirksam, die Bedrohung wechselt einfach die Gestalt und kehrt wieder ins Spiel zurück. Von Krisengipfel zu Krisengipfel ein immer neues Katz-und-Maus-Spiel zwischen Geretteten und ihren Rettern, bei der die Politik zu verängstigten Mäusen und die Finanzindustrie zu *Big Fat Cats* mutierte. Was bleibt, ist das Gefühl, dass mit gezinkten Karten gespielt wird, dass Information eher der Inszenierung und Desinformation dient, dass etwas nicht stimmt, auch wenn man es nicht wirklich fassen kann, und am Ende das Gefühl, im Bann einer übermächtigen und launischen Macht der Märkte zu stehen. Im Zuge dieses Dramas ging vor allem eins verloren, der *Common Sense*, der gesunde Menschenverstand. Es ist bis heute nicht gelungen, erfolgreich zu vermitteln, warum es nötig war, Banken im Zuge der Lehman-Krise entgegen der Logik des Marktes zu retten. Man tat es wegen eines drohenden systemischen Risikos, vermied aber zugleich, jedwede Systemrisiken zu bearbeiten. Auch ist schleierhaft, warum es später, als aus der Finanzmarktkrise eine Staatsschuldenkrise geworden war, vernünftig sein sollte, Banken mit zinsgünstigem Zentralbankgeld auszustatten, um diese dann zum Gradmesser für die Zinsaufschläge europäischer Südstaaten zu machen. Vernunft bleibt dabei auf der Strecke. Es mangelt an nachvollziehbaren Argumenten für dieses Handeln und an den vorhergesagten Erfolgen dieser Maßnahmen. Und obendrein: Es mangelt an Gemeinsinn, d.h. der Bezogenheit der Maßnahmen aufs Ganze, an sozialer Ausgewogenheit der durchgesetzten Maßnahmen und an einer Konsequenz in der Durchsetzung neuer Spielregeln in diesem Spiel.

Wahnsinn mit Methode

Warum verstärkt sich dieser Eindruck der Hilflosigkeit des politischen Personals von Krisengipfel zu Krisengipfel, von Rettungsschirm zu Rettungsschirm? Zum einen ist es sicher die Fülle der roten Linien, die inzwischen trotz gegenteiliger Ankündigungen immer wieder überschritten wurden, d.h. die geringe Halbwertszeit der Botschaften. Dies mag den Notwendigkeiten des kommunikativen Überlebens, einer kommunikativen Physik der Macht im Zeitalter crossmedial vernetzter

Medienplattformen geschuldet sein. Zum anderen aber ist es das Immergleich der Analysen, die behauptete Alternativlosigkeit des Handels, mit der trotz mangelnder Wirkung der vormals als Lösung gepriesenen Maßnahmen gleichartige Maßnahmen mit immer höher werdenden Einsätzen als neue Lösung angepriesen werden. Hier drängt sich der Eindruck von Wahnsinn auf, ein Eindruck, der in der Bevölkerung weit verbreitet ist, wenn sie zur Euro- und Bankenrettung befragt wird.

Um dies verständlich werden zu lassen, lohnt es sich, ein paar Grundsätze zu erläutern, mit denen die Kommunikationswissenschaften gelingende bzw. toxische Kommunikation beschreiben. Letztere erklärt das Entstehen von Verhalten an der Grenze der alltäglichen Normalität. Viele Kommunikationsmuster im Zuge der Krisenkommunikation zur Finanzmarkt- und Staatsschuldenkrise erinnern dabei fatal an ein Muster, das der Kommunikationsforscher Paul Watzlawick in seinem bekannten Buch *Anleitung zum Unglücklichsein* eindrücklich beschrieben hat: *More of the Same*. In einer Geschichte beschreibt er dabei einen Mann, der alle zehn Sekunden in die Hände klatscht. Nach dem Grund für dieses merkwürdige Verhalten gefragt, erklärt er: »Um die Elefanten zu verscheuchen.« Auf den Hinweis, es gebe hier doch gar keine Elefanten, antwortet der Mann: »Na also! Sehen Sie?« – Kommt das nicht bekannt vor? Durch den konsequenten Versuch, ein Problem zu vermeiden – hier: die Konfrontation mit Elefanten – wird es in Wirklichkeit verewigt.

Wer bestimmt in einem solchen Fall, was verrückt ist und was als normal gelten kann? In der Regel besitzen Experten, also Menschen, denen spezifisches Wissen im jeweiligen Feld zugeschrieben werden kann, die Macht der Definition. Wer bestätigt das Wissen der Experten, wer entscheidet über den Expertenstatus der Experten und auf welcher Grundlage geschieht dies?

Fragt man vor diesem Hintergrund danach, wer in Sachen Eurorettung oder Bankenkrise die nötige Expertise und Definitionsmacht besitzt, so fällt der Blick zunächst auf die Zunft der Wirtschaftsexperten. Einer von ihnen, der bekannte Ökonom Hans-Werner Sinn, hat in seinem Buch *Kasino-Kapitalismus. Wie es zur Finanzkrise kam, und was jetzt zu tun ist* eine Ursachenanalyse für die Finanzmarktkrise angeboten, die vielleicht einen Ausweg bieten könnte.[3]

Der Ausgangspunkt seiner Analyse: Während die Bevölkerung und die Presse bei Gier und individuellem Fehlverhalten stehen bleiben, während Vertreter von Kirchen und anderen gesellschaftlichen Gruppen sich wertend in die Debatte einschalten, geht der Blick des Ökonomen tiefer: »Ökonomen sehen die Probleme demgegenüber weniger auf der Ebene individueller Verfehlungen als im Licht von Systemfehlern, die es zu beheben gilt. Wenn Tausende, ja Millionen von Menschen sich falsch verhalten und aus diesem kollektiven Fehlverhalten eine Krise entsteht, dann kann man mit Einzelbeispielen und noch so interessanten Storys über individuelles Fehlverhalten keinen Erkenntnisgewinn erzielen. In der Tat sind 25% Rendite-Ziel für eine Bank zu viel. Das Problem liegt aber in erster Linie nicht in der fehlenden Moral der Akteure, sondern in den falschen Anreizen, die das Rechtsinstrument der Haftungsbeschränkung in Verbindung mit einer allzu laschen Regulierung liefert. Weil es den Banken ermöglicht wird, ihr Geschäft mit einem Minimum an Eigenkapital zu betreiben, finden sie es attraktiv, mit dem Geld ihrer Kunden auf den Weltkapitalmärkten Roulette zu spielen.«[4]

Nicht die Ebene individuellen Verhaltens, sondern der Blick auf ein Regulierungssystem, das das Verhalten der Akteure an den Finanzmärkten steuert, steht im Zentrum der Betrachtung. Die Ökonomie behauptet damit für sich einen Gegenstandsbereich, der abgehoben von der alltäglichen Lebenswelt ist. Wie unzureichend diese Illusion einer aus dem sozialen und politischen, aus dem historischen und kulturellen Kontext losgelösten Verortung der Ökonomie ist, lässt sich am schlagendsten an folgender Ausführung illustrieren. »Dass Menschen gierig sind, ist bedauerlich, aber kaum zu ändern. Die Gier beschränkt sich nicht auf Bankvorstände und Manager. Auch dem Lottospieler und manchem Kleinanleger steht sie ins Gesicht geschrieben. Und natürlich muss derjenige bestraft werden, den die Gier gar zur Übertretung von Gesetzen treibt. (...) Nur trägt die Suche nach individueller Schuld weder zur Erklärung der Krise bei, noch hilft sie, neue Ordnungsregeln für das Finanzwesen zu definieren, die eine Wiederholung der Krise in der Zukunft unwahrscheinlicher machen.«[5]

Worin gründet das Menschenbild, woher stammt die Einschätzung, dass Menschen »gierig« sind, woher weiß man, dass dies eine anthropologische Grundkonstante des menschlichen Daseins darstellt, die nicht zu ändern ist? Wäre es nicht denkbar, dass die Ökonomie dabei einer Bilderwelt aufsitzt, wie sie die großen Gesellschaftsphilosophen Hume und Locke im 18. Jahrhundert aus den Zuständen ihrer Zeit heraus entwickelten? Damals galt es, einen als Kampf aller gegen alle gedachten Urzustand durch die Etablierung von Regelsystemen zu überwinden und damit die Grundlage des gesellschaftlichen Zusammenlebens zu legen. Wäre es nicht denkbar, dass die Wirtschaftswissenschaften einer Bilderwelt aufsitzen, wie sie später dann die Darwin'sche Evolutionslehre mit ihrer Idee von Zufallsmutation und Konkurrenz der Mutationen in die Welt gesetzt hat? Dies geschah vor dem Hintergrund eines gerade eben entfalteten Industriekapitalismus.

Heutige Kulturwissenschaftler, Anthropologen, Historiker würden dem scheinbar naturgegebenen Bild vom gierigen Menschen aufs Heftigste widersprechen.[6] Für sie erklärt sich menschliches Erleben und Verhalten und damit auch Verhaltensweisen wie Kooperation oder Egoismus vielmehr aus deren Einbettung in einen historisch-kulturellen Systemzusammenhang gesellschaftlicher Kommunikation und sozialer Wirklichkeitskonstruktion. Legt man diese Sicht zugrunde, wird deutlich, dass der Ökonom Sinn an dieser Stelle genau das tut, was er etwa Kirchen und anderen gesellschaftlichen Gruppen vorwirft, nämlich wertend einzugreifen. Das mag für den Alltagsmenschen Sinn legitim sein, das mag für den Stammtisch taugen, aber es reicht eben nicht dafür aus, um für die Ökonomie einen erhabenen, dem Alltagswissen an analytischer Kraft überlegenen Blick auf das Finanzmarktgeschehen zu begründen.

Und was die Bestrafung der Gesetzesübertretung angeht: Wie es scheint, kamen diese Gesetzesübertretungen gar nicht so selten vor. Es waren nicht nur Einzeltäter, die vom rechten Weg abgekommen sind, wie der Text dies nahelegt. Straftaten waren eher Teil des Systems, sie wurden auch – wie die jüngsten Enthüllungen zum Liborskandal zeigen – von den Aufsichtsinstanzen toleriert und ein Gutteil der Verletzung der gültigen Spielregeln ließ sich mit Strafzahlungen in Milliardenhöhe aus der Welt schaffen, ohne dass es zu einer echten Strafverfolgung kam. Vielleicht lohnt es sich ja an dieser Stelle doch, die Suche nach individueller Schuld ein wenig weiter zu treiben, um die Mechanismen im Detail zu verstehen und die korrumptiven Tendenzen des Systems zu identifizieren. Insbesondere gilt es, sich mit der Wertebasis von Unternehmenskultur in Finanzunternehmen zu beschäftigen und nicht gleich wieder auf die Systemebene zu springen und sich den staatlich zu organisierenden Ordnungsregeln zuzuwenden.

Bei dem eben vorgetragenen Einwand gegen das Menschenbild und das Systemmodell gängiger Ökonomie handelt es sich nicht nur um eine Frage von akademischem Interesse. Vielmehr sind es diese verborgenen Wertentscheidungen, die moralischen Prämissen, die es zu überprüfen gilt, bevor man sich einer Ursachenanalyse zuwenden kann. Und selbst dort, wo man sich einer Analyse von institutionellen Spielregeln zuwendet, wartet eine in der Ökonomie neue, zumeist weder ausgewiesene noch ernsthaft begründete Wertentscheidung. So fährt Sinn in seiner Argumentation fort: »(...) gegenüber dem wirtschaftlichen Chaos und der Gewaltherrschaft, die die sozialistischen Systeme mit sich brachten, ist selbst die Finanzkrise mit ihren Auswirkungen ein kleines Problem. Die Finanzkrise ist keine Krise des Kapitalismus, sondern eine Krise des angelsächsischen Finanzsystems, das zu Kasino-Kapitalismus mutiert und leider auch in Europa immer mehr Nachahmer gefunden hat. Sie ist das Ergebnis der Unfähigkeit der internationalen Staatengemeinschaft, ein einheitliches Regulierungssystem für Banken und andere Finanzmarktinstitute zu schaffen, die den Eigennutz der Akteure so kanalisiert, dass er sich segensreich und produktiv entfalten kann, wie man es von einer Marktwirtschaft erwartet.«[7]

Ist die Behauptung wirklich zu halten, dass die Finanzkrise mit ihren Auswirkungen ein kleines Problem ist? Das Buch ist 2009 erschienen, die prognostischen Fähigkeiten der Ökonomen sind erwiesenermaßen nicht die besten, aus der Perspektive von 2012 fällt diese Relativierung des Ausmaßes der Krise doch vergleichsweise schwer auf den Autor zurück. Mehr noch: Ist es wirklich wahr, dass es außer dem Zerrbild sozialistischer Zwangssysteme keine Alternative zu diesen aktuellen *Boom-* und *Bust*-Zyklen, zu dieser »schöpferischen Zerstörung« gibt, womit der deutsche Ökonom Schumpeter den Kapitalismus treffend bezeichnet hat? Wie häufig können wir uns diesen Wahnsinn noch leisten? Stimmt die nationalistische Tonlage, das nationalistische Stereotyp, dass es die bösen Angelsachsen sind, die die gute Marktwirtschaft auf eine falsche Umlaufbahn katapultiert haben? Kann man sich weiter auf das Modell des Wirtschaftstheoretikers Adam Smith verlassen, das im Eigennutz die Grundlage des Wohlstands aller sieht? Kann sich Eigennutz wirklich segensreich und produktiv entfalten und macht diese Entfaltung des Eigennutzes wirklich den Kern von Marktwirtschaft aus? Doch offenbar stellt kein Experte diese Fragen, weshalb es nicht verwundern mag, wenn die ökonomische Ursachenanalyse begrenzt bleibt, sich die aus ihr abgeleiteten Lösungsvorschläge im Kreise drehen und am Ende immer wieder ein »Mehr vom Gleichen« herauskommt.

Ist es denn wirklich so einfach: Kann man mit einigen veränderten Regularien, mit einigen veränderten Spielregeln nachhaltige Änderungen erreichen, wenn man gleichzeitig unterstellt, dass Menschen nun einmal gierig sind und daran nichts zu ändern sei? Wäre es bei dieser Unterstellung nicht naheliegender anzunehmen, dass es den cleveren Gierigen trotz gesetzlicher Vorschriften immer gelingen wird, Schlupflöcher zu finden, und muss man nicht feststellen, dass es, was die Strafverfolgung der Krisenverantwortlichen angeht, in der Regel bei einem Bußgeld in Millionenhöhe bleibt? Worin also begründet sich angesichts solcher Annahmen der vergleichsweise schwer nachvollziehbare Optimismus, dass neue Regeln für die Finanzmärkte neues Verhalten produzieren würden?

In Wahrheit ist das Problem deutlich breiter gelagert. Was wir brauchen, ist ein Kulturwandel, der in transparenter Weise über Werte spricht, der Einflussnetze outet und der Bewältigung der Finanzkrise eine politische Dimension gibt. Wir haben es hier mit einer Herausforderung zu tun, die in ihrer Dimension ernst zu nehmen ist. Sie betrifft wirklich alle Menschen und ihre Bewältigung kann nur durch den demokratischen Einbezug aller in einen gesellschaftlichen Dialog erreicht werden. Es geht um alles oder nichts und es geht, ähnlich dem Wiederaufbau eines Landes nach den Zerstörungen eines großen Kriegs, um die Wiedergewinnung von Gemeinsinn. Die Bedrohung von Demokratie als politische Ausdrucksform von Gemeinsinn ist durch den Druck der Märkte ganz real zu spüren. Nicht eine marktgerechte Demokratie, sondern die Entwicklung demokratiekonformer Märkte ist demgegenüber als Zielsetzung ins Auge zu fassen.

Was hier deutlich werden soll, ist, dass die Ökonomie ein Teil des Problems, nicht aber Lieferant der Lösung sein kann. Dass Ökonomie eine Wissenschaft in den Kinderschuhen mit einer Kakophonie widersprechender Meinungen ist, hat unlängst der Ökonomenstreit zur Ausgestaltung des Eurorettungsschirms gezeigt. Die von den Wirtschaftsexperten gescholtene Politik machte sich einen Spaß daraus, die Ökonomen an ihr Versagen bei der Vorhersage der Finanzkrise von 2008 und bei ihrem geringen Lösungsbeitrag zur Bewältigung der Krise zu erinnern.[8] Und um noch eins draufzusetzen: Waren es nicht nobelpreisgekrönte ökonomische Modelle, die das Werkzeug für das Hedging von Risiken lieferten oder die Einführung des Euro ausgehend von einer Theorie optimaler Währungsräume favorisierten und damit jene Probleme erst schufen, die aktuell die Schlagzeilen bestimmen?

Warum gibt es also den Irrsinn eines beständigen *More of the Same*? Warum also drehen sich die vermeintlichen Krisenbewältigungsmaßnahmen im Kreis? Weil die Analyse das Problem verkürzt, weil es die unabhängigen, sich selbst regulierenden Marktmechanismen ebenso wenig gibt wie die über die Alltagswelt erhöhten Standpunkte für Ökonomen.

Verloren im Metaphernwald

Auch wenn uns Ökonomen immer noch glauben machen wollen, dass wir als Teilnehmer am Wirtschaftsgeschehens rational agieren, so braucht es nur einen kurzen Blick auf das Vokabular zur Erklärung der Finanzmarktkrise, um deutlich zu machen, dass dies ganz offensichtlich nicht zutrifft.

»Das Vertrauen der Märkte in den Euro schwindet« – Sätze wie dieser, zumeist vorgetragen mit dramatischem Unterton und begleitet von besorgter Trauermiene, beherrschen die Nachrichtenlandschaft und mediale Inszenierung der Finanzkrise seit ihrem Beginn. Wir haben in der Zwischenzeit vielerlei Variationen dieses Satzes erlebt: Mal ist es Griechenland, dem die Märkte ihr Vertrauen entziehen, mal Italien oder Spanien, mal die Eurozone als Ganzes. Mal sind es die mahnenden Stimmen einzelner, schwer einzuordnender Marktakteure, die das wachsende Misstrauen der Märkte telegen zum Ausdruck bringen, mal assistieren bei diesem angedrohten oder realen Vertrauensentzug – wie einst in der griechischen Tragödie der Chor – die unheilige Allianz der Rating-Agenturen.

Begleitet wird dieses Drama des Vertrauensentzugs auf Seiten der Politik mit hektischer Geschäftigkeit, die sich von Gipfel zu Gipfel steigert, und mit Beschlüssen, deren Ziel es ist, den Märkten das verlorene Vertrauen wiederzugeben, indem gezeigt wird, dass ihr früheres Vertrauen in die Wirtschafts- und Finanzkraft der Eurozone gerechtfertigt war. Wieder sind es Sätze wie »Diese Maßnahmen dienen dazu, das Vertrauen der Märkte wiederherzustellen, und wir sind sicher, dass die Märkte positiv reagieren werden«, die Hoffnung machen sollen, welche sich aber – der Blick in den Rückspiegel zeigt es – bisher nie erfüllt hat.

Angesichts der inflationären Beschwörung des verlorenen oder wieder zu gewinnenden Vertrauens ist inzwischen bei uns allen ein gewisser Gewöhnungseffekt eingetreten. Dieser macht gegenüber den gezeichneten Untergangsszenarien gleichgültig. Niemand fragt mehr nach dem Sinn dieses Satzbausteins mit seiner seltsamen Tiefengrammatik: »Das Vertrauen der Märkte«. Wer oder was ist mit diesem Genitiv gemeint? Kann ein Markt, ähnlich einem Menschen in der Beziehungsfalle, überhaupt Vertrauen haben? Hat er denn Gefühle?

Allerdings: Wenn Vertrauen tatsächlich die zentrale Währung im Spiel zwischen Gesellschaft und Finanzmärkte darstellen sollte, welche Art von Expertentum braucht es dann, um wirtschaftliches Geschehen angemessen zu verstehen. Sind die Wirtschaftswissenschaften, insbesondere in ihrer mathematischen Variante, in der Lage, wirtschaftliche Entscheidungssituationen auch anders als nur mit einem Gefangenendilemma zu beschreiben? Sind wir im Alltag wirklich Entscheider, wie Monaden durch Mauern voreinander getrennt, ohne Möglichkeit zum klärenden Dialog? Geht es immer nur darum, den eigenen Nutzen zu optimieren und geht dieser immer nur auf Kosten des Anderen? Sind die Differentialgleichungen der Wirtschaftswissenschaften so gesehen nicht mehr als magische Quadrate, d. h. nicht mehr als eine an Kabbala erinnernde Zahlensemantik, die, wenn es um seriöse Prognostik geht, lieber gleich den Gang zum Astrologen nahelegen?[9] Sind die unzähligen, im aktuellen Angebot der Finanzwirtschaft feilgebotenen Produktkonstrukte nicht mehr als eine auf Unübersichtlichkeit abzielende Scheinvielfalt, wie sie uns in der Kühltheke eines Supermarkts angesichts der zahlreichen Joghurtsorten vorgegaukelt wird?

In dieser Situation kommt es darauf an, mit welchen Bildern und Sprachkonstruktionen das Geschehen der Märkte beschrieben wird und welche Handlungsmöglichkeiten diese eröffnen. Betrachtet man die Metaphern, die bemüht werden, um die Ausmaße und Auswirkungen der Finanzkrise zu erfassen, so stößt man auf einen Mix von unterschiedlichen Bilderwelten: Dort, wo es um das Thema Finanzmarktkrise und soziale Gerechtigkeit geht, wird immer wieder ein Jargon gewählt, der die Welt ausstattet mit Zockern, Schurken, Paten, journalistischen Nutten, die geschmeidig machen, Kokain, das die Gier weiter anheizt, und zuletzt wehrlosen Kleinanlegern, die immer wieder aufs Neue betrogen und durch gekaufte Gerichte um ihr Recht gebracht werden; alternativ wird auch die Fachsprache der klinischen Psychologie herangezogen, um von Egoismen, Pathologien und Perversionen reden zu können, denn sie allein ist in der Lage, die Abartigkeit der Akteure an den Finanzmärkten, ihren inhumanen Charakter, zum Ausdruck zu bringen. Dort, wo es um die offensichtliche Unfähigkeit von Politik, den Finanzmärkten wirksam zu begegnen, geht, toben sich Verschwörungstheoretiker aus und dort, wo es um das große Ganze des gesellschaftlichen Miteinanders geht, kommt man ohne die Wortgewalt apokalyptischer Beschwörungen nicht aus.

Dies soll im Folgenden anhand einer *Spiegel*-Titelgeschichte zum Finanzmarktthema aufgezeigt werden.[10] Bereits bei der visuellen Gestaltung des Artikels in Form eines provokativen Aufmacherbilds wird geklotzt: Zu sehen ist ein an die New York Stock Exchange erinnerndes Gebäude mit der Bezeichnung »Global Stock Exchange«, davor als Marionettenfiguren an Fäden ein Politikerreigen von Angela Merkel bis Barack Obama. Kommentiert wird dieses Bild mit der eindrücklichen Formel »Geld regiert die Welt – und wer regiert das Geld? – Eine Expedition in die Machtzentren der Finanzmärkte«.

Die Antwort lässt nicht lange auf sich warten: »Schlussverkauf – Ein Gespenst geht um in Europa, das Gespenst der Märkte. Es verschlingt Milliarden, es kippt Regierungen, es erzeugt Gipfelzwist. Wie Finanzmärkte funktionieren und die Politik vor sich hertreiben. – Geschichte einer täglichen Machtergreifung.«[11] Gleich zum Auftakt verbinden sich hier Endzeitstimmung mit Mystifikation: Die Wortwahl scheint zwar vordergründig gedacht als ironische Beschreibung der allgemeinen Haltung dem Phänomen gegenüber, eine Haltung, der sich *Der Spiegel* aufklärerisch entgegenstellt, aber im Grunde wird dadurch das Mysterium der Märkte noch verführerischer gemacht, verbunden mit dem Versprechen, hier und jetzt zu erfahren, wie Finanzmärkte funktionieren und wie es ihnen gelingt, die Politik zu gängeln. Auch die Botschaft ist klar: Täglich kommt es zu einer mit demokratischen Spielregeln nicht zu vereinbarenden Machtergreifung.

»Monströs sind die Summen, die auf ihren Märkten herumschwirren, sie [die Finanzmarktakteure] arbeiten in einer Sphäre, in der die Zahlen oft acht, neun Nullen haben. Es ist eine Parallelwelt, die in den vergangenen beiden Jahrzehnten verselbstständigt hat, in der Tausende Menschen Deals in Milliardengröße abwickeln, in der Computernetzwerke Geldströme um den Globus jagen, in der Schulden von einem Land aufs andere verschoben werden, in der sich Schattenbanken breitmachen und keine Buchhaltung mehr verlässlich ist, sodass überall das Misstrauen wuchert.«[12] Das macht wirklich Angst: Parallelwelten, Geldbeträge jenseits der menschlichen Vorstellungskraft, ominöse Computernetzwerke, Schattenbanken und zu allem Überfluss auch noch Abgründe in den Bilanzen, die keiner mehr überblickt. Interessant wird es dort, wo versucht wird, das Kerngeschehen der Finanzindustrie, das Zusammenspiel der Märkte zu beschreiben, dort, wo die Magie der großen Zahlen ins Spiel kommt, dort, wo es um das komplexe Zusammenspiel der Märkte, ihre wechselseitige Verschränkung und die Beschreibung der Konstruktionslogiken der Produkte geht. Von »Summen, die jede Vorstellung sprengen«, von »Paralleluniversen, in denen sich gierige Eliten verschanzt haben, die die Weltherrschaft anstreben«, ist die Rede. Unversehens landet man in einer Fabelwelt voll mit Monstern und Gespenstern, deren Spuk es zu bannen gilt. Unversehens werden selbst im vermeintlich seriösen Journalismus Bilder aus Märchen und Sagen bemüht, etwa das Bild »aus Stroh Gold spinnen«, wo es um die Beschreibung der Funktionslogik von Derivaten geht.[13] Ein Zauber liegt über dieser Welt des Geldes, »ihre Akteure verwandeln wie einst König Midas alles, was sie berühren, in Gold«, »im magischen Zirkel der Finanzmärkte« finden Schöpfungsakte aus dem Nichts statt – Akte, die vormals allein Gott vorbehalten waren wie Mephistos' finanztechnische Nachahmung des göttlichen Schöpfungsakts, der *Creatio ex nihilo*.[14] Die in diesem Zusammenhang wiederbelebten Archetypen reichen – wie Tomaš Sedláček eindrucksvoll gezeigt hat – von den Anfängen des Gilgamesch-Epos bis zur Magie des Geldes, wie sie die *Self-Help*-Psychologie unserer Tage predigt. So sehr sich die Geschichte großer Spekulationen im Rückblick immer als Geschichte gezielter Manipulationen erweist – von Rothschild bis Rambatran, von Mike Milken bis Ivan Boesky –, so sehr sich Wirtschaftsgeschichte immer wieder als Abfolge von Marktversagen erweist – von England im 13. und Spanien im 16. Jahrhundert, von der Tulpenblase bis zur *South Sea Bubble*, von den französischen Assignaten über die Bankenkräche der Gründerzeit und der Weltwirtschaftskrise bis zu unseren jüngsten Krisen, etwa dem Crash 1985, der *Dot Com Bubble*, der Supprima-Immobilienkrise und jetzt der Eurokrise –, so wenig kann die Finanzwelt ohne diese Fantasie von einem *Magic Touch* auskommen. Des Kaisers neue Kleider sind nie weit entfernt.

Angesichts dieser irrwitzigen Bilderflut ist es höchste Zeit, diesen Metaphern nachzugehen und die Hilflosigkeit zu untersuchen, die hinter dieser unangemessenen Bildersprache liegt. Eine naheliegende Vermutung, denn dieses Verlorensein im Wald magischer Metaphern, dieses *Story-Telling* in Form von Mythen, Heldenepen oder Märchen erzeugt vor allem eins: Sprachlosigkeit, die Ohnmacht und Ratlosigkeit schürt. Es liegt etwas Schicksalhaftes in dem Geschehen, es ist wie ein Fluch, den man gerade dadurch, dass man ihm entgehen will, herbeiführt. Die Bilder appellieren an die Logik des Unbewussten. Unter einer dünnen Schicht von Rationalität lauert ein magisches Denken, dem mit diesen Sprachspielen Nahrung gegeben wird.
Eine entdämonisierende, entfiktionalisierende Sprache zu finden, wäre deshalb essenziell für den Entscheidungsprozess, vor dem wir stehen: Wir können uns aus dem Sumpf ziehen, in dem wir stecken, indem wir die hinter verbalen Denkbarrieren ausgeblendeten Wahlmöglichkeiten erkennen, bestimmte Themen wieder in den gesellschaftlichen Dialog einführen, aus dem sie von Finanzindustrie, Politik und Medien gezielt ausgeschlossen wurden. Zu diesen Themen zählen unter anderem die Frage nach dem *cui bono / cui boni*, die Frage nach den Interessen der handelnden Finanzakteure, die Frage nach den Erkenntniszielen einer quasi-naturwissenschaftlichen Ökonomie mit ihren abstrakten Marktmodellen und die Frage nach der Ausgrenzung der überwiegenden Bevölkerungsmehrheit und ihrer Interessen aus diesem Dialog.
Gespenster, das wissen wir seit *Ghost Busters*, lassen sich fangen und mit einem geeigneten Exorzismus austreiben. Kompliziert mag innerhalb der gängigen politischen Rituale der Weg der Konsensfindung sein, wie diese Dämonen ausgetrieben werden können. Die Vorgehensweise bei diesem Exorzismus muss

jedoch vergleichsweise schlicht sein: Es bedarf vor allem der Einsicht, dass ein »Weiter so« für die Welt nicht mehr zu verantworten ist, das systemische Risiko des bisherigen Systems einfach zu hoch ist.

Planet Finance – von Märkten und Monstern

Finanzmärkte werden vielerorts als Paralleluniversum beschrieben. Sie seien eine andere Galaxie, deren schiere Dimensionen im Verhältnis zu den Realitäten unseres Wirtschaftsuniversums und der in diesem erwirtschafteten Güter, der Weltwirtschaftsleistung (BIP), alle Vorstellungen sprengt. Man fühlt sich an jene Zahlenspiele erinnert, mit der Physiker und Astronomen gerne von Alpha Centauri, dem nächsten, aber dennoch Milliarden von Lichtjahren entfernten Stern berichten. Wir bewegen uns in unermesslichen Weiten, in denen andere Gravitationsgesetze sowie Zeittaktungen im Nanosekundenbereich gelten. Wie kann man sich diesem Paralleluniversum, das für manche Zeitreisende über Wurmlöcher zugänglich zu sein scheint, nähern?
Es ist ein komplexes System mit vielen Akteuren, die von Versicherungsgesellschaften, Investoren für Aktienfonds, Devisenhändler, Derivatehändler bis hin zu Hedgefondmanager reichen. Jeder dieser Akteure lenkt in diesem System einen winzigen Teil der Geldströme im Interesse seiner Kunden, die sich aus *High Networth Individuals* bis hin zu biederen Einzahlern in Lebensversicherungen rekrutieren. Das bedeutet, »hinter jedem dieser (…) Finanzmarktakteure stehen Tausende von Menschen, die ihr Geld vermehren wollen«.[15]
Hinzu kommt: Es sind komplex ineinander geschachtelte Märkte, diese Märkte für Bonds, Staats- oder Unternehmens-

anleihen, Aktien und Devisen. Die Teilmärkte beeinflussen sich gegenseitig, verhalten sich wie eine einzige Reaktionskette, wie ein endloses Dominospiel: Die Aktien bestimmen die Währungen, welche die Staatsanleihen beeinflussen, welche auf den Aktienkurs einwirken. »Wo die Bewegung losgeht, ist oft nicht zu sehen. Der ominöse Markt ist am Ende nichts anderes als das sich sekundenschnell bewegende Geld und es fließt dorthin, wo es sich am besten vermehrt. Die globale Suchbewegung geschieht im Takt der Informationen, die gerade über den Ticker laufen.«[16]

Charakteristisch für die Märkte ist, dass sie teils global, teils durch extreme Konzentrationsprozesse etwa im weltweiten Devisenmarkt gekennzeichnet sind. Fünf Banken halten hier 50 Prozent des Marktes, der mit Abstand größte Player ist die Deutsche Bank: Ein Fünftel aller Devisengeschäfte laufen über sie. Kennzeichnend für diesen Markt sind vor allem neuartige Instrumente. Sie haben die Finanzmärkte zu dem gemacht, was sie heute sind: ein systemisches Risiko für die Weltwirtschaft und dennoch, wie es scheint, unverzichtbar. »Derivate (…) sind kompliziert verschachtelte, exotische Wetten (…). Ihr Wert leitet sich ab von der künftigen Preisentwicklung bei Rohstoffen, Aktien, Zinsen oder Devisen. Es geht um Geschäfte, die in der Zukunft spielen, um Wetten und Erwartungen. Es ist ein Markt, der alle Märkte wie ein Schatten begleitet und noch weiter miteinander verschränkt.«[17]

Ausgehend von Zahlen, wie sie die Weltbank und der Internationale Währungsfond zur Verfügung stellen, lässt sich die Situation der Finanzmärkte in ihrer Gesamtheit etwa so beschreiben: Wir haben es im Kern mit einer jährlichen globalen Wirtschaftsleistung von 70 Billionen US-Dollar zu tun. Allein der Devisenmarkt wird auf 1007 Billionen US-Dollar geschätzt, im Derivatemarkt stecken 708 Billionen US-Dollar, im Aktienmarkt 63 Billionen US-Dollar und im Anleihenmarkt der Staats- und Unternehmensanleihen sind weitere 24 Billionen US-Dollar gebunden. Dagegen nehmen sich der Arbeitsmarkt mit 55 Billionen US-Dollar, der Energiemarkt mit 7 Billionen US-Dollar und der Immobilienmarkt mit 0,4 Billionen US-Dollar schon fast bescheiden aus. Hinzu kommt ein Geldmarkt, d. h. der Interbankenmarkt, auf dem sich Banken kurzfristig untereinander Geld leihen: Er ist aktuell weitgehend trocken, weshalb die Zentralbanken einspringen und massiv Geld in diesen Markt pumpen, zuletzt allein in Europa in zwei Tranchen jeweils 500 Milliarden Euro.

Auf diesen Finanzmärkten sind die Banken mit einem Kapital von 95 Billionen US-Dollar nach wie vor die wichtigsten Akteure, allerdings sind Schattenbanken und Hedgefonds mit 60 Billionen US-Dollar und institutionelle Investoren wie Versicherungen und Pensionsfonds mit 39 Billionen US-Dollar in der Zwischenzeit zu gewichtigen Playern aufgestiegen. Zentralbanken mit einem Kapital von 10 Billionen US-Dollar, öffentliche Finanzinstitute (z. B. KfW) mit einem Gesamtkapital von 12 Billionen sowie Staatsfonds mit einem Kapital von 5 Billionen US-Dollar runden das Bild ab.

Aus diesen Zahlen ergeben sich folgende triviale Einsichten und Fragen:

- Vergleicht man die Zahlen zur Kapitalausstattung der Player mit den Summen, die auf den Märkten bewegt werden, dann lässt sich ganz einfach ein fatales Ungleichgewicht feststellen: Die Akteure bewegen ein Vielfaches von dem, was durch ihre Kapitalausstattung abgesichert ist.
- Diese Akteure sind trotz allem riesig. Im Grunde sind sie viel zu groß, sodass ihr möglicher Zusammenbruch zu einem Systemversagen führt. Im Ernstfall wird sie auch das Prinzip des »*too big to fail*« kaum schützen können.

- Fraglich ist, ob die Akteure eine sinnvolle Funktion (Prämisse: Dienstleister für die Realwirtschaft) erfüllen. Oder hat sich der Sektor Finanzwirtschaft mit seinen spekulativen Produktwelten einfach von der Realwirtschaft abgekoppelt?

Die weitere irritierende Eigenschaft dieses Systems ist eine von lebensweltlichen Überlegungen weit entfernte Moral. »Warum soll das unmoralisch sein, gegen Länder zu wetten, deren Regierungen jahrelang in geradezu idiotischer Weise Schulden gemacht haben? Und warum soll ich als ein kleiner Fondmanager aus Dallas, Texas, daran schuld sein, dass Europa seine Billionenschulden nicht in den Griff kriegt? (...) Die Politik versagt. Nicht die Märkte versagen.«[18] Noch deutlicher hat es jüngst ein anderer amerikanischer Hedgefondmanager auf Bloomberg TV auf den Punkt gebracht: »*We can make a killing out of the break up of the Euro Zone.*« Bereits die Wortwahl macht deutlich, welch Geistes Kind dieser Finanzmanager ist und welche Erwartungen sich für ihn mit dem Ende des Euro verbinden: nackter Profit.

Dabei liegt beiden Aussagen eine sehr einseitige Sicht des Themas Staatsverschuldung zugrunde, die das fragwürdige Verhalten des Finanzsektors aus vergangenen Jahren unterschlägt. Denn erst mit lang anhaltender Kreditbereitstellung, Deregulierung und finanzieller Innovation, die das Volumen erst aufgebläht hat, konnte es zu diesen Staatsmiseren kommen. Darüber hinaus: Die Finanzindustrie selbst wurde 2008 unter anderem von diesen nun klammen Ländern gerettet und diese Schulden wurden von ihr als ganz normale Darlehen an diese Länder gegeben. Mit anderen Worten: Es waren Banken, die die Bonds und Staatsanleihen gekauft haben, im Fall Griechenland waren es zum Teil Investmentbanken wie beispielsweise die US-Bank Goldman Sachs, die die Vertuschung der griechischen Staatsschulden durch Zweckgesellschaften und damit den EU-Beitritt überhaupt erst ermöglicht haben. Die Haltung der oben zitierten Banker ist also schon sehr selbstgerecht und Ausdruck genau jener Ideologie, die die große Blase erst geschaffen hat und nun den eigenen Anteil daran unter den Teppich kehrt. Zutreffend in ihrer Argumentation ist vielleicht, dass die Politik den Geldumlauf durch Bereitstellung billigen Geldes ausgeweitet hat, allerdings stoßen in der aktuellen Situation Maßnahmen dieser Art auf ungeteilte Zustimmung, wenn z. B. die EZB den europäischen Geldmarkt mit tausend Milliarden zu einem Prozent versorgt.

Die Zustandsbeschreibung des bedrohlichen Paralleluniversums *Planet Finance* bricht *Der Spiegel* auf zehn Punkte herunter:

1. »Monströs sind die Gefahren, die auf den Finanzmärkten lauern: Die Billionen in der Parallelwelt vermehren sich (...) so, dass spekulative Blasen folgen.
2. Sie streben (...) nach einer Rendite, die auf realen Wachstumsmärkten kaum zu erzielen ist, und lenken so immer mehr Kapital in die Finanzmärkte.
3. Die Banken erfinden deshalb (...) stetig neue Finanzprodukte, die undurchsichtig sind und hochriskant.
4. Die Banken wirtschaften (...) unbehelligt mit zu wenig Eigenkapital.
5. Die Finanzmärkte sind (...) intransparent, ihre Risiken oft unbekannt.
6. Die Konzentration auf die Finanzmärkte hat (...) Großbanken hervorgebracht, die systembedrohend sind.
7. Die Computerisierung der Märkte fördert (...) das Herdenverhalten.
8. Die Vernetzung der Finanzmärkte über Derivate führt (...) zu einer Synchronisierung der Märkte, das parallele Auf und Ab verstärkt die Krisengefahr.

9. Die Finanzmärkte widersetzen sich (...) einer verstärkten Regulierung, weichen in Schattenbanken aus.
10. Die Finanzmärkte untergraben (...) Marktwirtschaft und Demokratie.«[19]

Nur an zwei von diesen Gefahren der Finanzmärkte, so heißt es weiter, würden die G-20-Staaten derzeit arbeiten: an der unzureichenden Eigenkapitalquote der Banken und der fehlenden Transparenz.

Man mag über Details dieser Systembeschreibung streiten, allerdings finden sich im Kern vergleichbare Darstellungen bei einer Vielzahl von Autoren und Marktbeobachtern. Akzeptiert man eine solche Systembeschreibung, dann kann einem für die Zukunft der Weltgesellschaft nur noch angst und bange werden. Es scheint eine Lawine auf uns zuzurollen, der niemand Einhalt gebietet. Das Ganze hat den Charakter einer unabwendbaren Naturkatastrophe. Gerade deshalb machen solche Geschichten hilflos und lassen bei all der Schwarzmalerei übersehen, dass es durchaus möglich ist, in neuer Weise über die Zukunft der Finanzindustrie nachzudenken.

Nachrichten aus dem Mikrokosmos des Kapitals

Nicht nur die schiere Größe, sondern auch das, was an Nachrichten aus der Innenwelt der Finanzindustrie zu uns drang, war dazu angetan, den Schrecken zu verstärken und das Erwachen bitter zu machen.

Da waren zunächst einfache Betrugsgeschichten, allerdings in einem Volumen, das jenseits jeder Vorstellung lag. Von dem großen Ökonomen Keynes stammt das Bonmot, dass Finanzkrisen wenigstens einen Vorteil haben: Sie lassen als Erstes

Finanzbetrüger auffliegen. Einer der spektakulärsten Betrugsfälle, die im Zuge der Finanzkrise ans Licht gekommen sind, war der Fall des Bernard L. Madoff. Madoff, ein angesehenes Mitglied der Wall Street Community, hatte einen hochgelobten Hedgefond betrieben, der über viele Jahre fabelhafte Renditen lieferte. Es galt als besondere Ehre, in den Club der Investoren von Madoff aufgenommen zu werden, und so nahm es nicht wunder, dass sich viele Prominente und auch große Stiftungen unter den Investoren befanden. Die eigentliche Investmentstrategie der Madoff-Fonds galt als Geschäftsgeheimnis, aber daran störte sich niemand, solange die Renditen stimmten und solange genügend frisches Geld von neuen Investoren in die Fonds floss. Denn das schlichte Geheimnis von Madoffs Fonds bestand darin, dass das Geld der neuen Investoren schlicht genutzt wurde, die außergewöhnlichen Returns an die Erstinvestoren auszuzahlen, sodass diese, überzeugt durch den Erfolg ihres Investments, zu einem hohen Prozentsatz ihre Gelder inklusive Erträge in den Fonds beließen. Die hochgelobte Investmentstrategie von Madoff bestand folglich darin, das eingesammelte Geld als Festgeld einigermaßen gut verzinst anzulegen und sich ansonsten aus dem Neukundengeschäft zu bedienen. Der Betrug war nichts weiter als ein simpler Kettenbrief, ein Ponzi-Schema, nicht weit entfernt von Adele Spitzeders Bauernbank. Erstaunlich ist, dass dieses geradezu lächerliche Betrugsschema im Epizentrum der höchst entwickelten Finanzmärkte der Welt keinem aufgefallen sein sollte. Neben dem zweifellos großen schauspielerischen und erzählerischen Talent von Madoff mögen – so muss man zumindest vermuten – auch die stattlichen Provisionen zu dem dubiosen zweifelhaften Erfolg beigetragen haben, welche Madoff Banken und anderen Finanzvermittlern zahlte, wenn sie seinen Fonds neue Kunden und frisches Geld zuspielten.

Als die Finanzkrise losbrach, flog Madoff auf. Er wurde wegen der besonderen Schwere der Schuld zu einer drakonischen Gefängnisstrafe von 150 Jahren verurteilt. Damit könnte man die Sache auf sich beruhen lassen, wenn es da nicht eine lange Liste von vergleichsweise ähnlichen Vergehen gäbe, die in der Summe den Eindruck erwecken, dass die ethischen Standards in den Unternehmen der Finanzindustrie in den Jahren vor 2008 erheblich gelitten hatten. In diesem Zeitraum ereignen sich der Enron-Skandal und die Worldcom-Pleite. In beiden Fällen hatten die Verantwortlichen mithilfe undurchsichtiger Finanztransaktionen ein Unternehmenswachstum suggeriert, das in Wirklichkeit nur auf dem Papier existierte. Die Enron-Story, die Enron zeitweilig zum Unternehmen mit der weltweit höchsten Marktkapitalisierung machte, blendete im Übrigen auch die Prüfer einer der größten Wirtschaftsprüfungsgesellschaften der Welt, Arthur Anderson LLP, die nach der Aufdeckung des Skandals liquidiert werden musste. Auch der Insider-Trading-Ring, den der Hedgefond-Manager Raj Rajaratnam betrieb und an dem mutmaßlich auch der langjährige Chef der Unternehmensberatung McKinsey, Rajat Gupta, als Informant beteiligt war, gehört auf die Charts der unvorstellbaren Betrugsfälle.

Dem steht ein Skandal, der jüngst aufgedeckt wurde, an Dreistigkeit nicht nach. Hierbei ging es um die systematische Manipulation von Referenzzinsen, d. h. der Zinssätze, mit denen sich Banken untereinander Geld leihen. Im Zentrum der aufgedeckten Manipulationen stand der sogenannte Libor (*London Interbank Offered Rate*), der durch die tägliche Abfrage der Meldungen zentraler Marktteilnehmer ermittelt wird. Dieser Zinssatz ist deshalb wichtig, weil eine Vielzahl von Finanzgeschäften auf diesen Zinssatz bezogen sind und sich durch Manipulation dieses Zinssatzes die Ergebnisse anderer Finanzwetten erfolgreich steuern lassen. Was den Libor-Skandal bemerkenswert macht, sind drei Dinge: das Ausmaß der im untersuchten Zeitraum von der Manipulation betroffenen Börsengeschäfte, die lange Liste der involvierten Finanzinstitute, die sich wie das *Who is Who* der Finanzindustrie liest, und die Tatsache, dass die Angelegenheit erst bekannt wurde, nachdem der Hauptbeschuldigte Barclays sich mit der amerikanischen Börsenaufsicht SEC auf eine Rekord-Bußzahlung von annähernd einer halben Milliarde US-Dollar geeinigt hatte. Im Zuge der öffentlichen Diskussion der Vorgänge wurde zudem deutlich, dass vermutlich die Aufsichtsorgane diese Praxis geduldet, wenn nicht sogar befürwortet hatten, und dass es Hinweise auf Unregelmäßigkeiten bereits zu einem weit früheren Zeitpunkt gegeben hatte, denen man nicht weiter nachgegangen war. Vermutlich hatte man befürchtet, dass sonst das gesamte System zur Ermittlung dieser Referenzzinssätze und der daran gekoppelten Geschäfte in Misskredit geraten würde und einer Revision unterzogen werden müsste.

Bleibt die Frage: Warum lassen sich Finanzmarktakteure, die alles andere als schlecht bezahlte Jobs haben, auf derartige Manipulationen ein? Die Antwort ist schnell gegeben: Es sind falsch gesetzte Anreizsysteme, die die Kultur der Finanzindustrie verändert haben. Neben dem stattlichen Grundgehalt locken überirdische Bonizahlungen, die in der öffentlichen Diskussion, insbesondere bei Banken, die vom Staat gerettet werden mussten, mittlerweile zu einem großen Stein des Anstoßes geworden sind. Solche Anreizsysteme führen zu einer Fehlentwicklung der Unternehmenskultur. Das offenbart das als offener Brief in der *New York Times* publizierte Kündigungsschreiben des Ex-Goldman-Sachs-Investmentbankers Greg Smith. Smith wirft seinem ehemaligen Arbeitgeber vor, die Bank stelle Profite weit über die Interessen der Kunden, und legt ihm dringend nahe, sich von »moralisch bankrotten Mitarbeitern« zu trennen. Diese bezeichneten ihre Kunden schon gerne mal als »*Muppets*«, als »Dummköpfe«, die sich leicht manipulieren lassen. Wer im System Goldman Sachs Karriere machen will, so Smith, müsse folgende Leitsätze beherzigen: »Überrede deine Kunden, Produkte zu kaufen, die der Bank die höchsten Provisionen bringen. (…) Suche dir einen Platz in der Bank, an dem du mit illiquiden und undurchsichtigen Produkten handelst, deren Bezeichnung aus drei Buchstaben besteht.«[20]

Dieser Brief hatte eine enorme Medienresonanz. Die Bank war zuletzt 2010 in den Schlagzeilen wegen angeblichen Wertpapierbetrugs, durch den Anleger rund eine Milliarde US-Dollar verloren haben sollen. Viele Menschen sahen sich in ihrer Einschätzung bestätigt, Banker seien gierig und skrupellos – gerade jene von Goldman Sachs.

Goldman Sachs zählt zur Liste jener 28 Finanzinstitute weltweit, deren Existenz für das Weltfinanzsystem im Gefolge der Finanzmarktkrise von 2008 als unverzichtbar angesehen wurde.

Liste der unverzichtbaren Finanzinstitute
(Stand November 2012)[21]

Risikoklasse	Banken
5	–
4	Citigroup Deutsche Bank HSBC JP Morgan Chase
3	Barclays BNP Paribas

Risikoklasse	Banken
2	Bank of America Bank of New York Mellon Credit Suisse Goldman Sachs Mitsubishi UFJ FG Morgan Stanley Royal Bank of Scotland UBS
1	Bank of China BBVA Groupe BPCE Group Crédit Agricole ING Bank Mizuho FG Nordea Santander Société Générale Standard Chartered State Street Sumitomo Mitsui FG Unicredit Group Wells Fargo

Too big to fail – zu groß, um zu scheitern – lautete damals die Formel, mit der der herausgehobene Status und die damit verbundenen Unterstützungsmaßnahmen gerechtfertigt wurden. Allerdings darf man nicht übersehen, dass die Banken, deren Scheitern ein systemisches Risiko für die Liquiditätsversorgung der Märkte und der Wirtschaft darstellen könnte, ja auch in Zeiten vor dem Crash diejenigen waren, die die höchsten Risiken eingegangen waren und dies noch tun!

Etwa zeitgleich mit dem offenen Brief von Greg Smith hatte eine andere Nachricht den Leser aufhorchen lassen und das Vertrauen in die Handlungsfähigkeit der Finanzindustrie weiter tief erschüttert. Die größte Bank der Welt, JP Morgan Chase, hat in einem komplexen Eigenhandelsgeschäft innerhalb kürzester

Zeit irgendetwas in der Größenordnung von fünf Milliarden US-Dollar verloren. Der Skandal des Skandals: Das Geschäft war dem Management bekannt und konnte nicht wie in anderen Fällen auf eigenmächtig agierende Mitarbeiter wie beispielsweise im Fall von Jérôme Kerviel von der französischen Großbank Société Générale abgeschoben werden. Hier drängt sich die Frage nach dem Risikomanagement einer Bank auf, die selbstverständlich auch zur Gruppe der *Too big to fail*-Banken gehörte. Der Deal ereignete sich im Eigenhandel der Bank, also in jenem Bereich, der die Bestände der Bank lukrativ anlegen soll. Dazu wurde offenbar eine Wette auf das Sinken eines spezifischen Index abgeschlossen. Wie es sich gehört, wurde dieses Geschäft durch ein Gegengeschäft abgesichert. Nur: Am Ende geriet dieses Gegengeschäft außer Kontrolle, weil, so wird vermutet, die anderen Marktteilnehmer die Zukunftsentwicklung des Index für Kreditausfallsversicherungen im Rahmen des eigentlichen Geschäfts positiver beurteilten als der ominös »The Wale« genannte Mitarbeiter von JP Morgan Chase. Wenn Sie jetzt beim Lesen das Gefühl haben, nicht mehr wirklich folgen zu können, wie diese Strategie funktionieren sollte, dann sind Sie damit nicht allein: Ganz offensichtlich war das Anlagemodell derart komplex, dass die Erfinder ihre Wirkung im Marktgeschehen ebenfalls nicht präzise verstanden haben und deshalb durch eine vergleichsweise simple Gegenstrategie eines anderen Marktteilnehmers ausgehebelt werden konnte. Zum Problem wurde dabei zum einen, dass es sich bei dem Geschäft um eine Wette, um eine klassische Spekulation handelte, zum anderen, dass die Hebel, die »The Wale« einsetzte, um profitabel zu sein, derart groß waren, dass sie zu einem Systemrisiko werden konnten. Die Bank hatte in dieses Eigengeschäft einen Betrag von 140 Milliarden US-Dollar eingesetzt, davon allerdings nur einen Teil abgesichert, sodass plötzlich 70 Milliarden ungedecktes Risiko in diesem Deal steckten. Man kann sich an dieser Stelle zurücklehnen, denn bei einem Jahresgewinn von 19 Milliarden US-Dollar und einem Gesamtumsatz von 97,234 Milliarden US-Dollar (2011), darf man darauf vertrauen, dass die Verluste aus dieser Wette zwar den Gewinn der Bank in Jahr 2012 erheblich schmälern werden, allerdings nicht in einem Umfang, der es nötig macht, die Bank mit öffentlichen Mitteln zu retten, um einen Kollaps des Weltfinanzsystems zu verhindern.

Um eine Wiederholung derartiger Systemrisiken zu verhindern, hatte man unmittelbar nach der Lehman-Pleite eine Reihe von Banken fusioniert, unter anderem JP Morgan Chase, das die Investmentbank Bear Stearns mit übernahm, außerdem 28 Institute auf die besagte »*Too big to fail*«-Liste gesetzt, diese zu einer Erhöhung der Kernkapitalquote gezwungen und sie unter ein kontinuierliches Monitoring gestellt. Zudem war in den USA unter Obama eine Gesetzgebung initiiert worden, der sogenannte *Frank Dodd Act*, der unter anderem vorsieht, dass der Eigenhandel der Banken mit sehr strengen Auflagen begrenzt ist. Einer der erbittertsten Gegner dieser Gesetzgebung war der CEO von JP Morgan Chase Jami Diamond, der in dieser Regulierung eine unzulässige Einmischung des Staates in die Handlungsfreiheiten der Banken sah.

Die Auswirkungen der Finanzkrise von 2008 waren dramatisch. Sie hat Volkswirtschaften wie Island, Irland oder Griechenland ins Wanken gebracht, die Landschaft der Finanzinstitute durch erzwungene Zusammenschlüsse umgestaltet, Landesbanken so gravierend geschädigt, dass sie nur mit Staatshilfen in Milliardenhöhe gerettet werden konnten, und sie hat vor allem das Leben und die Zukunft von Millionen Menschen drastisch zum Schlechteren verändert. Die Suche nach Schuldigen und Sündenböcken ist daher sehr verständlich und auch die Hoffnung, dass der eine oder andere für das angerichtete Leid zur Verantwortung gezogen werden kann. Im Visier der Öffentlichkeit hat auch die weltgrößte Investmentbank Goldman Sachs gestanden. Ihre Geschäftspraktiken, die in diversen Untersuchungen kritisch beleuchtet worden waren, hatten sich als nicht vereinbar herausgestellt mit dem vorherrschenden Verständnis von Ethik.

Im Kern der damaligen Untersuchungen stand ein Immobilienderivat (CDO) mit dem schönen Namen »Abacus 2007-AC1«, ein Name, der ein wenig an Harry Potters Zauberbesen »Nimbus 2000« erinnert. Die Magie dieses Derivats bestand darin, dass man damit auf die Entwicklung des amerikanischen Immobilienmarktes wetten konnte. Was die Sache pikant machte, war, dass dem Hedgefondmanager John Paulson, der für seine Spekulation auf ein Platzen der US-Immobilienblase bekannt war, die Chance gegeben wurde, die Immobilienkredite auszuwählen, welche diesem CDO-Produkt zugrunde liegen sollten. Das Wertpapier war dadurch auf Wertverlust programmiert gewesen, während gleichzeitig die Händler von Goldman Sachs dieses Derivat als sicheres AAA-geratetes Produkt institutionellen Investoren wie Pensionsfond anboten. Dabei belegen E-Mails der Händler, dass man im Hause schon wusste, dass dieses Produkt nur scheitern konnte. Hinzu kam, dass Goldman Sachs selbst im Eigenhandel ebenfalls mit anderen Instrumenten massiv darauf wettete, dass die Immobilienblase platzen würde. Man verkaufte also einen Gebrauchtwagen, von dem man wusste, dass sein Motor in Kürze den Geist aufgeben würde. Der naheliegende Vorwurf: Goldman Sachs hätte sich an seinen Kunden bereichert.

Die US-Börsenaufsicht SEC hatte Goldman Sachs wegen dieses Vorgangs angeklagt, das Finanzhaus stimmte bereits 2010 einer Strafe von 550 Millionen US-Dollar zu. Die Bank räumte ein,

Investoren bei dem besagten Deal unzureichend informiert zu haben, konnte aber durch ihre Bußzahlung eine zivilrechtliche Betrugsklage wegen Missbrauchs von CDOs abwenden und blieb ansonsten unbescholten. Diese Vereinbarung hatte jedoch für erheblichen Ärger in der Öffentlichkeit gesorgt und dazu geführt, dass der Vorgang in einem Senatsausschuss aufwendig untersucht wurde. In einem 639 Seiten langen Senatsbericht vom April 2011 wird Goldman beschuldigt, sich auf Kosten seiner eigenen Kunden bereichert zu haben. Die Autoren des Senatsberichts drängten nun das Justizministerium zu Ermittlungen. Im August 2012 hat allerdings das US-Justizministerium verkündet, dass keine strafrechtliche Verfolgung angestrengt werden wird, da nach eingehender Prüfung die im Senatsbericht vorgelegten Beweismittel für eine Anklageerhebung nicht ausreichen würden. Damit werden weder das Unternehmen noch einzelne am Deal beteiligte Mitarbeiter strafrechtlich zur Rechenschaft gezogen.

Angesichts der massiven Folgen der Finanzmarktkrise ist dieses Ergebnis wenig befriedigend, es gibt altbekannten Verdächtigungen einer unheiligen Allianz zwischen Politik und Finanzindustrie neue Nahrung. Und es erschreckt, zu sehen, dass es für diese Krise keine Instanz gibt, die dafür verantwortlich gemacht werden kann. Dies wirft natürlich die Frage nach dem herrschenden Rechtssystem auf. Das Geschäftsgebaren von Goldman Sachs war ohne Zweifel unfair, aber es wird von der höchsten Rechtsinstanz der USA als legal angesehen. »Auch fast vier Jahre nach dem großen Crash wurde immer noch keine Bank oder kein Banker zur Verantwortung gezogen. Das Gerechtigkeitsempfinden der Amerikaner ist zutiefst verletzt. Die Öffentlichkeit hat die Wall Street längst verurteilt: schuldig in den Anklagepunkten Betrug und Bereicherung. (…) Nur Gerichte kommen nicht dazu, ein Urteil zu sprechen.

Denn die meisten Verfahren werden eingestellt, bevor es zu einem Prozess kommen kann. Insofern ist der Goldman-Fall symptomatisch. Die Finanzkrise führt das Justizsystem an seine Grenze.«[22]

Was die Strafverfolgung angeht, so schreckt auch die SEC regelmäßig davor zurück, Prozesse gegen Banken vor Gericht auszufechten. Das in diesem Fall sichtbar werdende Muster – Aufdeckung unlauterer Praktiken, Durchführung einer Untersuchung durch verschiedene Instanzen der Finanzmarktaufsicht, Freikauf der beschuldigten Unternehmen – zieht sich durch alle jüngsten Skandale. Zumeist erfährt die schockierte Öffentlichkeit erst von den irregulären Geschäftspraktiken, wenn der Deal zwischen Aufsichtsbehörde und Bank bereits ausgehandelt ist und sich die beschuldigte Bank durch Strafzahlungen bereits gegen weitere Strafverfolgung abgesichert hat.

Warum aber müssen derartige Marktmanipulationen ohne strafrechtliche Verfolgung bleiben? Und warum werden keine Maßnahmen ergriffen, um Finanzmärkten ihre systemische Toxizität zu nehmen? Ein Katalog solcher Handlungsanweisungen liegt bereits vor. Man könnte beispielsweise daran denken, den gesamten Derivatemarkt über Börsen transparenter zu machen, bestimmte Derivate zu verbieten, ein internationales Konkursrecht für Banken zu schaffen, damit diese in die Insolvenz gehen können, ohne das globale Finanzsystem zu gefährden. Man könnte die Trennung von Investmentbanken und Geschäftsbanken wieder einführen oder auch eine Transaktionssteuer auf Finanzgeschäfte. Wie gesagt, all diese Vorschläge liegen auf dem Tisch, nur werden sie trotz historischer Erfahrungen wie der Weltwirtschaftskrise von 1929 bis 1932 und der anschließenden Großen Depression nicht umgesetzt. Weshalb? Eine wichtige Antwort auf diese Frage liefert die Betrachtung des Verhältnisses von Markt und Politik und insbesondere für den europäischen Kontext die Betrachtung des Zusammenhangs von politischer und wirtschaftlicher Integration innerhalb Europas.

Paradoxien der Staatsschuldenkrise

Zu einer der verblüffendsten Entwicklungen seit Beginn der Ausbruch der Finanzkrise gehört es, dass innerhalb kürzester Zeit jene Staaten zum Opfer der Spekulation wurden, die die Finanzmärkte nach dem Zusammenbruch von Lehman Brothers im Zuge staatlicher Interventionen gerettet hatten.
Wer hat hier Regie geführt? Eine Politik im Interesse der Allgemeinheit wohl kaum. Es waren Experten, die Wünsche der Märkte in scheinbar alternativlose Sachzwänge übersetzten und dabei mithalfen, dass diese auch gegen die Interessen der Bevölkerung durchgesetzt wurden. Wolfgang Streeck, Direktor des Max-Planck-Instituts für Gesellschaftsforschung, hat in einem bemerkenswerten Vortrag den schönen Begriff »Kapitalversteher« für diese Experten geprägt und damit eine interessante Form der soziologisch aufgeklärten Krisenerzählung formuliert. »Demokratische Schuldenstaaten müssten, so Streecks Ausgangspunkt, zwei Herren dienen, den Bürgern und den ›Märkten‹. Wer aber sagt, was die ›Märkte‹ wollen? Es sind Finanztechnokraten, die dafür sorgen, dass die Gläubiger nicht daran glauben müssen, dass die Staaten sich als gute Schuldner erweisen und alles getan wird, damit die nächste Generation bezahlen kann, was längst ausgegeben ist.«[23]
Was wir im Zuge der Entwicklung der Finanzmarktkrise zu einer Staatsschuldenkrise erlebt haben, ist ein erstaunlicher Machtzuwachs von ebendiesen Finanztechnokraten und parallel dazu einen Verlust demokratischer Legitimation. Wenn es

um die Besetzung von Spitzenpositionen geht, ist es, als hätte man in allen von der Finanzkrise betroffenen Ländern die Brandstifter zu Feuerwehrkommandanten befördert. Nehmen wir Hank Paulsen. Er war bis ins Jahr 2006 CEO des Lehman-Konkurrenten Goldman Sachs und agierte dann als amerikanischer Finanzminister unter George W. Bush in den Tagen der Finanzkrise von 2008. Zunächst ließ er den Goldman-Konkurrenten Lehman Brothers pleitegehen, um dann überraschenderweise den Versicherungskonzern AIG zu retten, damit dieser in der Lage war, die von Wall-Street-Investmentbanken abgeschlossenen Kreditausfallsversicherungen zu bedienen. Oder schauen wir auf Loukas Papademos. Er war Präsident der griechischen Nationalbank, als Griechenland zur allgemeinen Überraschung den Eurobeitritt schaffte. Er rückte dann ins Präsidium der Europäischen Zentralbank (EZB) vor, wo es zu seinen besonderen Pflichten gehörte, die Wirtschaftsdaten der Eurosüdländer zu prüfen. Aufgrund dieser zweifelhaften Expertise war er genau der Richtige, um nach dem Rücktritt von Papandreou für kurze Zeit an die Spitze einer Übergangsregierung zu gelangen. Mario Draghi, heute an der Spitze der EZB, war zuvor Europachef bei Goldman Sachs, jener Investmentbank, die Griechenland unterstützt hatte, mithilfe kreativer Buchhaltungstechniken Staatsschulden in Staatseigentum zu verwandeln und so die Erfüllung der Konvergenzkriterien für den EU-Beitritt zu erfüllen. Italiens Regierungschef Mario Monti war zuvor als EU-Wettbewerbskommissar maßgeblich daran beteiligt, die europäischen Finanzmärkte zu deregulieren und das öffentliche Bankenwesen, d.h. deutsche Landesbanken, Sparkassen und Genossenschaftsbanken, zu zerschlagen. Er wurde nun an die Spitze einer Expertenregierung berufen, um die Märkte zu beruhigen, jene Märkte, mit denen er als vormaliger Berater von Goldman Sachs auf vertrautem Fuße stand.

Spaniens Finanzminister der Regierung Rajoy, Luis de Gindos, war Spanienchef der Investmentbank Lehman Brothers. Die Liste ließe sich beliebig fortsetzen. Irgendwo würde auch Jörg Asmussen, EZB-Präsidiumsmitglied und damit für die Regulierung der Finanzmärkte zuständig, auftauchen. Er war jener Mitarbeiter des deutschen Finanzministeriums, der sich vehement für die Deregulierung der Finanzmärkte eingesetzt hatte. Heute tut er dieses Engagement als dem damaligen Zeitgeist geschuldet ab. Ein Schlimmer ist, der Schlimmes dabei denkt.

Ohne Zweifel sollte man sich vor Verschwörungstheorien hüten, denn ihre Erklärungskraft ist in der Regel sehr begrenzt. Allerdings: Was es hier zu erklären gilt, ist ja gerade ein Phänomen. Warum werden als Retter in der Krise genau jene aufs Schild gehoben, deren vorheriges Handeln Wesentliches zur Entstehung der Krise beigetragen hat? Es ist, als hätte eine Bande Technokraten die Macht übernommen, die den demokratischen Organen in den Schuldenstaaten vorgeben, was zu tun sei. Jens Bisky von der *Süddeutschen Zeitung* beschreibt deren Machttechniken gemäß eines Vortrags von Wolfgang Streeck, Geschäftsführender Direktor am Max-Planck-Institut für Gesellschaftsforschung, wie folgt: »Worin besteht deren Expertentum? Es gründet zunächst in Mystifizierung durch Verwissenschaftlichung. Da wird Wirtschaft nahezu ausschließlich mathematisch behandelt, aber wenn es kritisch wird, sprechen die Technokraten von den Märkten wie Psychotherapeuten von hilfebedürftigen Kindern: Da sind die Märkte dann ›scheu‹, ›ängstlich‹, neigen zu panischen Reaktionen. Intelligenz spricht Streeck den Experten nicht ab, aber ihr Wissen sei doch oft nur behauptet. Entscheidend sind gleichermaßen Netzwerke, Strategien zur Platzierung wichtiger Leute und die Bereitschaft, systematisch an den Grenzen des Erlaubten zu operieren. Wo es um Abschöpfung statt um Wertschöpfung geht, spielen also Kenntnisse in der guten alten Staatskunst eine entscheidende Rolle. (…) Intrigenkompetenz ist ebenso wichtig wie finanztechnisches Wissen. Die Experten verkörpern besondere Nähe zu den ›Märkten‹, deren Wünsche sie in Sachzwänge übersetzen.«[24]

Lange hat in der europäischen Diskussion die insbesondere von Deutschland vertretene Ansicht vorgeherrscht, dass es sich bei der Staatsschuldenkrise um ein Finanzierungsproblem einzelner europäischer Staaten handelt, da diese über ihre Verhältnisse gelebt hatten. Ähnlich Entwicklungsländern sollten sie durch Haushaltskonsolidierung und Verkauf öffentlichen Eigentums wieder wettbewerbsfähig gemacht werden. So sollten die Differenzen der Volkswirtschaften einzelner Eurostaaten ausgeglichen werden können, ganz so wie es in der dem Euro zugrundeliegenden Theorie optimaler Währungsräume gedacht war. Von Krisengipfel zu Krisengipfel hat sich gezeigt, dass dieser Ansatz nicht funktioniert. Wenn das Problem systemisch ist, muss auch die Lösung systemisch sein.

Langsam bahnt sich eine Wende an, was die generelle Sicht auf das Problem Staatsschuldenkrise angeht: Man realisiert die sozialen Folgen der Sparpolitik und zugleich wird deutlich, dass das Problem weniger ein Refinanzierungsproblem von Zahlungsunfähigkeit bedrohter Staaten ist, sondern vor allem auch ein doppeltes institutionelles Problem. Zum einen herrscht ein Mangel an Finanzmarktregulierung bzw. die Umsetzung entsprechender Beschlussentwürfe wird von Einzelstaaten torpediert, zum anderen besteht das Problem einer unzureichenden wirtschafts- und finanzpolitischen Zusammenführung Europas, ohne die die Gemeinschaftswährung angreifbar bleibt.

Dass es bei Währungen um deutlich mehr geht als nur um Geld, dass es im Kern eigentlich um demokratische Legitimation geht – genau diese Frage stellen der Sozialwissenschaftler Jürgen Habermas, der Philosoph Julian Nida-Rümelin und der Wirtschaftsweise Peter Bofinger ins Zentrum ihrer Überlegungen. Sie verlangen für die Eurorettung einen Strategiewechsel, der die politische Rolle Europas im Rahmen der Weltpolitik neu definiert. »Diese sich selbst verstärkende Destabilisierung ist wesentlich darauf zurückzuführen, dass die Krisenbewältigungsstrategien nicht über die Schwelle einer Vertiefung der Europäischen Institutionen hinausgegangen sind. (…) Nur mit einer deutlichen Vertiefung der Integration lässt sich eine gemeinsame Währung aufrechterhalten, ohne dass es einer nicht endenden Kette von Hilfsmaßnahmen bedarf, die die Solidarität der europäischen Staatsvölker im Währungsraum auf beiden Seiten, der Geber- wie der Nehmerländer, langfristig überfordern würde.«[25]

Voraussetzung eines solchen Schritts ist nach Meinung von Habermas, Bofinger und Nida-Rümelin die Weichenstellung für eine politische Union mit der über die aktuelle Krise hinausgreifenden Perspektive des Versprechens eines »sozialen Europas«. »Denn nur für ein politisch geeintes Kerneuropa besteht die Aussicht, den inzwischen fortgeschrittenen Prozess der Umwandlung der sozialstaatlichen Bürgerdemokratie in eine marktkonforme Fassadendemokratie umkehren zu können.«[26]

Aus dem Erfolg eines solchen Prozesses könnte sich auch eine neue Perspektive für Europas Rolle in der Welt ergeben. Gerade weil Europas Zukunft mit den Herausforderungen von schrumpfenden Bevölkerungszahlen, abnehmendem ökonomischen Gewicht und schwindender politischer Bedeutung konfrontiert ist, könne es auf dem Felde einer neuen Gestaltung des Sozialen eine zukunftsweisende Pionierrolle übernehmen.

Occupy Wall Street – die Wiedergewinnung des öffentlichen Raums

Lange Zeit blieb die politische Dimension der Finanzmarkt- und Staatsschuldenkrise unartikuliert. Zu sehr stand der öffentliche Diskurs im Bann der finanztechnischen Krisenbewältigung und ihrer immer neuen Anläufe und Wortschöpfungen. Dann, ab Mitte 2011, manifestierte sich der Protest gegen eine als zerstörerisch empfundene Finanzelite und eine als ungerecht empfundene Politik im öffentlichen Raum der Städte.

Das Ergebnis kann sich sehen lassen: Frankfurt, Freitag, 18. Mai 2012. Eine menschenleere Innenstadt, Polizeiabsperrungen an allen Zugängen zum Bankenviertel, verbarrikadierte Geschäfte. In der Nähe der Deutschen Börse, wo sich sonst in der Mittagspause Scharen von Anzugträgern drängen, huschen vereinzelte Banker in *Casual Look* durch Sicherheitsschleusen. Gespenstische Bilder einer Geisterstadt im Ausnahmezustand. Gruppen von Globalisierungsgegnern haben unter dem Motto »Blockupy Frankfurt« zum Protest gegen die Macht der Banken aufgerufen. Auch wenn die geplanten Proteste wegen angeblicher Sicherheitsrisiken nicht genehmigt wurden und sich die Zahl der trotz dieses Verbots aufgetauchten Aktivisten im Vergleich zu den von der Staatsmacht aufgebotenen 5000 Polizisten verschwindend gering ausnimmt, das Vorhaben ist ein durchschlagender Erfolg. Frankfurt, die Stadt der Banken und des Euro, ist lahmgelegt. Die Berichterstattung der Medien zeugt von Häme und unverhohlener Sympathie: »In der Goethestraße, wo sonst Begüterte ihren Bedarf an Luxusartikeln stillen, ist jeder dritte Laden mit Holzplatten verrammelt. Louis Vuitton setzt an diesem Tag ebenso auf Pressspan wie Tiffany gegenüber. Nebenan im Bankenviertel, in den grauen Straßenschluchten, sieht es aus wie in einem amerikanischen Katastrophenfilm, in dem ein

Virus über die Menschheit herfällt: menschenleere Straßen, bis auf hochgerüstete Polizisten.«[27]
Dass die Bilderwelt amerikanischer Katastrophenfilme beschworen wird, ist kein Zufall. Im Subtext schwingt das Bild einer durch die Macht der Banken vergifteten Gesellschaft mit, ohne Menschen, nur durch eine gesichtslose Polizeimacht wahrnehmbar. Die Stadt, einst Lebensraum freier Bürger, wird als Un-Ort, als Dystrophie beschworen. Der demokratische Dialog über Ziele und Zukunftsperspektiven ist der sprachlosen Konfrontation gewichen.
Vergleichbare Bilder sind inzwischen selbstverständlicher Teil unseres Alltags geworden; sie erreichen uns aus allen großen Städten der westlichen Welt, aus New Yorks Zuccotti Park, vom Platz vor der ehrwürdigen St. Pauls Cathedral in London, vom Syntagma-Platz in Athen, aus Madrid, aus Lissabon und Rom. Nicht ohne Sinn für Ironie werden die regelmäßig durchgeführten Räumungen von den Verwaltungen mit sanitären Anliegen begründet. Ungeziefer, Ansteckungsgefahr, Müll – allesamt Sand im Getriebe eines perfekt funktionierenden globalen Turbokapitalismus.
Die Anfänge dieser Bewegung gehen zurück auf globalisierungskritische Protestformen, wie wir sie seit geraumer Zeit von Veranstaltung in Davos oder auf den G8-Gipfeln kennen. »Occupy Wall Street« wurde von einer konsumkritischen Stiftung namens Adbuster Media Foundation (»Werbungsknacker«) angeregt, gewann über soziale Netzwerke wichtige Unterstützer (etwa das Hackerkollektiv Anonymus) und führte im Juni 2011 zu einer Besetzung des Zuccotti Parks in Lower Manhattan und zur Errichtung einer Zeltstadt. Dies geschah unter ausdrücklichem Bezug auf die sogenannten Facebook-Revolutionen des arabischen Frühlings. Die zentralen Forderungen waren sehr allgemein, etwa der Kampf gegen soziale Ungleich-

heit, gegen die toxischen Spekulationsgeschäfte der Banken oder gegen den massiven Einfluss der Wirtschaft auf die amerikanische Politik. Trotzdem fand die Bewegung von Beginn an einflussreiche Fürsprecher, zu denen auch die Ökonomen Jeffrey Sachs, Paul Krugman und Joseph Stiglitz gehören. Selbst der ansonsten stramm konservative New Yorker Bürgermeister Michael Bloomberg, der sein Vermögen mit dem Aufbau eines Finanzinformationsdienstes gemacht hat und somit Wall Street durchaus nahesteht, zählte zu den Unterstützern. Auch im intellektuellen Lager gibt es Zustimmung. So sieht der bedeutende Wirtschaftshistoriker Immanuel Wallerstein die Occupy-Wall-Street-Bewegung als »bedeutendstes politisches Ereignis in den USA seit den Aufständen von 1968«[28]. Sie könnte sowohl zu einer kurzfristigen Änderung der amerikanischen Regierungspolitik beitragen wie auch langfristig das Denken der amerikanischen Gesellschaft verändern.

Was noch wichtiger war: Wie ein Lauffeuer verbreitete sich diese Bewegung rund um den Globus. Es kam zu vergleichbaren Aktionen in allen wichtigen Hauptstädten der westlichen Welt. Auch in Deutschland folgten Hunderttausende unter dem Slogan »*We are 99 percent*« den Aufrufen diverser Aktionsbündnisse. Die offizielle deutsche Politik, vertreten durch die Kanzlerin oder den Finanzminister, reagierte durchaus mit Verständnis – abgesehen vom späteren Bundespräsidenten Joachim Gauck; er bezeichnete den Aufruhr als »unsäglich albern«.

Geist und Erscheinungsbild dieser Bewegung wird als Teil einer demokratischen Kultur und Zivilgesellschaft wahrgenommen. Sie verbindet ein Sichtbarmachen der Kritik am Finanzkapitalismus mit einer erinnernden Wiederinbesitznahme öffentlicher Räume. Damit verknüpft sich diese öffentliche Protestkultur mit Richard Sennetts These von Stadträumen als Ort demokratischer Repräsentation. Der amerikanische Soziologe feiert deren öffentliche Wiederbelebung als wesentliches Element des demokratischen Fortschritts.[29]

Die reale Wirkung der Bewegung insbesondere in Deutschland ist schwer abzuschätzen. Der Ökonom Thomas Straubhaar verneinte eine dauerhafte Wirkung, da die Rahmenbedingungen mit einem ausgebauten Sozialstaat, einer geringen Arbeitslosigkeit und minimalen Inflation für den durchschnittlichen deutschen Bürger besser seien als im Ursprungsland der Bewegung, den Vereinigten Staaten. Ungeachtet dessen lässt sich feststellen, dass die politische Diskussion um die Rettungspakete durch die Occupy-Bewegung einen wesentlichen Impuls erhalten hat. Die Frage wird sein, ob es dieser Bewegung gelingen wird, politische und gewerkschaftliche Forderungen jenseits einer abstrakten Systemfrage zu formulieren und den Anschluss an praktische Ansätze von *Fair Finance* zu finden und so echte Alternativen zu bieten.

Bereits jetzt gehört zu den heimlichen Gewinnern dieser Proteste ein Mann, der schon seit 405 Jahren tot ist: Guy Fawkes (1570–1606). Seine Maske, ein Gesicht mit markantem Musketier-Bart, ist zum Erkennungszeichen der Occupy-Bewegung geworden. Will man kulturelle Innovationen und die Rolle, die das Recycling von Symbolen dabei spielen, verstehen, bietet sich hier eine wunderbare Geschichte.

Der historische Guy Fawkes wollte am 5. November 1605 das britische Parlament und den König in die Luft sprengen. Der Anschlag, der sogenannte *Gunpowder Plot,* misslang, der verhinderte Attentäter wurde verhaftet und nach aller damals üblichen Bestialität zu Tode gebracht. Natürlich machte ihn eine solche Tat zu einem geeigneten Vorbild für alle jene, die mehr oder weniger radikal gegen Autoritäten kämpfen. Seine aktuelle Karriere als Werbefigur des Anarchismus ist dennoch erklärungsbedürftig.

Über mehrere Jahrhunderte stand Guy Fawkes vor allem für eines: für eine Art Karneval. Die glückliche Rettung von König und Parlament hatte man nämlich zum Anlass für einen nationalen Feiertag mit Feuerwerken und dem Verbrennen von Strohpuppen genommen. Damit sollte daran erinnert werden, dass es gelang, die Revolution der verhassten katholischen Papisten zu verhindern und England den rechten Glauben zu bewahren.

Dass daraus in der Folge ein wirkungsmächtiges politisches Symbol werden konnte, verdankt sich einem Mediensprung: Aus dem Attentäter wurde die Maske einer Comic-Figur. In den 1980er-Jahren zeichnete der britische Comic-Autor Alan Moore den Comic *V for Vendetta*. Darin führt ein anarchistischer anonymer Einzelkämpfer einen Bombenkrieg gegen den totalitären Staat, zu dem sich England entwickelt hat. Das Buch verarbeitet die Erfahrungen linker und liberaler Intellektueller, die während der Regierungszeit von Margaret Thatcher ernsthaft eine faschistische Gesellschaft nach Art von George Orwells *1984* heraufdämmern sahen. Der Held von *V for Vendetta* trägt immer eine Guy-Fawkes-Maske. Nicht nur, um unerkannt zu bleiben, sondern auch, weil ihm seine Identität bei medizinischen Versuchen geraubt wurde. Am Ende gelingt es ihm mit seinen Attentaten tatsächlich, das Volk aufzuwiegeln und das Regime zu stürzen.

Es bedurfte eines weiteren Mediensprungs, der Verwandlung des Comics in einen Film, bis die Maske des Comic-Helden die digitale Massenkultur erreichen konnte. *V for Vendetta* wurde 2006 verfilmt, die Produzenten waren die Wachowski-Brüder, die Schöpfer von *Matrix*, einem Film, der für viele Pop-Anarchisten den Rang eines Evangeliums einnimmt. Durch das Kino erreichte Moores Schöpfung eine Breitenwirkung, die der Comic nie hatte.

Der aktuelle Ausgangspunkt des Fawkes-Booms liegt wohl im Jahre 2008. Damals startete das Kollektiv Anonymus, das vor allem durch spektakuläre Hackerangriffe bekannt geworden ist, eine Kampagne gegen die Scientology-Sekte und für die Freiheit des Internets. Um unerkannt zu bleiben, nutzte man die Guy-Fawkes-Masken. Mit dem Beginn der Occupy-Bewegung hat die Maske die Netzkultur verlassen und ist zu einem universellen Symbol für Befreiungskämpfe im digitalen Kapitalismus geworden. Mehr noch, sie ist zu einem Symbol des Misstrauens gegenüber der politischen Klasse geworden, sagt man doch über Guy Fawkes, er sei der einzige Mensch gewesen, der jemals ein Parlament mit ehrlichen Absichten betreten habe.

Der ent-täuschte Anleger

Die Finanzkrise geht an keinem vorüber. Auch die schweigende Mehrheit, die sich nicht lautstark an den Straßendemonstrationen beteiligt, macht sich Sorgen um ihre finanziellen Zukunftsperspektiven. Natürlich haben der geschilderte *Planet Finance* und die persönlichen Anlagenentscheidungen breiter Kreise der Bevölkerung nur wenig gemeinsam, aber es gibt Verbindungslinien: die von einer durch die Finanzmarktkrise ins Stottern gekommene Konjunktur, die damit verbundenen Risiken für Arbeitsplatz und Einkommen, das Schuldenthema zumeist in Verbindung mit dem als Lebens- und Altersvorsorge gedachten Erwerb einer Immobilie, das Thema Zukunftssicherung durch Renten oder Lebensversicherung.
Auch bei diesen geradezu unschuldigen Versuchen finanzieller Zukunftssicherung gibt es unangenehme Überraschungen. Manch einem von uns mag das Frühstück im Hals stecken

geblieben sein, als die Medien jüngst darüber berichteten, dass die Hilfsorganisation Oxfam dem weltgrößten Versicherungskonzern, der Münchner Allianz, eine Verstrickung in Nahrungsmittelspekulationen vorwarf. Im Rahmen einer Studie mit dem beziehungsreichen Titel »Mit Essen spielt man nicht« hatte die Oxfam das Anlagenportfolio deutscher Finanzdienstleister untersucht und war dabei zum Ergebnis gekommen, dass die Allianz im Jahr 2011 in fünf Nahrungsmittelfonds geschätzte 6,242 Milliarden Euro angelegt habe und mit diesen Spekulationen zu steigenden Nahrungsmittelpreisen und mithin substanziell zur Zunahme des Hungers weltweit beitrage.[30] Diese Studie zeigt auch, dass alle deutschen Finanzinstitute, d. h. Banken, Versicherungen und ihre jeweiligen Vermögensverwaltungen, zusammen mit 11,395 Milliarden Euro in diesem Bereich engagiert sind, was ein Sechstel des weltweiten Anlagevermögens von circa 65 Milliarden Euro in diesem Bereich entspricht. Die Nahrungsmittelfonds werden in den Anlegerprospekten als höchst rentabel beschrieben, weshalb sich die Anlagepositionen deutscher Finanzdienstleister in diesem Bereich seit 2008 vervierfacht haben. Fakt ist auch, dass Preise für Grundnahrungsmittel (etwa Weizen, Mais, Reis) in diesem Zeitraum um 100 bis 120 Prozent gestiegen sind.

Der von Oxfam aus diesen Tatsachen abgeleitete Vorwurf, die Allianz trage durch diese Anlagestrategie zum Preisanstieg und damit zur Zunahme des Welthungers bei, wurde von Seiten der Allianz am Rande der Jahreshauptversammlung aufs Schärfste zurückgewiesen: Es gebe keinen Einfluss zwischen Termingeschäften dieser Fonds und den weltweiten Hungerkatastrophen. Ergänzend teilte ein Sprecher der Allianz Global Investors (AGI) mit: »Wir arbeiten nach hohen ethischen Grundsätzen. Und die Investitionen in den Nahrungsmittelbereich sind weniger als ein Prozent des Gesamtvolumens.« Das klingt wenig, wenn man allerdings hinzunimmt, dass allein über PIMCO, dem Fondverwalter der Allianz, 1,7 Billionen Euro verwaltet werden, dann ist der Betrag beträchtlich. Denn ein Prozent von 1,7 Billionen, das sind immerhin 17 Milliarden – genug, um einen substanziellen Einfluss auf die Zukunftspreise von Nahrungsmitteln auszuüben. Noch eine Merkwürdigkeit in diesem Zusammenhang: Das Investitionsvolumen dieser Weizen-*Futures* beläuft sich auf das Sechsfache der weltweiten Weizenernte. Wie, so fragt man sich, können *Futures*, also Spekulationen auf ein Steigen oder Fallen eines Preises, in ihrem Wert von der realen Basis dieser Produkte derart losgelöst sein?

Vor dem Hintergrund eines ohnehin ramponierten Images der Finanzindustrie bewirkt diese Enthüllung vor allem eines: dass ebenjene Industrie weiter in Verruf gerät. Die Allianz hat 19 Millionen Kunden, die alle das Management ihrer Zukunftsrisiken diesem Unternehmen anvertraut haben und nun droht ihr ein Imageproblem. Trotz aller Dementis und sicherlich nötigen Differenzierungen überkommt jedem aufmerksamen privaten Anleger angesichts solcher oder ähnlicher Berichte das dumpfe Gefühl, dass man sein eigenes Zukunftskapital den falschen Leuten übergeben hat bzw. durch das eigene Wegsehen mittelbar selbst dazu beiträgt, den Welthunger zu mehren, selbst dann, wenn man kurz vor Weihnachten den Spendenaufrufen der Welthungerhilfe Folge leistet. DWS, die Fondgesellschaft der Deutschen Bank, und die Deka Bank, die Fondgesellschaft der Sparkassen, haben mittlerweile reagiert und ihr Engagement in Nahrungsmittelfonds ausgesetzt. Sie haben erkannt, dass eine mit Standards der Menschenwürde vereinbare globale Zukunft auch davon abhängt, dass das Welthungerproblem gelöst und nicht angeheizt wird.

Doch nicht nur die fehlende Information, wie das Kundengeld angelegt wird, verstört die Anleger. Vielen Menschen wurden in einem bemerkenswerten Umfang auch mit ihren Anlagezielen unvereinbare Produkte verkauft. Die ärgerlichsten Fälle werden in mühsamen Einzelfallentscheidungen gerichtlich geklärt – und zumeist zugunsten der Klagenden entschieden. Allerdings ist dies nur die Spitze des Eisbergs: Fonds wie z. B. Immobilienfonds (CS Euroreal, UBS 3 Sector Real Estate Europe oder Axa Immoselect etc.) gehen trotz gegenteiliger Versicherungen reihenweise in die Insolvenz und legen im Zuge dessen ihr am Rand zur Täuschung angesiedeltes Geschäftsmodell offen. Pikanterweise ist auch das ehemalige Logistikzentrum der deutschen Börse betroffen.

Selbst konservative Regierungen ziehen nun die Notbremse im Sinne der Verbraucher und formulieren einen erheblichen Nachjustierungsbedarf. Sie machen Beratungsprotokolle verbindlich, aus denen die sachgerechte Risikoaufklärung hervorgehen soll, und versuchen eine Regulierung geschlossener und offener Immobilienfonds. Allerdings ersticken all diese Versuche im Spinnennetz massiver Lobbyeinflüsse, die dafür sorgen, dass es munter weitergehen kann wie bisher.

Wer also seine Zukunft finanziell sicher und seriös planen möchte, steht allzu oft im Regen, zumal die individuellen Gestaltungsspielräume für die Zukunft durch eine rigide Sparpolitik und erhöhte Besteuerung als staatliche Maßnahmen zur Staatsschuldenbekämpfung deutlich enger werden. Man muss sich das einmal vorstellen: In allen Ländern weltweit gab es seit 2008 eine erhebliche Zunahme der Staatsverschuldung, ohne dass das Ausgangsproblem einer weltweiten Spekulation hinreichend angegangen worden wäre. Diese Schuldenbelastung wurde zum Teil in Form von real steigenden Schulden, zum Teil in Form von eingegangenen Risikoabsicherungen, deren Ausfälle zunehmend wahrscheinlich werden, geschultert. Ist dieser Mangel an soliden Möglichkeiten der finanziellen Zukunftsabsicherung jedes Einzelnen von uns, ist diese schuldenbelastete Zukunft fair? Wohl kaum.

2 Die Zukunft des Kapitals – was auf dem Spiel steht

Die Zukunft des Kapitalismus in seiner heutigen Form steht zur Disposition. Mit dieser aufsehenerregenden These hat Klaus Schwab, dessen Davoser Weltwirtschaftsforum in den Augen vieler zur Gralsburg eines globalen Turbokapitalismus geworden war, die Veranstaltung des Jahres 2012 eingeläutet.[1] Im Jahr vier nach dem Zusammenbruch der amerikanischen Investmentbank Lehman, die das Weltfinanzsystem an den Rand des Kollapses gebracht hatte, nach einer schier endlosen Serie von Krisengipfeln, in denen die politischen Verantwortungsträger mit immer neuen Modellen eine Stabilisierung des Weltfinanzsystems versucht haben, nach dem Entstehen von Occupy Wall Street, einer weltweiten Protestbewegung gegen die unkontrollierte Macht der Finanzindustrie, war es doch überraschend, dass gerade Klaus Schwab den Zustand der Welt auf diese Formel brachte. Es geht also um mehr als um das Finanzsystem, es geht um eine Systemfrage.

Der Blick auf das Ganze

Wenn die Welt angesichts der nach wie vor unbearbeiteten globalen ökologischen Herausforderungen, aber auch der sich abzeichnenden sozialen Herausforderungen, wie sie etwa im jüngsten Bericht des Club of Rome beschrieben werden[2], eine Zukunft haben soll, wenn sinnhafte Prinzipien wirtschaftlicher Praxis weiterhin gültig sein sollen, dann bedarf es weitreichender Korrekturen des herrschenden Finanzkapitalismus.

Mit dem hier angemeldeten Korrekturbedarf ist keine Systemfrage gestellt. Es geht längst nicht mehr um die Frage, ob westlicher Kapitalismus oder sozialistische Planwirtschaft die globalen Lebensverhältnisse besser gestalten können. Es geht vielmehr darum, wie die großen Zukunftsherausforderungen unserer globalen Zivilisation gelöst werden können, und vor allem darum, woher das Kapital kommen kann, aus dem Zukunft gemacht wird.

Die Turbulenzen der Finanzmärkte seit der Lehman-Pleite von 2008, vor allem aber die nachfolgende Krise der Märkte für Staatsanleihen und Währungen haben viele Menschen wütend und ratlos gemacht. Es hat sich gezeigt, dass in dieser Schattenwelt der Märkte völlig abgelöst von Prozessen der Realwirtschaft in virtuellen Finanzprodukten Geld mit Geld gemacht wurde und scheinbar professionell gemanagte Risiken am Ende dieser finanztechnischen Nullsummenspiele doch ganz reale Kapitalvernichtung produziert haben. Deren Lasten wurden geschickt der Allgemeinheit aufgebürdet, was zu einer zunehmenden Verschlechterung der Lebensverhältnisse und zu einer schwerwiegenden Störung des gesellschaftlichen Miteinanders geführt hat.

Dabei darf nicht übersehen werden: Wir alle, die wir wütend an der Seitenlinie stehen und uns über das Geschehen ereifern, waren Teil des Spiels. Wir haben den Ökonomen geglaubt, als diese das Loblied unregulierter Märkte sangen, wir haben auf der Suche nach Rendite die verlockenden Angebote der Finanzberater nur zu gern in Anspruch genommen und uns dabei einen Dreck darum geschert, woher diese Rendite eigentlich kommen sollte und was dies für die Gestaltung der großen Zukunftsherausforderungen, vor

denen wir individuell und auch als Gesellschaften stehen, bedeutete.
Jetzt wissen wir zwar, dass es mit der Professionalität der Akteure der Finanzindustrie und der Zuverlässigkeit ihrer Theorien nicht weit her sein kann, zugleich aber stellen sich neue Fragen: Gibt es Alternativen des Wirtschaftens und Investierens, die zuverlässiger sind und mehr Sinn ergeben? Wie und nach welchen Kriterien, etwa nach sozialen und nachhaltigen Kriterien, kann man investieren, welchem Anbieter, welchem Produkt kann man vertrauen? Welche Vorstellungen von Ökonomie und Märkten müssen das bisherige Modell erweitern oder ersetzen, damit Rahmenbedingungen geschaffen werden, die verhindern, dass am Ende doch wieder die Allgemeinheit die Zeche bezahlt? Und: Woher kann das Kapital kommen, mit dem die Bearbeitung der realwirtschaftlichen und gesellschaftlichen Zukunftsaufgaben in Angriff genommen werden kann?
Die Antworten auf diese komplexen Fragen versucht das Buch zu geben. Es will dabei Shortcuts und Empfehlungslisten vermeiden, sondern stattdessen die sich aktuell etablierende Landschaft des sozialen und nachhaltigen Investierens, kurz des Social Impact Investments, nachvollziehbar beschreiben. Als roter Faden dient dabei der Begriff der »Financial Innovation«, der finanziellen Innovation. Dies mag zunächst überraschen, war es gerade dieser Begriff, der in der jüngsten Vergangenheit dazu gedient hat, jenen exzessiven Überschwang der Märkte hervorzubringen, der die Finanzkrise ausgelöst hat. Betrachtet man diesen Begriff jedoch in einem breiteren, wirtschafts- und sozialgeschichtlichen Kontext, so lassen sich mit ihm zentrale Mechanismen bündeln, mit denen die Finanzindustrie immer wieder dazu beigetragen hat, das Kapital aufzubringen, um große gesellschaftliche Zukunftsaufgaben finanzierbar und damit realisierbar zu machen. So gesehen kann aus einem

Begriff, der aktuell zu einem Synonym für Gier und Exzess geworden ist, ein Begriff werden, mit dem sich vielversprechende Zukunftspotenziale verbinden.

Der Perspektivenwechsel

Eine tragfähige Klärung des Begriffs »finanzielle Innovation« ist jedoch nur möglich, wenn man – anders als die wirtschaftswissenschaftliche Orthodoxie – davon ausgeht, dass finanzwirtschaftliche Praxis in gesellschaftliche Lebenspraxis eingebunden ist und damit historisch veränderbar bewertet und gestaltet werden kann. Dann stellt sich nämlich die Frage nach einer Einbettung von wirtschaftlichem Handeln in den gesellschaftlichen Entwicklungsprozess, d. h. in Schritte der kulturellen Evolution mit epochaler Bedeutung. Ökonomie und Finanzwirtschaft haben dabei nachweislich eine wichtige Rolle gespielt. Allerdings ist höchst zweifelhaft, ob sie als alleiniger Motor des gesellschaftlichen Wandels angesehen werden können. Es spricht vieles dafür, dass innovativen Ideen und mutigen Menschen, die Neues erprobt haben, eine mindestens ebenso bedeutsame Rolle zukommt.

Die hier gestellten Fragen umschreiben ein Feld, das man im klassischen Sprachgebrauch als »politische Ökonomie« bezeichnet, das man aber, da dieser Begriff sehr einseitig vereinnahmt worden ist, heute wohl besser »Meta-Ökonomie« nennen sollte. Es geht bei dieser Art des Fragens um eine Klärung der ethischen, sozialen und kulturellen Voraussetzungen ökonomischer Praxis, um die Frage also, welche Vorstellungen von Moral, Rationalität und gesellschaftlichem Einfluss ökonomischem und finanzwirtschaftlichem Handeln zugrunde gelegt werden können.

Die für die Beantwortung einer solchen metaökonomischen Fragestellung erforderlichen Wissensbestände kommen aus so unterschiedlichen Disziplinen wie Philosophie und Wissenschaftstheorie, Geschichts- und Kulturwissenschaft oder aber auch aus sozialwissenschaftlichen Kommunikations- und Fortschrittstheorien. Sie kommen vor allem aber auch aus der gesellschaftlichen Praxis selbst, von jenen Versuchen, neue Modelle des Investierens und der Lösung gesellschaftlicher Zukunftsaufgaben zu erfinden, sie praktisch zu etablieren und sie von einer Denkmöglichkeit zu einer geprüften ökonomischen Praxis werden zu lassen. Erfreulicherweise gibt es hiervon eine ganze Reihe. Wir werden später noch darauf zu sprechen kommen.

Doch Ökonomie soll in diesem Buch nicht nur als essenzieller Teil des kulturellen Entwicklungsprozesses verstanden werden, sondern – und das ist ausschlaggebend für die Argumentation – als Kommunikationsgeschehen. Mit anderen Worten: Nicht so sehr die Ökonomie als solche, sondern die Art und Weise, wie wir darüber sprechen und wie diese Themen medial inszeniert werden, stehen im Blickpunkt. Dabei wird es um unsere Alltagstheorien des Geldes ebenso gehen wie um die unausgewiesenen Prämissen, mit denen Wirtschaftswissenschaftler Modelle als soziale Wirklichkeit verkaufen, um die kommunikativen Dilemmata zu verbergen, vor denen politische und wirtschaftliche Führungseliten stehen, wenn sie Positionen als rational und alternativlos darstellen wollen, die dem normalen gesunden Menschenverstand widersprechen. In diesem Zusammenhang hilft die Analyse von Argumenten und Gegenargumenten, von Sprachbildern und medialen Inszenierungen, um wirklich zu verstehen, was eigentlich hinter dem Schleier immer neuer Begriffe und Modelle gesagt werden soll.

Man mag dabei einwenden, dass diese rhetorische und mediale Analyse zwar eine verdienstvolle Aufgabe sei, aber wenig Relevanz für das ökonomische Geschehen als solches habe und ganz sicher nichts zur Lösung unserer aktuellen Probleme in diesem Bereich beizutragen vermag. Ein solcher Einwand übersieht eine zentrale Tatsache: Das, was heute als Wirtschaftsgeschehen vor unseren Augen abläuft, ist kein eigenständiges immer schon existierendes Paralleluniversum mit immer schon existierenden Regeln, sondern es ist untrennbar eingebettet in historische und gesellschaftliche Prozesse, in die Praxis und Normen gesellschaftlicher Kommunikation.

Wirtschaftliches Handeln ist deshalb nicht im Sinne eines Naturgeschehens beschreibbar, seine Logiken und Organisationsformen basieren vielmehr auf sozialen Verabredungen, die sich dann in rechtlichen und politischen Institutionen niederschlagen. Sie sind das Ergebnis von Verhandlungsprozessen, von gesellschaftlichen Verabredungen, die so oder so getroffen werden können, auch wenn die orthodoxe Wirtschaftswissenschaft in ihrem Bestreben, eine ernstzunehmende Wissenschaft zu sein, gerne den Anschein erwecken will, dass die aktuelle Wirtschaftsordnung naturgegeben ist.

Deshalb bedarf es auch einer Betrachtungsebene, die Gesellschaftliches und Ökonomisches zusammendenkt, die – wie in den Anfängen der Ökonomie als Wissenschaft bei Adam Smith (1723–1790) – Moral und Ökonomie zusammendenkt. Der Vorteil dieser kultur- und kommunikationswissenschaftlichen Betrachtungsebene liegt nicht nur darin, dass sie ein zutreffenderes Bild für die Begründung ökonomischer Spielregeln zu liefern vermag, sondern dass sie auch dazu geeignet ist, jene neuen Formen ökonomischen Handelns nicht nur zu beschreiben, sondern auch ihre Normen und Werte, ihre Kommunikations- und Interaktionsregel verständlich zu machen. So kann das Kapital der Zukunft im Bereich des sozialen Kapitals, im Bereich der gesellschaftlichen Innovation verortet werden und nicht wie

jüngst im Zeitalter des Turbokapitalismus umgekehrt. Dort wurde soziales Kapital, etwa menschliche Beziehungen, radikal einer wirtschaftlichen Logik unterworfen.
Diese Hinwendung zu einer solchen neuen Betrachtungsebene ist nicht nur von theoretischer Bedeutung. Jenseits der Versuche, den bedrohten gesellschaftlichen Frieden durch Bankenrettung und Staatsverschuldung zu bewahren, jenseits der Bemühungen, die Macht der Märkte einzugrenzen und so das unheilvolle Wechselspiel zwischen privatwirtschaftlich organisierten Spekulationsgeschäften und teurer staatlicher Bankenrettung zu unterbrechen, braucht es einen fundamentalen Kulturwandel: Nicht Regeln, sondern veränderte Werte, nicht atemloses Zufriedenstellen der Märkte, sondern eine veränderte Einstellung der Gesellschaft zu Geld, Kredit und Finanzindustrie sind gefordert.
Dieser Kulturwandel wird einem aus der Geschichte bekannten Muster folgen: Immer dann, wenn es um tief greifende Veränderungen der gesellschaftlichen Spielregeln und um weitreichende Perspektivenwechsel geht, sind es zunächst wenige, die mit einem klaren, visionären Blick in die Zukunft und die Welt in einem neuen Licht sehen können.
Dieses neue Paradigma finanzwirtschaftlichen Denkens mag im Gegensatz zu den mathematischen Apparaten heutiger finanzwirtschaftlicher Theoriebildung simpel und schlicht erscheinen, allerdings sollte man nicht vergessen, dass jede Mathematik auf der Gültigkeit bestimmter Prämissen beruht und dass die vielgepriesenen finanzwirtschaftlichen Modelle Banken und Gesellschaft geradewegs in einen Abwärtsstrudel geführt haben, dessen tiefste Stelle noch nicht einmal absehbar ist. Zugleich spielen bei einem Paradigmawechsel Beispiele einer neuen Praxis eine wichtige Rolle. Diese praktischen Versuche sollen hier vorgestellt werden. Sie mögen angesichts der

astronomischen Summen, die in den Finanzmärkten bewegt werden, unbedeutend erscheinen, sie liefern aber allein durch ihre Existenz den Beweis, dass ein Neudenken finanzwirtschaftlicher Instrumente in der Realität umsetzbar und in sozialer und wirtschaftlicher Hinsicht erfolgreich sein kann.

Ein weitreichender Kulturwandel, wie er aktuell im Verhältnis von Gesellschaft und Finanzmärkten angemahnt wird, braucht deshalb beides: ein durch Bezugnahme auf zentrale kulturelle Werte legitimiertes Neudenken finanzieller Instrumente, zugleich aber auch ein neues Handeln, das geprägt ist von Offenheit und tiefem technischen Verständnis für die Leistungsfähigkeit ebenjener finanzieller Instrumente. Ein solcher Kulturwandel setzt auf allen Ebenen die Bereitschaft zum Dialog, zum Zuhören, zur Revision eigener (Sicherheit vermittelnder) Standpunkte voraus. Unter Umständen gilt es, sich liebgewonnener Vorurteile zu verabschieden. Denn um letztlich erfolgreich zu sein, braucht soziale Innovation eine aufs Ganze zielende empathische Grundhaltung und zugleich die Bereitschaft, etwas Neues tatsächlich schaffen zu wollen, es zu etablieren, es sichtbar werden zu lassen und es auf dem Markt durchzusetzen. Das »Durchdrücken« einer Vision ohne Empathie für andere wird schnell zum rücksichtslosen Terror und zum Machtmissbrauch, selbst wenn die reklamierten moralischen Werte unbestreitbar sind. Andererseits wird reine Empathie, das Mitfühlen ohne den Willen zur Gestaltung und Problemlösung, schnell sentimental und blutleer. Im Grunde genommen ist es genau diese Lagerbildung von amoralischer Macht und Eigendurchsetzung und machtloser, weil praxisloser Moral, die ein zentrales Hindernis für soziale Innovation und Kulturwandel darstellt.[3]

Wenn es zutrifft, dass jetzt ein weitreichender Kulturwandel ansteht, der das Verhältnis von Finanzindustrie und Gesellschaft, von Unternehmenskultur und Personalmanagement der Finanzindustrie, aber auch das Verhältnis jedes Einzelnen im Umgang mit finanziellen Fragen neu definiert, dann stehen wir vor einer gewaltigen Herausforderung. Diese Herausforderung ist vergleichbar mit jenen Herausforderungen, vor die uns der menschengemachte Klimawandel oder die sozialen und kulturellen Folgen von Globalisierung stellen.

Der Finanzkulturwandel kann nur gelingen, wenn es zu einem Dialog kommt: Es geht nicht darum, die Akteure der Finanzindustrie zu dämonisieren, *Fair Finance* bedeutet vielmehr, Zielvorgaben anzumahnen, welche die Instrumente und Systeme im Interesse des Gemeinwohls zu einem besseren Funktionieren bringen und den Kulturwandel idealerweise leiten sollen.

Die Finanzindustrie als Ganzes, wichtige Finanzplätze, etwa die Schweiz oder Liechtenstein, und einzelne Player wie Banken oder große institutionelle Investoren machen aktuell einen bemerkenswerten Veränderungsprozess durch. Beispiele hierfür sind die Weißgeldstrategie oder der Strategiewechsel vom Investmentbanking zu einem realwirtschaftlich ausgerichteten Banking. Diese deutlichen Neuerungen zu negieren, sie nur als Tricks und Täuschung zu denunzieren, die dazu dienen sollen, ein im Kern nach wie vor toxisches System weiter am Leben zu erhalten, wird diesen wichtigen Entwicklungen nicht gerecht. Die tastenden Versuche großer Akteure der Finanzwirtschaft, Armutsbekämpfung neu zu denken und mit Aktivitäten im Bereich *Microfinance* Neuland zu betreten, einfach unter einen solchen Generalverdacht zu stellen, mag zwar hilfreich sein, um eine polarisierende Botschaft wie »*We are 99%, you are 1%*« intakt zu halten, verschenkt aber jede Möglichkeit eines sinnstiftenden Dialogs.[4] Es vergibt auch die Chance, aus der schieren Gegenüberstellung von Positionen eine Versöhnung werden zu lassen, und ignoriert die Tatsache, dass auch mächtige und möglicherweise skrupellose Akteure des Finanzmarkts dazugehören, wenn der anstehende fundamentale Kulturwandel gelingen soll.

Pointiert formuliert lässt sich sagen, dass die Frage nach dem Kapital der Zukunft respektive nach der Zukunft des Kapitalismus am Frühstückstisch jedes Einzelnen von uns entschieden bzw. zu einem nicht unerheblichen Teil mitentschieden wird. Je nachdem, welche konkreten Vorstellungen von nachhaltigen und zukunftssicheren Anlageformen sich durchsetzen und nachgefragt werden, wird das System des Kapitalismus entweder seine Lösungsfähigkeit hinsichtlich globaler Probleme unter Beweis stellen oder eben genau an diesen Fragen scheitern. Was dann blüht, mag man sich nicht ausmalen, aber es steht weit mehr auf dem Spiel als nur ein paar Prozent Rendite mehr oder weniger: die Frage nach einer menschlichen Zukunft.

3 Wert(e)berichtigung – die Zeit ist reif für *Fair Finance*

Sucht man im Internet nach einer Definition von Wertberichtigung, findet sich Folgendes: »Wertberichtigungen sind im Rechnungswesen Korrekturposten auf der Passivseite der Bilanz, die den Buchwert eines Vermögenspostens an seinen niedrigeren tatsächlichen Wert anpassen. Sie stellen eine indirekte Wertkorrektur (indirekte Abschreibung) dar, weil die eingetretene Wertminderung nicht direkt beim Vermögensposten gezeigt wird.«[1]
Wertberichtigungen und Nachjustierung von Kursen haben in der Zeit nach dem Zusammenbruch von Lehman Brothers im Jahr 2008 eine zentrale Rolle bei allen Akteuren der Finanzindustrie gespielt. So ist weltweit nach Expertenschätzungen ein Vielfaches der Weltwirtschaftsleistung von 70 Billionen US-Dollar abgeschrieben worden und dieser Prozess ist, wie es scheint, immer noch nicht beendet. Allein eine deutsche Landesbank, die Bayern LB, musste mit 10 Milliarden Euro gerettet werden, die Hypo Real Estate mit 100 Milliarden. Die Commerzbank, immerhin Deutschlands zweitgrößte Bank, konnte nur unter einem staatlichen Rettungsschirm überleben und ist auf dem besten Weg zu einem Pennystock, d. h. zu einem Unternehmen, dessen eigene Aktie unter einem Euro gehandelt wird. Aber auch keiner der großen Player, die weitgehend ohne staatliche Hilfe auskamen, war von den Ausfällen der Finanzmarktkrise verschont geblieben, sie alle waren zur Wertberichtigung gezwungen.

Kurskorrekturen wurden eingeleitet, Veränderungen der Geschäftsmodelle initiiert. So etwa bei den Landesbanken. Hier besann man sich naheliegenderweise auf das ursprüngliche Kerngeschäft zurück, nicht mehr die großen Finanzdeals in Singapur und New York sollten maßgebend sein, sondern Investitionen in der Heimat, in Wunsiedel und Hindelang. Bei der Staatsbank KfW favorisiert man nunmehr Mittelstandsfinanzierung statt Lehman-Papiere. Und selbst die Großen der Branche, etwa die Schweizer UBS oder die Deutsche Bank, suchen nach neuen Geschäftsmodellen, seit sich das Investmentbanking als zu risikobehaftet und zu wenig nachhaltig ertragreich erwiesen hat.

Mit der Wertberichtigung wurden auch erste Ansätze zur Berichtigung der Werte, nach denen die Finanzdienstleister agieren, deutlich. Deutsche Finanzinstitute verordnen sich selbst einen Wandel der Unternehmenskultur und räumen damit zugleich ein, dass die Finanzindustrie als Ganzes einen solchen Kulturwandel braucht. So heißt es in einer Stellungnahme der Deutschen Bank: »Die Deutsche Bank bekennt sich dazu, beim Kulturwandel in der Finanzindustrie in der vordersten Reihe zu stehen. Als Teil einer Reihe von Maßnahmen, um einen kulturellen Wandel voranzubringen, überprüft die Bank ihre Vergütungsgrundsätze sowohl in Hinblick auf die absolute Höhe der Entlohnung wie auch in Hinblick auf die relative Balance zwischen der Vergütung für Aktionäre und für Mitarbeiter. Außerdem überprüft die Bank die Verhaltensrichtlinien für Mitarbeiter, um sicherzustellen, dass die Vorgaben in Einklang mit den höchsten Standards stehen, wie sie die Bank traditionell pflegt.«[2] Vorausgesetzt, dies sind keine bloßen Lippenbekenntnisse, um der öffentlichen Kritik den Wind aus den Segeln zu nehmen, ergeben sich hier Ansatzpunkte für einen Dialog zwischen Gesellschaft und Finanzindustrie, aus denen eine Neubestimmung der Rolle dieser Industrie entstehen kann. Voraussetzung für einen erfolgreichen Kulturwandel ist es, dass

auf die beschriebene Wertberichtigung der Geldanlagen eine Berichtigung der Annahmen folgt, die sich als wertlose Modelle und unzureichende Hypothesen erwiesen haben. Darüber hinaus muss es eine Korrektur der moralischen Standards geben, die als Leitwerte der Unternehmen das im doppelten Sinne wertevernichtende Verhalten Einzelner in der Vergangenheit überhaupt erst ermöglicht haben. Zum Dritten ist, da ein Gutteil der eingegangenen Risiken auf Spielregeln zur Bewertung von Risiko und Erfolg beruhen, eine Korrektur dieser Regeln erforderlich. Kurz, es ist eine Korrektur der Werte, Geschäftsmodelle und Regularien erforderlich. Die Bearbeitung dieser drei Themen ist keinesfalls zum Nulltarif zu haben. Sie greift tief in die kollektive Identität und das Selbstverständnis der Akteure der Finanzindustrie ein. Deshalb ist mit Widerstand, etwa Rationalisierungen der eigenen Handlungsmotive oder Verkehrungen ins Gegenteil, d.h. der Projektion der eigenen Gier auf den Druck gieriger Kunden zu rechnen – also mit allem, was man aus der Tiefenpsychologie als Abwehrmechanismen kennt. Es ist auch damit zu rechnen, dass Verleugnung, Schuldzuweisung und das Aufmachen von Scheinszenarien mithelfen sollen, die Beschädigung der kulturellen Identität des Finanzsektors zu verhindern, der in seiner offiziellen Geschichtsschreibung mit Stolz auf eine Geschichte des Erfolgs zurückblickt.
Der intellektuelle Diskurs um Zukunftsperspektiven der Finanzindustrie artikuliert sich zunächst in einer Fundamentalkritik finanzwirtschaftlichen Denkens. Im Zuge der Kritik kristallisieren sich Ansatzpunkte für eine neue »große Erzählung« heraus, in der das Verhältnis von Finanzwirtschaft und Gesellschaft einer grundlegenden Neubestimmung unterzogen wird. Wir werden uns zunächst mit der Kritik des herrschenden Finanzkapitalismus beschäftigen und dabei drei Linien überblicksartig behandeln: Erstens eine wissenschaftliche Metakritik an den

Voraussetzungen und Denkmodellen der Wirtschaftswissenschaften, auf die sich die Finanzwirtschaft bezieht; zweitens eine Kritik der Werte, wie sie unter Bezugnahme auf religiöse oder philosophische Konzepte vorgetragen wird, und drittens eine Kritik an den regulatorischen Rahmenbedingungen, die zu einem guten Teil dafür verantwortlich gemacht werden können, dass die Risiken, die von der Finanzwirtschaft ausgehen, derart systemisch und monströs geworden sind. Anschließend werden wir uns mit Ansätzen einer neuen Synthese beschäftigen, mit Versuchen, jenseits der Rhetorik des Turbokapitalismus einen neuen Erzählrahmen zu schaffen, der den Zusammenhang zwischen realwirtschaftlicher Aktivitäten und dem Finanzsektor stärker akzentuiert.
Eine Bemerkung vorab: Seit Beginn der Finanzkrise von 2008 ist ein Strom finanzkritischer Literatur entstanden, in denen jeweils von einem unterschiedlichen Standpunkt aus Kritik an der Finanzindustrie geübt wird. Das Spektrum reicht dabei von Enthüllungs- oder Hinterzimmergeschichten ehemaliger Mitarbeiter über Fundamentalkritiken, die zentrale Voraussetzungen der Ökonomie infrage stellen, bis hin zu konkreten Versuchen, die Exzesse von einst durch den Vorschlag neuer Regulierungen zu begrenzen. Diese Flut von Publikationen und Diskussionsbeiträgen im Detail aufzuarbeiten kann hier nicht das Ziel sein. Vielmehr wird es darum gehen, zentrale Argumentationsmuster der Kritik sichtbar werden zu lassen.
Kritik ist in der Regel interessengeleitet, sie will einen als unerträglich empfundenen Zustand verändern und wählt je nach Hintergrund ein Einfallstor, eine spezifische Art der Argumentation: Die Logik des Argumentierens ist eine andere, wenn ein wissenschaftliches Modell angegriffen oder verteidigt werden soll oder wenn es darum geht, ein spezifisches Verhalten nach als gültig angesehenen Maßstäben zu bewerten. Es ist noch ein-

mal ein anderer Typus von Argumentation, wenn die Kritik an Spielregeln ansetzt und deren Wirksamkeit überprüft werden soll. Viele Irritationen der aktuellen Debatte resultieren aus der Tatsache, dass in den Argumentationen Ebenen vermischt werden, z. B. ein moralisches Argument als Wissensargument vorgetragen wird oder etwa hinter einem Regulierungsvorschlag weniger ein praktisches, sondern viel eher ein moralisch-ideologisches Argument steht. Da Interessen im Spiel sind, darf angenommen werden, dass diese Vermischung der Ebenen nicht immer nur Zufall ist, sondern durchaus auch bewusst eingesetzt wird, um den eigenen Standpunkt rhetorisch überzeugender zu machen. Wenn man zudem unterstellt, dass die aktuelle Diskussion über eine andere Finanzwirtschaft Teil eines umfassenden Kulturwandels ist, dann ist diese Vermischung der Ebenen geradezu symptomatisch für einen solchen Paradigmawechsel: Es gibt kein garantiertes Wissen, keine garantierte Moral und keine allgemein akzeptierte Praxis mehr, es zeichnen sich Brüche auf allen Ebenen ab.

Kritik der ökonomischen Vernunft

Ökonomen lieben es, sich als Realisten zu stilisieren. In ihrem Bild vom Menschen, dem *homo oeconomicus*, überwiegt das rationale Kalkül. Betrachtet man dieses Bild allerdings vor dem Hintergrund der Exzesse der Finanzkrise, so tauchen erhebliche Zweifel auf an der Rationalität des dem Verhalten der Finanzmarktakteure zugrundeliegenden ökonomischen Denkens. Es stellt sich vielmehr die Frage, wie verlässlich ökonomisches Wissen sein kann.

Dieses und insbesondere das finanzwissenschaftliche Wissen muss, um nützlich zu sein, Vorhersagen erlauben. Es muss einen fundierten Blick in die Zukunft ermöglichen, so wie physikalisches Wissen es gestattet, Flugbahnen zu berechnen, auf denen Flugobjekte zum Mars gesteuert werden können. Die Geschehnisse im Vorfeld der Finanzkrise von 2008 haben aber deutlich gezeigt, dass das ökonomische Wissen mitsamt seinen theoretischen Modellen als Prognoseinstrument versagt hat. Bis auf wenige Ausnahmen[3] hat die Zunft der Ökonomen die Lage falsch eingeschätzt – und dies trotz eines massiven personellen Aufwands, um Zukunftsentwicklungen des Wirtschaftgeschehens abzusehen, trotz komplexer mathematischer Modelle, trotz Computerpower im Übermaß. Warum ist die Ökonomie, das ökonomische Wissen so kläglich gescheitert? Welche ihrer zentralen Modelle und Glaubenssätze müssen dringend einer Revision unterzogen werden? Welche Art der Selbstpräsentation würde der Ökonomie, gemessen an dem, was sie wirklich weiß und wissen kann, gut zu Gesicht stehen?

Fundamental wird die Kritik jedenfalls da, wo sie das Selbstverständnis der Ökonomie als Naturwissenschaften infrage stellt. Das tut beispielsweise George Soros. Als Spekulant hatte er mit seinen Fonds das Britische Pfund in die Knie gezwungen und dabei enorme Profite für seine Anleger gemacht, als Philanthrop im großen Stil durch die Gründung des Institute for New Economic Thinking brachte er die Risiken einer globalen Wirtschaft (insbesondere einer entgrenzten Finanzwirtschaft) ins öffentliche Bewusstsein. Er, dem man also weder Kompetenz noch Weitsicht absprechen kann, hat diesen Zusammenhang auf die folgende Formel gebracht: »Ökonomische Theorie hat sich selbst nach dem Vorbild der theoretischen Physik modelliert. Sie hat versucht überzeitlich gültige Gesetze zu formulieren, die geeignet sind, das ökonomische Verhalten sowohl zu erklären wie vorherzusagen. Aber statt nach Gesetzen zu forschen, die durch Tests widerlegt werden können, hat sich die

Ökonomie zunehmend in eine axiomatische Disziplin verwandelt, die aus Annahmen und mathematischen Ableitungen ähnlich der euklidischen Geometrie besteht.«[4]
Dieses Modell einer axiomatisch gewordenen Wirtschaftswissenschaft bringt für das gesellschaftliche Miteinander ein hohes systemisches Risiko, wie dies anhand der Finanzkrise von 2008 erlebt werden konnte.[5] Indem es die Einsichten der Ökonomen zu Naturgesetzen umdeutet, trägt die Ökonomie als wissenschaftliche Disziplin dazu bei, den Anschein planbaren ökonomischen Handelns zu erwecken, und unterschlägt dabei den spekulativen Charakter der aktuell gültigen ökonomischen Spielregeln.
George Soros, gewiss ein unverdächtiger Kronzeuge für die mangelnde Qualität des herrschenden ökonomischen Paradigmas, entwickelt als Gegenmodell zum Verständnis ökonomischen Geschehens eine Theorie der Reflexivität, die davon ausgeht, dass ökonomischem Handeln als menschlichem Handeln kontextabhängige Einschätzungen von Situationen zugrunde liegen und dass es diese Einschätzungen sind, die den Gang der Ereignisse bestimmen – unabhängig von der Tatsache, ob die zu einem Zeitpunkt gemachten Annahmen der Realität entsprachen oder nicht. So betrachtet, sind die aktuellen ökonomischen Modelle (etwa die Rational Expectation Theory oder die Market Efficiency Theory) nichts anderes als Glaubenssysteme mit begrenzter Haltbarkeit, die nicht unwesentlich zur Bildung spekulativer Blasen beitragen. Als Beleg hierfür zeichnet Soros die Entwicklung der aktuellen Finanzkrise bis weit in die 1980er-Jahre nach und zeigt, wie dank dieses Glaubenssystems an die Selbstregulationskräfte des Marktes zunächst mehrere Spekulationsblasen, später dank staatsinterventionistischer Verhinderung des Zusammenbruchs eine »Superbubble« wurde, die uns die Finanzkrise bescherte. In deren Zentrum standen auf der

Finanzmarktseite als finanzielle Innovationen gefeierte Produkte, die dank aus der Quantenphysik entlehnter hochkomplexer Gleichungssysteme Scheinsicherheiten vermittelten.
George Soros zieht aus diesen Einsichten eine radikale Konsequenz: Er schlägt vor, das Wissenschaftsparadigma der Wirtschaftswissenschaften neu zu formulieren, weg von einer Anlehnung an die Quantenphysik und ihre mathematischen Modelle, hin zu einer als Form der Geschichtswissenschaften verstandenen Wirtschaftswissenschaft: »Das bedeutet, Finanzmärkte sollten nicht als Physiklabor behandelt werden, sondern als eine Form der Geschichtsschreibung. Der Verlauf der Ereignisse ist zeitabhängig und geht in eine Richtung. Vorhersagen und Erklärungen sind nicht reversibel. Einige überzeitlich gültige Gesetze können hilfreich sein, um Ereignisse zu erklären, nicht aber, um sie vorherzusagen.«[6]
Mit diesem Vorschlag ist eine radikale Neuausrichtung der Disziplin und des Grundverständnisses ihres Gegenstands verbunden. An die Stelle hochkomplexer und nur um einen hohen Preis übertragbarer Gleichungssysteme tritt plötzlich Sinndeutung, historische Rekonstruktion, Hermeneutik.[7] Und an die Stelle der wunderbaren Sophistikationen, mit denen in der jüngsten Vergangenheit innovative Finanzprodukte entwickelt wurden, die sich über ihre mathematische Komplexität legitimieren und denen es, wie weltweit inzwischen alle schmerzlich gelernt haben, an Substanz mangelte, tritt die schlichte Analyse von Erwartungen und Regelsystemen, nach denen die Wirtschaft aktuell jeweils gestaltet ist.
Für den von uns untersuchten Zusammenhang ist der hier vorgeschlagene Paradigmenwechsel von hoher Bedeutung: Zum einen unterläuft er die große Mystifikation der herrschenden Ökonomie, die sozial ausgehandelte Regelwerke zu Naturgesetzen stilisiert und sie damit unhinterfragbar macht; zum ande-

ren eröffnet sich hierdurch ein Verständnis von finanzieller Innovation, das den Kriterienkatalog ökonomischer Rationalität sinnvoll zu erweitern erlaubt und beispielsweise einen Kriterienkatalog fundiert, der Globalisierung und finanzielle Innovation an Nachhaltigkeit und an die Lösung gesellschaftlich relevanter Problemlagen bindet.

Mathematische Modelle garantieren keine Wahrheiten.[8] Trotzdem waren die Finanzwissenschaften im mathematischen Gewand mit der Behauptung aufgetreten, das Geschehen an den Finanzmärkten verlässlich berechnen zu können. Angesichts des teuren Scheiterns sollten diese Modelle nun eigentlich widerlegt sein, zudem sollten Institutionen, etwa Rating-Agenturen oder Hedgefonds, die ihren USP mit diesen Modellen begründen, dringend zu einer Änderung ihres Geschäftsmodells veranlasst werden, da sich die mit ihren Modellen vorgespiegelte Kalkulierbarkeit von Risiken als toxisch erwiesen hat. An der Mathematik selbst kann dieses Scheitern nicht festgemacht werden. Differentialgleichungen sind wirkungsvolle Instrumente, allerdings ist die Komplexität des verwendeten mathematischen Apparats nicht unbedingt ein Garant für die Qualität der Prognosen. Vielmehr lag es daran, dass die Prämissen nicht gestimmt haben: Risiko lässt sich nicht einfach als Variation der Standardabweichung einer Normalverteilung bestimmen. Zudem verkennt dieses Modell das Risiko der *Fat Tails*, d.h. von Ereignissen, deren statistische Wahrscheinlichkeit so gering ist, dass sie eigentlich nie vorkommen dürften, sich aber trotzdem ereignen, weil Finanzmärkte mit menschlichen Akteuren besetzt sind und weil im Fall von Panik alle zum Ausgang des Kasinos rennen.

Dieser kritische Einwand gegen die leichtfertige Verwendung unzutreffender mathematischer Modelle betrifft noch einen anderen wichtigen Punkt: Ein Gutteil des Handels auf den

Finanzmärkten liegt inzwischen fest in der Hand von Rechnern. Sie wickeln inzwischen im Nanosekundentakt unzählige Transaktionen ab. Diese werden durch die Erreichung von Kennwerten ausgelöst, denen aufgrund der dahinterliegenden mathematischen Modelle eine kritische Bedeutung zukommt, zumal diese Werte Risiken nicht begrenzen, sondern potenzieren.

Die Kritik am Wissenschaftsstatus der Ökonomie, ihrer aus dem sozialen Zusammenhang gelösten Gegenstandsbestimmung und ihrer methodischen Ausrichtung an mathematischen Modellen geht einher mit einer Kritik an ihren zentralen Kernkonzepten. Kaum eines dieser Kernkonzepte ist dabei so in Verruf geraten wie das Menschenbild, mit dem die ökonomische Theorie arbeitet, der nach rationalen Prinzipien seinen Vorteil optimierende *homo oeconomicus*. Aus sozialwissenschaftlichem Sinn erscheint dieses Bild in doppelter Weise unzutreffend. Zum einen weicht es als anthropologische Grundbestimmung des Menschen ziemlich weit von dem ab, was jüngste humanwissenschaftliche Ergebnisse zeigen. Erkenntnisse der Anthropologie legen nahe, dass Werte wie Solidarität viel eher zu den Grundzügen der Gattung Mensch gehören als die als Konkurrenz verstandene Beziehungssituation, in der sich der *homo oeconomicus* befindet. Denn Sprache, jenes Medium, das die spezifisch menschliche Form der Sozialorganisation überhaupt erst begründet, beruht auf Zeigegesten im Kontext von Kooperation. Daher markiert nicht Konkurrenz, sondern Kooperation die anthropologische Ursituation des Menschen.[9]

Zum anderen ist diese Grundbestimmung des Menschen weit weniger rational als in diesem Bild angenommen: An einen *homo oeconomicus* hundert Jahre nach Freud noch zu glauben, ist dermaßen absurd, dass man nur die Naivität der Ökonomen bestaunen kann. Dieses Bild ist nicht nur nicht mehr mit dem

Stand des Wissens über den Menschen vereinbar, es widerspricht jeder Alltagserfahrung und würde, wenn man es ernst nehmen würde, einen wesentlichen Teil der wirtschaftlichen Aktivität, nämlich Marketing, völlig überflüssig machen. Bedenkt man, wie wenig Marketing gewöhnlich auf Information, wie viel es auf eine Emotionalisierung von Produktversprechen zielt, dann hätten all die Werbemaßnahmen keinen Sinn, wenn Menschen rationale Entscheider wären. Vielleicht wäre es an dieser Stelle hilfreich, wenn die theoretischen Ökonomen bei ihrer Modellbildung Rücksprache halten mit anderen Bereichen praktischer Unternehmenslehre.

Ein weiteres, eher historisches Argument lässt sich gegen den *homo oeconomicus* ins Feld führen. Bezogen auf die großen Entwicklungen der Finanzmärkte, gemeint sind hier die allgemein als *Boost-Bubble*-Muster oder *Irrational Exuberance* beschriebenen Phänomene, kann man kaum glauben, dass hier rationale Entscheider am Werk sind. Das wird nicht besser, auch wenn man unterstellt, dass ein Gutteil des Handels heute über Computer läuft. Nehmen wir den peinlichen *Flash Crash* vom 6. Mai 2010, bei dem die Börsenkurse innerhalb weniger Minuten so weit einbrachen, dass nur durch ein Aussetzen des Handels und dank des raschen Eingreifens der amerikanischen Börsenaufsicht SEC die vorprogrammierte Abwärtsspirale gestoppt werden konnte. Bis heute ist unklar, was diesen Crash letztendlich ausgelöst hat, er hat sich in der Zwischenzeit allen in der Folge des 6. Mai verbreiteten Versicherungen zum Trotz, dass nun alles sicher wäre, bereits einige Male wiederholt. Ereignisse wie diese zeigen mit großer Deutlichkeit, dass gerade nach Spielregeln menschlicher Rationalität programmierte Computer Herdenverhalten auslösen. Hätte nicht die Börsenaufsicht, d. h., hätten nicht Menschen in das Geschehen eingegriffen, die Finanzmärkte wären unweigerlich in den Abgrund gestürzt.

Im Zentrum des klassischen ökonomischen Denkens und seiner Rechtfertigung unregulierter Märkte steht ein Marktmodell, das davon ausgeht, dass es die dem Markt selbst zugrundeliegenden Gleichgewichtstendenzen sind, die eine für alle Marktteilnehmer faire Preisfindung ermöglicht. Seit Adam Smith wird diese dem Markt innewohnende Ausgleichstendenz mit dem ominösen Begriff der »unsichtbaren Hand« bezeichnet. In ihrem Wirken zeigt sich die Effektivität der Märkte. Sie ist es, die es besser als jede politische Steuerung gestattet, dass angemessene Preise gefunden und gesellschaftliche Ressourcen in der richtigen Weise allokiert werden.

Dieses Grundmodell ökonomischer Dynamik spielt auch bei den beiden zentralen Wissensstrategien der praktischen Analyse der Finanzmärkte eine Schlüsselrolle: Sowohl die Fundamentalanalyse als auch die technische Analyse zielen darauf, das Marktgeschehen verstehbar und prognostizierbar zu machen. Beide setzen voraus, dass Letzteres dort, wo es ohne politische Intervention ablaufen kann, aufgrund der ihm innewohnenden Gleichgewichtstendenzen zu einer Optimierung der Ergebnisse führt.

Die Fundamentalanalyse dient dazu, die Preisbewegungen auf den Finanzmärkten mit basalen Wirtschaftsdaten, etwa Ertragslagen, Kostenstrukturen, Leistungsbilanzen und Kaufkraft, abzugleichen und dann die Marktdaten als stummen Ausdruck der Veränderungen dieser Werte zu lesen – immer in der Hoffnung, dass Aktienpreise diese Realitäten auch tatsächlich spiegeln, d. h. dass es vernünftige Ausgleichsbewegungen gibt. Im Gegensatz dazu beschäftigt sich die Praxis der technischen Analyse nur mit den Preisbewegungen auf den Finanzmärkten selbst und versucht Schwingungsmuster zu identifizieren, die in ihrer Fortschreibung zukünftige Preisentwicklungen zu dechiffrieren erlauben; die technische Analyse geht also davon aus, dass sich aus der Geschichte der Notierungen Lehren für zukünftige Kurse ziehen lassen. Sie muss allerdings dabei voraussetzen, dass die Fortschreibung der Kurven in die Zukunft als Ausdruck einer ihrem Wesen nach bekannten Ausgleichstendenz der Märkte gelten kann.

Beide Verfahren unterstellen somit »rationale« Märkte und ihre jeweilige Vorgehensweise ergibt nur Sinn, wenn Märkte interne Ausgleichsdynamiken besitzen. Genau diese Kernannahme über das »Wesen« der Märkte stellt die aktuelle Kritik infrage. Der Kultur- und Medienwissenschaftler Joseph Vogl hat diesen heiklen Punkt in seinem Buch *Das Gespenst des Kapitals* in folgender Weise zusammengefasst: »Im Fluchtpunkt finanzwirtschaftlichen Wissens steht jedenfalls eine Problemfigur, die sich auf das Vexierbild einer kritischen Ereignismasse bezieht und darin immer wieder eine prekäre Ununterscheidbarkeit zwischen Vernunft und Unvernunft, Chaos und Ordnung, zwischen absehbarem Weltlauf und entfesselter Kontingenz ausmachen muss. Fragen, exegetische Anstrengungen und Kontroversen dieser Art wiegen allerdings umso schwerer, als es in ihnen nicht zuletzt um die Geltung einer alten und unverwüstlichen Überzeugung liberaler Ökonomie geht, um die Überzeugung nämlich, dass das Marktgeschehen ein exemplarischer Schauplatz von Ordnung, Integrationsmechanismen, Ausgleich, sinnvollen Allokationen und somit von gesellschaftlicher Vernunft sei und insgesamt an eine kohärente, systematische Darstellungsform appelliere.«[10]

Genau diese Vernunft, genau diese vernunftgemäßen und damit verstehbaren Ausgleichsbewegungen der Märkte scheinen nicht zu funktionieren. Kritiker bestreiten damit auch, dass die immer wieder beobachtbaren Zyklen der Spekulation notwendige Ausgleichsbewegungen und keine schlichten Formen der Wertvernichtung seien, mithin dass die bestehende kapitalistische Wirtschaftsordnung, auch angesichts ihrer immer wieder sichtbar werdenden Kosten, die beste aller möglichen ökonomischen Welten sei. »Daher lauten die entsprechenden Fragen: Sind die irrationalen Exuberanzen wirklich Ausnahmefälle und nicht eher reguläre Prozesse im Getriebe kapitalistischer Ökonomien? (…) Hat man es wirklich nur mit der Unzuverlässigkeit, mit der begrenzten Einsicht des Finanzpersonals zu tun? Oder begegnet ökonomische Rationalität hier nicht unmittelbar ihrer eigenen Unvernunft? (…) Arbeitet das System tatsächlich rational und effizient?«[11]

Eine klare und schlichte Antwort auf diese Fragen hat Wirtschaftswissenschaftler Thomas Straubhaar: »Marktversagen ist eine Ausnahme: Falsch! Auf Finanzmärkten ist heutzutage Marktversagen nicht die Ausnahme, sondern die Regel. Herdenverhalten, Eigendynamik, emotionale Panik, automatische Verhaltensregeln, vor allem aber das Eigeninteresse von Händlern, Rating-Agenturen und Finanzinstituten können dazu führen, dass mikroökonomisches Gewinnstreben gesamtwirtschaftliche Krisen auslöst. Deshalb bedarf es besserer Regulierungen als heute.«[12]

Straubhaar und Vogl stehen mit ihrer Kritik am Marktkonzept der orthodoxen Ökonomie heute längst nicht mehr allein. Zu deutlich ist inzwischen der Einfluss irrationaler menschlicher Verhaltensweisen auf das Marktgeschehen, als dass dieses im Ergebnis auf harmonische Ausgleichstendenzen abzielen kann. Bereits von John Meynard Keynes stammt die schlichte Feststellung, dass es für bestimmte wichtige Zukunftsereignisse, etwa »die Unsicherheit eines Krieges in Europa (…) oder die Zinssätze in zwanzig Jahren (…) keine wissenschaftliche Grundlage gibt, um kalkulierbare Wahrscheinlichkeiten dafür zu entwickeln. Wir wissen es einfach nicht.«[13] Und er fährt fort, Wege aufzuzählen, wie es uns als Finanzinvestoren unter solchen

Bedingungen möglich ist, den Anschein zu wahren, rational zu agieren:

1. »Wir nehmen an, dass die Gegenwart hilfreicher für die zu erwartende Zukunft ist, als ein klarer Blick auf vergangene Erfahrungen dieses rechtfertigt. Mit anderen Worten: Wir vernachlässigen weitestgehend die Möglichkeit von zukünftigen Veränderungen, über deren Charakter wir nichts wissen.
2. Wir nehmen an, dass der existierende Stand der Meinungen, wie er sich in Preisen und die Gewichtung der existierenden Wirtschaftsleistungen ausdrückt, auf einer korrekten Zusammenfassung zukünftiger Aussichten beruht.
3. Wissend, dass unser individuelles Urteil unzuverlässig ist, bemühen wir uns, auf die Urteile des Rests der Welt zurückzufallen, der vielleicht besser informiert ist. Das bedeutet, wir streben danach, uns in Einklang mit der Mehrheit oder dem Durchschnitt zu verhalten.« [14]

In systematischer Weise hat sich der amerikanische Wirtschaftspsychologe Daniel Kahneman[15] mit jenen Wahrnehmungsfehlern auseinandergesetzt, denen wir unterliegen, wenn wir unter Bedingungen der Unsicherheit und des Risikos entscheiden müssen. Er hat mit diesen ein wichtiges neues Feld ökonomischer Forschung eröffnet, das inzwischen unter dem Namen *Behavioral Economics* zu einem festen Bestandteil der Ökonomie geworden ist. Er ist für seinen Beitrag mit dem Wirtschaftsnobelpreis ausgezeichnet worden und es deutet einiges darauf hin, dass diese Forschungen kritisch für einige Mythen sind, mit denen sich *Planet Finance* bisher schmücken konnte. Im Kern seine Betrachtungen stehen kognitive Fallen, in die Menschen regelmäßig tappen, wenn es um den Umgang mit Unsicherheit geht.

Beispiele hierfür sind:[16]

- Wir basieren unsere Entscheidungen eher auf verfügbare Informationen, nicht unbedingt auf jene, die wir für die Entscheidungen wirklich brauchen würden.
- Wir tendieren dazu, Ereignissen, nachdem sie eingetreten sind, eine höhere Wahrscheinlichkeit zuzuschreiben, als wir es vor ihrem Eintritt getan haben.
- Wir neigen dazu, Einzelereignisse vorschnell zu allgemeinen Gesetzen zu generalisieren, und übersehen dabei, wie unzureichend unsere Informationen sind, um eine solche Verallgemeinerung zu rechtfertigen.
- Wir neigen dazu, immer nur nach bestätigenden Informationen für eine Ausgangshypothese zu schauen, nicht aber nach widersprechenden Daten.
- Wir schätzen kombinierte Wahrscheinlichkeiten von Ereignissen in der Regel falsch ein.
- Wir beurteilen Konfidenzintervalle falsch und verwechseln so häufig *best-case*-Szenarios mit jenen, die auch die höchste Wahrscheinlichkeit besitzen.

Die Liste der von Kahneman untersuchten kognitiven Fallen ließe sich beliebig verlängern. Für unseren Zusammenhang ist wichtig zu sehen, dass solche Fallen sich insbesondere bei finanziellen Entscheidungen auftun. Diese Irrtümer sind schwer auszuschalten, da sie offensichtlich fest in unserem kognitiven System verankerte Funktionsmuster betreffen, die im Überleben des Alltags eine durchaus hilfreiche Rolle spielen. Ein weiteres Ergebnis von Kahneman sollte noch zusätzlich zu denken geben: Versuchspersonen mit wirtschaftswissenschaftlichem Bildungshintergrund oder solche, die in der Finanzindustrie arbeiten, unterliegen diesen Irrtümern in einem signifikant höheren Umfang als die als Kontrollgruppe genutzten Collegestudenten. Vermutlich liegt das daran, dass in diesen Versuchsgruppen ein Faktor besonders ausgeprägt ist, den Kahneman die »Illusion des Verstehens« nennt.

Diese kritischen Argumente legen in der Summe eine weitreichende Perspektive nahe: Eine Neuerfindung der Ökonomie als historische Kultur- und Sozialwissenschaft ist überfällig. Dabei muss man feststellen, dass historische Betrachtungen zur Finanzgeschichte immer schon eine wichtige Rolle in der Entwicklung der Ökonomie als Wissenschaft gespielt haben. Als Beispiel hierfür mag Milton Friedmans Schlüsselbuch über die große Depression dienen, allerdings hat sich diese Historizität der Erkenntnismöglichkeiten nur bedingt im Gegenstandsverständnis und der Begriffsbildung der Wirtschaftswissenschaften niedergeschlagen. Beides bezieht sich auf eine abstrakte Systemebene jenseits der Niederungen der konkreten Lebenswelt. Eine Neuorientierung, wie sie exemplarisch in dem Ansatz von Tomáš Sedláček verkörpert ist, ist zwingend. Er erfindet die Ökonomie neu: als Mythenkritik. »Selbst die ausgefeiltesten mathematischen Modelle sind in Wirklichkeit Geschichten, Gleichnisse, ein Bemühen, die Welt um uns herum (rational) zu begreifen. Ich möchte zeigen, dass es bei der über ökonomische Mechanismen erzählten Geschichte bis heute um ein ›gutes Leben‹ geht, (…) dass sie aus der Tradition der alten Griechen und der Hebräer stammt. Dass Mathematik, die Modelle, Gleichungen und Statistiken nur die Spitze des ökonomischen Eisbergs sind, der zum größten Teil aus allem anderen besteht (…) und dass die Dispute in der Ökonomie primär ein Kampf der Geschichten und der verschiedenen Metaerzählungen sind.«[17] Was damit mit Blick auf die jüngste Entwicklung der Finanzmärkte gemeint sein könnte, soll die folgende kleine Geschichte verdeutlichen.

Kleiner Exkurs: Die Parabel vom Ochsen

Es gibt über den berühmten Statistiker Francis Galton eine wunderbare Geschichte zu erzählen. Im Jahr 1906 beobachtete er auf einer Landwirtschaftsschau einen Wettbewerb, bei dem es für die Teilnehmer darum ging, das Gewicht eines Prachtochsen möglichst genau zu schätzen. Wer dem tatsächlichen Gewicht am nächsten kam, hatte gewonnen. Gemäß seiner Profession untersuchte Galton die Schätzungen und fand heraus, dass der Durchschnitt der Schätzungen außerordentlich gut war. Für Galton war dieses Ergebnis ein Beleg für etwas, was man »Weisheit der Menge« nennen könnte.

Spinnt man diesen Gedanken, wie es der englische Autor John Kay in seiner wunderbaren »Parabel vom Ochsen«[18] getan hat, fort, so lässt sich annehmen, dass irgendwann, als die Veranstalter des Wettbewerbs feststellten, dass die Waage immer ungenauer wurde, sich einfach entschlossen, in Zukunft das Durchschnittsurteil der Teilnehmer als Grundlage der Gewichtsfeststellung zu nutzen.

Ein neues Problem entstand, als einige Teilnehmer versuchten, sich durch Besuche bei den Landwirten Informationsvorsprünge zu verschaffen, und die Veranstalter befürchteten, dass sich die anderen Teilnehmer deshalb aus dem Wettbewerb zurückziehen würden. Das hätte zur Folge, dass der Prozess der Gewichtsfeststellung aufgrund zu geringer Teilnehmerzahl beschädigt werden würde, weil man sich dann ja nicht mehr auf die »Weisheit der Menge« würde verlassen können.

Deshalb wurden strikte Vorgaben erlassen: Die Landwirte wurden gezwungen, alle drei Monate Informationen über den Zustand ihrer Tiere zu veröffentlichen. Jeder, der Kenntnisse nutzte, die nicht der Öffentlichkeit bekannt waren, also Insiderinformationen, würde von der Teilnahme am Wettbewerb aus-

geschlossen. Professionelle Analysten beschäftigten sich intensiv mit den Quartalsinformationen der Landwirte und erklärten sie anderen Teilnehmern.
Die etwas clevereren Analysten realisierten schnell, dass es gar nicht darauf ankam, die Fütterung und die Gesundheit des Ochsen zu verstehen. Da das Tier ohnehin nicht mehr gewogen wurde, lag der Schlüssel zum Erfolg nicht im Schätzen des wirklichen Gewichts, sondern darin, richtig einzuschätzen, welche Schätzungen andere Menschen abgeben würden. Oder was andere Menschen denken würden, welche Schätzungen abgegeben werden würden. Oder wie andere Menschen die Urteile anderer Menschen darüber, welche Schätzungen abgegeben werden würden, beurteilen würden.
Natürlich darf in unserer Geschichte auch ein alter Farmer, nennen wir ihn »Buffett«, nicht fehlen, der darauf bestand, dass dieser Prozess ziemlich weit entfernt war von den Realitäten der Ochsenaufzucht. Man kümmerte sich nicht um ihn, wenngleich man nicht leugnen konnte, dass Ochsen aus seinem Stall immer gesund und wohlgenährt dastanden. Der alte Mann hatte einfach nicht verstanden, wie die Märkte funktionieren.
Was aber, wenn es nur wenige oder gar keine Schätzungen zum Gewicht des Ochsen gab? Mathematiker der Universität von Chicago hatten dazu Modelle entwickelt, die erlaubten zu errechnen, wie der Durchschnitt der Schätzungen ausgesehen hätte, wenn es solche Schätzungen gegeben hätte. Man brauchte keine Kenntnisse über Viehzucht, alles, was es brauchte, war ein leistungsfähiger Computer.
Natürlich kamen einige Menschen auf die Idee, dass man einfach die Waage reparieren könnte, um so das Gewicht des Ochsen wieder korrekt feststellen zu können. Aber wozu das? Warum sollte man sich auf das subjektive Urteil eines einzelnen Waageablesers verlassen, wo man doch von der Weisheit so

vieler cleverer Menschen profitieren konnte. Und dann starb der Ochse: In der Hektik hatte niemand daran gedacht, ihn zu füttern.

Es dürfte ziemlich offensichtlich sein, was diese Parabel sagen will. Eine Finanzindustrie, die sich von der Realwirtschaft und der Analyse realer Wirtschaftsprozesse weitgehend abgelöst hat und sich stattdessen nur noch mit ihren eigenen Selbstbezügen beschäftigt, verliert das, worauf es im Kern ankommt, aus dem Blick: Sie vergisst ihre dienende Rolle für die Realwirtschaft und wird so selbst zu einem Systemrisiko.

Die Ausführungen der letzten Seiten zur Kritik an den Modellen und wissenschaftlichen Voraussetzungen finanzwirtschaftlichen Denkens sollten dabei nicht als überhebliche Pauschalverurteilung oder als Besserwisserei im Nachhinein missverstanden werden. Vielmehr verstehen sie sich als Momentaufnahme jener Situation, in der die Ökonomie nach einem erweiterten Selbstverständnis sucht. Neben einer Veränderung der theoretischen Konzepte und einer verstärkten Refokussierung der Finanzwirtschaft auf die Realwirtschaft werden darin vor allem auch ethische Fragen eine entscheidende Rolle spielen.

Die Wiederentdeckung der Moral

Am Anfang der Ökonomie als Wissenschaft stand die geniale Auflösung eines moralischen Dilemmas: Wie kann aus dem rücksichtslosen Egoismus der Einzelnen das Wohl aller entstehen? Adam Smith' berühmte Antwort lautet, dass der Markt, die unsichtbare Hand des Marktes, genau dieses Wunder vollbringt. Nimmt man diesen Ausgangspunkt, wird deutlich, dass es eine heimliche Verbindungslinie, eine Nabelschnur der Ökonomie zur Moral gibt. Auch wenn dieser Zusammenhang in einer naturwissenschaftlich verstandenen Ökonomie weitgehend unterschlagen wird, so ist es doch nicht zu leugnen, dass die Urszene des ökonomischen Denkens auf diesen Zusammenhang verweist. Schließlich entstanden Smith' Überlegungen zur Ökonomie ja aus dem Kontext seines moralphilosophischen Werks, in dem er die Moral aus gegenseitiger Sympathie und Empathie mit dem Mitmenschen entwickelt.

Dieser Zusammenhang ist im Filter späterer utilitaristischer Interpretationen des menschlichen Beziehungsnetzes verloren gegangen. Diese setzen anstelle gegenseitiger Sympathie und Mitgefühl eine rationale Optimierung und egoistische Durchsetzung der eigenen Interessen – und verlieren somit den sozialen Aspekt vollkommen aus dem Blickfeld. Ökonomie wird, wie bereits dargelegt, zu einer selbstgenügsamen, abgehobenen Sphäre, in der erklärtermaßen nur noch die Regeln des Marktes gelten. Damit verschwindet jeder Zusammenhang zwischen Moral und Ökonomie, zwischen ethischem und wirtschaftlichem Handeln. Gier ist gut!

Aktuellen Kritikern der Ökonomie geht es nun darum, den verschütteten Zusammenhang zwischen Ethik und Wirtschaft wiederzubeleben. »Der ökonomische Markt ist nicht moralfrei. Dies klingt wie eine Selbstverständlichkeit, ist aber keine. Schon deswegen nicht, weil sie der heute dominanten ökonomischen Theorie widerspricht. Nach dieser Theorie ist der Markt moralfrei, und Rationalität besteht ausschließlich darin, die eigenen Interessen – effizient – zu verfolgen. Die These ist auch deshalb keine Selbstverständlichkeit, weil ein Gutteil der ökonomischen Praxis ihr zu widersprechen scheint.«[19]

Doch wie kann diese Renaissance der Moral erreicht werden, wie können die »*moral sentiments*« des Adam Smith wiederentdeckt werden? Die Ausgangslage ruft zuvörderst traditionelle

Werteverwalter auf den Plan: Philosophen und Theologen. Es lassen sich in diesem Zusammenhang zwei wesentliche Argumentationslinien einer Wirtschaftsethik ausmachen. Die eine davon, wie sie z. B. von Hans Küng oder Reinhard Marx vorgetragen wird,[20] beruft sich auf eine religiöse Fundierung ethischer Grundsätze und deren Entfaltung etwa im Rahmen der christlichen Soziallehre. Die zweite Linie verlegt sich, wie etwa Julian Nida-Rümelin oder auch Tomáš Sedláček das tun, auf Philosophie und Gesellschaftstheorie und nutzen deren Denkfiguren und Prinzipien, um daraus Sollforderungen für eine humane Ökonomie zu entwickeln.

Beiden Argumentationslinien ist gemeinsam, dass ihr Ausgangspunkt transzendal ist, d. h., dass sie sich in letzter Konsequenz auf ein Weltbild beziehen, das jenseits des Individuellen und seiner Interessenverhaftetheit angesiedelt ist.

Die Tradition religiöser Kritik an finanzwirtschaftlichen Praktiken und einem auf materiellen Wohlstand ausgerichteten wirtschaftlichen Handeln geht bis weit ins Mittelalter zurück. Ihre letzte Rechtfertigung erfährt dieses Denken durch eine Weltsicht, in der Erde und Himmel als zwei miteinander im Dialog stehende Zonen angesehen werden, deren Regeln in letzter Konsequenz im Himmel gemacht werden. Praktisch haben sich die christlichen Kirchen längst vom Zinsverbot und von anderen aus diesem Zweizonenmodell abgeleiteten Bewertungen wirtschaftlicher Aktivität verabschiedet; in diesem Sinne sind sie modern geworden. Ungeachtet dieser Revision erheben sie dennoch den Anspruch darauf, sich zu Wort zu melden, wenn es um exzessive Gier, soziale Unausgewogenheit oder zunehmend materialistische Leitwerte der Gesellschaft geht. Ihre Stimme wird zwar gehört, ihre Wirkung bleibt aber in der Regel auf Sonntagsreden beschränkt. Dazu mag sicher auch beitragen, dass jüngst wie im Fall der katholischen Kirche

das Finanzgebaren der Vatikanbank nicht nur unter Geldwäscheverdacht geraten ist. Es zeigt sich auch, dass sich die Bank bei der Auswahl ihrer Investments aus Renditeüberlegungen oft genug auf hochspekulative und unethische Anlagen eingelassen hat. Und wenn noch dazu führende Vertreter auf Kundengewinnungsveranstaltungen von Finanzdienstleistern die Fahne der Moral und christlichen Nächstenliebe hochhalten und nur wenig später bekannt wird, dass sie einer Institution vorstehen, die jahrzehntelang den Missbrauch an Zöglingen des Klostergymnasiums gedeckt hatte, so ist es mit der moralischen Kompetenz der Kirche bei Finanzfragen nicht weit her.
Handfester erscheint in diesem Zusammenhang die Entwicklung des *Islamic Banking*. Die damit verbundene Vorstellung einer Finanzwelt ohne Zinsen erscheint auf den ersten Blick unmodern und mittelalterlich. Auch ihre Moral ist religiös und aus einem Zweiweltenmodell gespeist, aber ihre Wirkung ist ebenso konsequent wie praktisch. In den großen Finanzzentren der Welt sind islamische Banken nennenswerter Größe entstanden. Diese bieten ein breites Spektrum shariakonformer Anlagen und es kann davon ausgegangen werden, dass sich *Islamic Banking* in den kommenden Jahren zu einer gewichtigen Stimme im Chor der Finanzwelt entwickeln wird, wenn es um die Wiedergewinnung des Zusammenhangs von Moral und Ökonomie geht.
Aber auch jenseits dieser ersten, auf religiösen Fundamentalismen ruhenden Letztbegründung von Wirtschaftsmoral ist eine säkulare Form von Wirtschaftsethik entstanden. Teilen der Philosophie und Gesellschaftstheorie ist es glaubwürdig gelungen, die Deutungshoheit über den Wertebereich für sich zu reklamieren. Philosophie und Gesellschaftstheorie bieten Gedanken über den Tag hinaus, Gedanken, die in den Traditionsstrom eines zweitausendjährigen Wertediskurses einge-

bettet sind. Sie können sich darüber hinaus darauf berufen, dass der Wertekanon dieser säkularen Welt, die Menschenrechte und ihre Übersetzung in den Rechtsrahmen und die Institutionen unserer politischen Ordnung durch das Denken der philosophischen Aufklärung bestimmt sind. Hieraus leitet sich – jenseits von Vernunft als Durchsetzung partikularer Interessen – ein übergeordneter Blick fürs große Ganze, eine transpersonale Rationalität ab, die auch eine Deutungshoheit über den Bereich der Werte, über den Bereich von Gut und Böse mit einschließt.

Ferner gibt es in der Tradition der europäischen Politik- und Geistesgeschichte eine andere Form des Denkens von Gesellschaft, aus der sich die Wertekritik speist: die Tradition der sozialen Utopien. Darunter sind innerweltliche Idealvorstellungen des gesellschaftlichen Miteinanders zu verstehen, die hier als zentrale Referenzpunkte dienen. In diesen Vorstellungen vom idealen Funktionieren von Gesellschaft stecken implizite Wertvorstellungen, die zum guten Teil in einer Kritik an den gesellschaftlichen Werten gründen, die zur Zeit des Entstehens dieser Utopien vorherrschten. Die sozialen Utopien schaffen starke Bilder des Gesamtzusammenhangs, liefern große Erzählungen davon, in welcher Form die entscheidenden Werte Solidarität, Gerechtigkeit und menschliche Freiheit verwirklicht werden können. Ungeachtet der Historizität dieser Gesellschaftsutopien nutzt auch die aktuelle Kritik am Finanzkapitalismus Vorstellungsbilder von Wirtschaft, wie sie in diesen Utopien entwickelt wurden.

Angesichts der immer vehementer werdenden Kritik erscheint eine Öffnung des Wirtschaftsdenkens unverzichtbar. Die Anfänge des Feldes Wirtschaftsethik, die Versuche von Unternehmen, ihre Aktivitäten verstärkt auf ihre Werteorientierung hin zu überprüfen und verbindliche Standards für *Good Gover-*

nance und *Corporate Social Responsability* zu entwickeln, sind erste Anzeichen für diesen sich leise abzeichnenden Kulturwandel.

In seinem Zentrum wird ein breiter Blick auf die Wirklichkeit stehen. Das Marktgeschehen kann nicht vom Rest der Welt isoliert werden und in seiner Eigendynamik begründet werden. Entscheidend wird sein, welche Vorstellung von Wirklichkeit dem Kulturwandel zugrundegelegt wird: ein von Gott geschaffenes Universum, in dem Gottes Regeln gelten und nach dessen Regeln ähnlich wie in Zeiten des mittelalterlichen Zinsverbots auch die Finanzindustrie ihr Auskommen finden muss, oder der Wertekanon einer aufgeklärten Gesellschaft, die sich an unveräußerlichen Menschenrechten orientiert. Eine solche Gesellschaft gründet ihre Institutionen auf Werte und die Finanzmärkte führen kein Eigenleben, sondern ihr Spielraum definiert sich dadurch, inwieweit sie beitragen, diese Werte zu verwirklichen, inwieweit sie sich dadurch legitimieren, dass sie menschliche Wohlfahrt oder sogar – wie in der amerikanischen Verfassung festgelegt – das Recht des Einzelnen auf Glück garantieren.

Wir würden uns wünschen, wenn sich einzelne Unternehmen bzw. Akteure der Finanzindustrie tatsächlich an dem aktuellen gesellschaftlichen Wertediskurs beteiligen würden, wenn sie sich vielleicht nicht publizitätswirksam vor den Augen der Öffentlichkeit, sondern eher firmenintern Lehrstunden in Sachen Werte verordnen würden. Könnte es nicht hilfreich sein, wenn das, was an gesellschaftlicher Fundamentalkritik an der Finanzindustrie deutlich wird, wenn die deutlich klaffende Werteschere zwischen Finanzindustrie und Gesellschaft zum Anlass einer ernsthaften Prüfung des unternehmenseigenen Wertesystems genommen werden würde?

Eine Korrektur der Unternehmenskultur in Finanzinstitutionen bedarf aber auch der Überprüfung gesellschaftlicher Leitwerte, aus denen sich die Erwartungen der Bürgerinnen und Bürger an die Leistungen der Finanzwirtschaft speisen. Auch hier ist ein Wertediskurs dringend geboten. Ein Ansatz in diese Richtung könnte z. B. darin bestehen, dass andere Standards für die Messung von Wohlstand entwickelt werden, die ergänzend zu bisherigen Messverfahren wie etwa dem BIP andere Qualitäten von Reichtum miterfassen. Hierfür, so der Forscher Horst Opaschowski, würde auch sprechen, dass die Menschen damit begonnen haben, ihre Vorstellungen von persönlichem Wohlstand radikal zu verändern. »›Der Traum vom materiellen Immer-Mehr ist für die meisten Deutschen ausgeträumt.‹ (…) Die Bürger legen laut der Umfrage großen Wert auf sozialen Zusammenhalt, intensive Familienbeziehungen und Kontakte zu guten Freunden. ›Die Wohlstandsgesellschaft gleicht jetzt mehr einer Wohlfühl- und Wohlergehensgesellschaft, die ihren Bürgern soziale Sicherheit und soziale Wärme garantieren soll‹, sagte Opaschowski.«[21]

Kritik der Spielregeln – Auswege aus dem Kasino

In seinen Briefen »Über die ästhetische Erziehung des Menschen« hat Friedrich Schiller einen großen Satz gewagt: »Denn um es endlich auf einmal herauszusagen: der Mensch spielt nur, wo er in voller Bedeutung des Wortes Mensch ist, und er ist nur da ganz Mensch, wo er spielt.«[22]

Auch wenn Schillers Pathos für uns heute befremdlich klingen mag, sein Satz weist zu unserem Thema Finanzwirtschaft einen doppelten Bezug auf: Zum einen fußen die grundlegenden Theorien der Ökonomie auf Ansätzen der mathematischen Spieltheorie, zum anderen dreht sich der grundlegende Vorwurf, dem der Finanzkapitalismus ausgesetzt ist, darum, dass es

bei seinen Finanzwetten um Glücksspiele geht, dass das Kasino oder die Pokerrunde angesagt sind.
Es könnte deshalb hilfreich sein, den Gedanken des Spiels weiterzuverfolgen, will man verstehen, worum es bei den Ansätzen zur Kritik geltender Spielregeln der Finanzindustrie im Kern geht. Die zentrale Idee bei jedem Spiel ist: Spiele müssen jedem Mitspieler gleiche Chancen eröffnen, sie müssen dafür sorgen, dass das Spiel nicht durch gezinkte Karten oder manipulierte Würfel unterlaufen werden kann, dass es allein auf Geschick oder Glück ankommt, wie das Spiel für den einzelnen Teilnehmer ausgeht.
Im Zuge der Finanzkrise von 2008, so könnte man sagen, haben alle Beteiligten gemerkt, dass keine dieser Voraussetzungen auf das Spiel mehr zugetroffen hatte. Aus diesem Grund war man vergleichsweise rasch bei der Hand, eine Korrektur der Spielregeln vorzuschlagen, wie dies etwa beim ersten Gipfel nach der Finanzkrise in London 2008 geschehen war. In der Zwischenzeit sind in allen betroffenen Ländern Versuche einer Veränderung der Regularien für die Finanzindustrie gestartet worden, die allerdings bisher ohne durchschlagenden Erfolg geblieben sind.
Fast möchte man meinen, man hätte das Gegenteil bewirkt: Im Zeichen der Krise hat sich die Spielposition der Finanzindustrie noch erheblich verbessert. Nicht nur gab es milliardenschwere Rettungspakete, es gab auch die Entscheidung, 28 Finanzinstitute aufgrund ihrer Größe und ihrer Wichtigkeit im Netz der globalen Finanzmärkte für systemrelevant zu erklären und ihnen so eine Überlebensgarantie für immer zu geben. Die simple Formel dafür hieß: *too big to fail.* Umso mehr überraschte es, dass einer der großen Finanzmagier der Wall Street, Sandy Weill, sich mit einer erstaunlichen Kehrtwendung zu Wort meldete: »Was wir wahrscheinlich tun sollten, ist, das Investment

Banking vom Banking abzuspalten, Banken zu Depositennehmern umzubauen, sie Geschäfts- und Hypothekenkredite vergeben zu lassen und sie somit etwas tun zu lassen, was nicht die Gelder der Steuerzahler aufs Spiel setzt und was nicht ›*too big to fail*‹ ist.«[23]

Ungeheuerlich ist der Satz, weil Weill, der ehemalige CEO der Citigroup, sein Leben lang genau in die andere Richtung gearbeitet und dabei den Finanzriesen Citigroup konstruiert hat: Er ist der Architekt des 70-Milliarden-US-Dollar-Mergers der Versicherungs- und Wertpapierfirma Travelers Group mit Citicorp im Jahr 1998; zuvor hatte er etwa die Investmentbank Salomon Brothers und den Broker Smith Barney übernommen. Kurz: Weill ist der Architekt eines der weltweit größten Finanzkonglomerate. Tatkräftig hat er mitgeholfen, dass die damalige Gesetzgebung, die mittels des *Glass Steagall Act* die Trennung des Retail-Banking von risikoreicheren Aktivitäten vorsah, abgeschafft wurde. Und nun, 13 Jahre später, will er das Trennbankensystem, das er zu Fall gebracht hat, wieder einrichten?

Weill reiht sich mit seiner überraschenden Aussage in den Chor jener ein, die weitreichende Änderungen der Spielregeln der Finanzindustrie vorschlagen. Zur Änderungsliste gehören neben der Rückkehr zum Trennbankensystem und der Reduzierung der systemkritisch gewordenen Größe von Banken die Forderung nach einer klaren Regelung der Zulassung von Finanzprodukten, die Marktregulierung von OTC-Transaktionen – Finanzgeschäften, die über den Ladentisch, d. h. außerhalb regulierter Marktplätze wie Börsen getätigt werden –, eine Begrenzung der Volatilität der Märkte durch eine Finanztransaktionssteuer, die Einschränkung des Hochfrequenzhandels, die Veränderung von Anreizstrukturen (Boni) mitsamt ihrer steuerlichen Behandlung, die Ausschaltung von Interessenkonflikten, insbesondere bezüglich der Rolle von Rating-Agenturen,

und die Forderung nach einer Ausbildung ökonomischer Eliten mit Verantwortungsbewusstsein und klarer Werteorientierung. Forderungskataloge wie diese, dem Basler Manifest der Wissenschaftler um den Züricher Ökonomen Marc Chesney entnommene Aufzählung existieren viele, wenig von diesen Forderungen ist bisher politische und juristische Realität geworden.[24]
In den USA wurde mit dem *Frank Dodd Act* immerhin eine Gesetzesvorlage von 1800 Seiten zur Neuregulierung der Finanzmärkte auf den Weg gebracht, allerdings hat sie bisher noch nicht Gesetzeskraft erlangt. Ähnliches lässt sich für den *Turner Act* in Großbritannien und für Initiativen auf europäischer Ebene sagen. Ein wesentlicher Grund für dieses langsame Voranschreiten einer Neuregulierung besteht darin, dass die Finanzindustrie den eigenen politischen Einfluss nutzt, um Gesetze dieser Art zu verhindern bzw. ihren Text in absichtsvoller Weise so aufzuweichen, dass die alten Spielräume erhalten bleiben. Sollte ein Gesetz dann doch kommen, scheint die hohe Kunst darin zu bestehen, Schlupflöcher und Lücken zu finden (idealerweise solche, die man im Zuge der Veränderung der Gesetzestexte selbst eingefügt hat), und den Interpretationsraum der Vorgaben in vollem Umfang auszuschöpfen, damit es kaum Notwendigkeiten zur Veränderung der bisherigen Praxis gibt.
Gerade angesichts jüngster Krisenzeichen aus der Finanzindustrie, etwa die verlustreiche JP-Morgan-Spekulation oder der Liborskandal erhöhen den Druck auf die Politik, zu Ergebnissen zu kommen. Interessanterweise gibt es seit Kurzem auch von Seiten der Realwirtschaft die Forderung, die Finanzindustrie endlich konsequent zu regulieren. So wird Nikolaus von Bomhard, Chef des weltgrößten Rückversicherers, der Munich Re, und Aufsichtsratsmitglied der Commerzbank mit dem Statement zitiert: »Ich würde alles so klein machen, dass nichts mehr *too big to fail* ist.«[25]

In Deutschland wurde das Thema von der SPD auf die politische Agenda gesetzt. SPD-Chef Sigmar Gabriel stellte im Juni 2012 ein Thesenpapier vor, um die Banken und den Finanzsektor zu bändigen.[26] Es greift in ungewöhnlich scharfer Form die Banken an – und um den Druck noch zu erhöhen, machten die SPD-Vertreter auch zugleich deutlich, dass die Thesen für den anstehenden Bundestagswahlkampf eine Schlüsselrolle spielen und die Sozialdemokraten die Wahl zu einer Entscheidung über die Regulierung der Finanzmärkte machen werden.

Interessanterweise lassen sich diese Vorschläge als Umkehr jener Deregulation der Finanzmärkte lesen, an deren Zustandekommen die rot-grüne Koalition unter Kanzler Schröder nicht ganz unschuldig war. Ungeachtet der Plausibilität der Vorschläge trägt diese Vorgeschichte nicht unbedingt dazu bei, Politik glaubwürdiger zu machen. Postwendend kam auch die Kritik aus dem Regierungslager, dass die SPD-Führung auf diese Weise nur versuche, auf der Welle des Populismus zu reiten. Wie es scheint, ist das Thema Finanzmarktreform damit endgültig in den Niederungen des parteipolitischen Gezänks angekommen. Höchste Zeit also, sich der Frage zuzuwenden, wie eine neue große Erzählung in der Zeit der Postfinanzmarktkrisen aussehen kann.

Auf der Suche nach einer neuen großen Erzählung

Gesellschaftliche Innovation, auch finanzielle Innovation ist immer eingebettet und begleitet von großen Erzählungen. Diese Narrationen gleichen Mythen, mit denen sich die Mitglieder einer Kultur im Erzählen die grundlegenden Sinnperspektiven, Werte und Wissensbestände der jeweiligen Kultur bestätigen. Mythen sind auch in säkularen Gesellschaften zentrale Referenzpunkte des Daseins, denn sie enthalten Antworten auf das, was wirklich zählt: die Frage nach dem Ursprung der Welt, in der wir leben, und die Frage nach jenen Werten, die uns Gut und Böse unterscheiden lassen. Großen Erzählungen kommt eine Schlüsselrolle zu: Sie machen Denken synchron und Handeln in alltäglicher Interaktion vertraut. Wenn dieser Erzählfaden gerissen ist, fehlt es auch am Vertrauen, wie wir es aktuell vor dem Hintergrund der Finanzkrise erleben.

Die Erfindung der großen Erzählungen geschieht allerdings nicht im luftleeren Raum, es werden ältere Erzählfäden aufgegriffen und zu einer neuen Erzählung, zu einem neuen Muster, zu einem neuen Bild verwoben.

Die jüngsten *Financial Innovations* waren eingebettet in den Kontext einer großen neoliberalen Erzählung. Diese Erzählung kreiste um das Theorem von der überlegenen Effizienz der Märkte und basierte auf der Vorstellung eines Gleichgewichts, auf das die unüberschaubare Vielfalt der Aktionen der Einzelakteure verlässlich zustrebt. Verbunden mit diesem ökonomischen Modell war ein emphatischer Begriff von Freiheit, der von einer zwangsläufigen Verbindung von Markt und Demokratie bestimmt war. Demokratie, verstanden als ein marktähnlicher Konsensmechanismus zur Bündelung individueller Anliegen unterschiedlicher Interessengruppen und Agenden, und Freiheit der Märkte, verstanden als freier Fluss des Kapitals zu den Zonen seiner wirtschaftlich sinnhaftesten Verwendung und idealtypisch verkörpert in den dynamisch innovativen, deregulierten Finanzmärkten, bilden die zwei Seiten einer Medaille. Beides zusammengenommen schafft die Grundlage einer gesellschaftlichen Lebensform, in der sich Selbstverantwortung mit Entwicklung von individuellen und gesellschaftlichen Potenzialen verbindet.

Mit dem eklatanten Marktversagen der Finanzmärkte und ihrer *Financial Innovations* ist auch die neoliberale Erzählung fragwürdig geworden. Die Situation drängt nach einer Korrektur der zum schrankenlosen Egoismus pervertierten Erzählung persönlicher und politischer Freiheit.

Vor diesem Hintergrund ist es verständlich, dass es aktuell eine Reihe von Versuchen gibt, eine neue große Erzählung des gesellschaftlichen Miteinanders zu entwickeln. Diese Neuentwicklungen greifen dabei auf den Symbolvorrat großer Wirtschaftsutopien des 19. Jahrhunderts zurück.[27] Mit ihnen wird mit einem Mal ein Diskurs wiedereröffnet, der das gesellschaftliche Miteinander und die Wirtschaftsordnung auf Werte gründen will und in dem Systemfragen, die einst als alternativlos abgetan worden waren, wieder gestellt werden.

Interessanterweise kommen eine Reihe dieser Erzählungen als Mythenkritik daher. Als Beispiele hierfür können Heiner Flassbecks Buch *Zehn Mythen der Krise* und David Graebers Werk über den 5000-jährigen Mythos der *Schulden* ebenso dienen wie Tomáš Sedláčeks großartige Abhandlung über die Mythen, mit denen sich die Ökonomie als Wissenschaft begründet.[28] Diese Hinwendung zur Mythenkritik ist nachvollziehbar, denn wir haben es mit einer Diskurslage zu tun, die durch Ausklammerungen bestimmter Themen geprägt ist, d.h. mit einer Diskurslage der behaupteten Alternativlosigkeit. In der Kritik geht es somit um die Wiedergewinnung der ausgeklammerten Teile, um das Hinterfragen der Gedankenlosigkeit unserer eigenen Rede und der unserer politischen, wissenschaftlichen und wirtschaftlichen Führungseliten.

Flassbecks angeprangerte Mythen sind mittlerweile Allgemeingut geworden. Sie zu klären, ist der erste Schritt für die Formulierung einer neuen großen Erzählung.

»Mythos I: Die Finanzmärkte sind effizient und fördern unseren Wohlstand.
Mythos II: Die Regierungen haben erkannt, dass sie handeln müssen.
Mythos III: Die Staatsschulden sind die eigentliche Ursache der Krise.
Mythos IV: Wir leben über unsere Verhältnisse.
Mythos V: Es gibt keine Eurokrise. Europa ist wegen der zu hohen Schulden einiger kleinerer Länder in der Krise.
Mythos VI: Ganz unabhängig von den Ursachen: die Staaten müssen sparen.
Mythos VII: Alle müssen ohne Schulden auskommen.
Mythos VIII: Die Notenbanken inflationieren die Wirtschaft, um die Staaten zu retten.
Mythos IX: Deutschland wird zum Zahlmeister Europas.
Mythos X: Weiter so ist eine Option für Europa.«[29]

Vieles davon bleibt im Normalfall unwidersprochen, viele Implikationen dieser scheinbar einleuchtenden und immer wieder bemühten Positionen widersprechen aber so augenscheinlich der Realität, dass es doch immer wieder erstaunt, wie diese Mythen nach wie vor am Leben gehalten werden können. Allerdings sollte hier gewarnt werden: Mit der Destruktion des Mythos wird zwar der Weg frei für neue Erzählungen – das ist ein klassisches Motiv der Aufklärung. Allerdings taucht nicht selten das Verdrängte in neuer Verkleidung wieder auf – so wie sich durch die aufklärerische Religionskritik hinter den verdrängten Göttern ein neuer Mythos, der Mythos einer vergöttlichten Rationalität, auftat, so wie sich hinter den Träumen einer besseren Gesellschaft häufig das Gespenst des Terrors, der Verlust der Freiheit und die Bedrohung Andersdenkender verbarg. Dies sollte man beden-

ken, wenn man den neuen großen Erzählern und ihren Erzählungen lauscht.
Wir werden uns im Folgenden mit jüngsten Versuchen beschäftigen, die durch das Brüchigwerden der neoliberalen Narration sich auftuende Leerstelle zu füllen. Keine der im Folgenden zu behandelnden Erzählungen reklamiert für sich den Anspruch, allumfassend zu sein; sie verstehen sich eher als Geschichten, die dem Suchprozess nach neuen Formen des Wirtschaftens Richtung und Struktur geben wollen. Sie sind allenfalls Fragmente einer großen Erzählung, die sich vor dem Hintergrund des anstehenden Kulturwandels der Finanzindustrie zu einem neuen Muster verdichten werden. Versucht man diese Erzählfragmente zu einer Begriffsarchitektur zu ordnen, so lassen sie sich um vier zentrale Begriffe anordnen, die für die Beschreibung finanzieller Dynamik unverzichtbar sind: Eigentum, Gemeinwohl (*Commonwealth*), Kapital und Rendite. Ausgehend von diesem Koordinatensystem soll im Folgenden die Landkarte der neuen Erzählungen behandelt werden.

Eigentum neu gedacht – die Ökonomie der *Common Goods*

»Eigentum ist Diebstahl« lautete die plakative Formel des Anarchisten Michael Bakunin (1814–1876). Damit war im 19. Jahrhundert der Ton vorgegeben für eine Kritik des Eigentumsbegriffs, die später dann bei Karl Marx in den Traum einer klassenlosen Gesellschaft auf der Grundlage der Abschaffung des Privateigentums an Produktionsmitteln mündete. Eine ideale Gesellschaft, so schien es damals, war nur denkbar als Gesellschaft ohne Eigentum. Und auch heute – trotz des Scheiterns des real existierenden Sozialismus – finden sich in der aktuellen Debatte immer wieder anarchistische Gedankensplitter und Vergemeinschaftungsideen.

Freiheit und Eigentum zusammenzudenken, ohne den gesellschaftlichen Zusammenhang aus dem Blick zu verlieren – dieses Verdienst gebührt den Forschungen der amerikanischen Wissenschaftlerin Elinor Ostrom, die für diese Arbeiten im Jahr 2009 mit dem Wirtschaftsnobelpreis ausgezeichnet wurde. Zentraler Gegenstand von Ostroms Forschungen ist die Ökonomie von Gemeingütern oder Allmende. Ihre richtungsweisenden Untersuchungen beziehen sich auf ein Regelwerk, das es braucht, um den Umgang mit Gemeingütern für alle fair und produktiv zu gestalten. Dazu hat sie die bis in die frühe Neuzeit zurückreichende Satzung zur gemeinsamen landwirtschaftlichen Nutzung von gemeindeeigenen Almen und Wäldern in den Schweizer Hochalpen untersucht und daraus Prinzipien abgeleitet, wie gemeinschaftliches Eigentum durch Nutzerorganisationen erfolgreich verwaltet werden kann.[30]

Folgende Regeln lassen sich nach Ostrom aus dieser Forschung ableiten:

1. Die Grenzen der Allmende-Ressourcen (AR) müssen klar definiert sein und die zugriffsberechtigten Personen (Aneigner) feststehen. Externe Nichtberechtigte, die keinen Zugriff auf die AR haben, müssen wirksam ausgeschlossen werden.
2. Die auf die lokalen Bedingungen abgestellten Regeln bezüglich der Aneignung und der Bereitstellung der Allmende-Ressourcen müssen ein nachvollziehbares Gleichgewicht ergeben.
3. Die Nutzer können an Vereinbarungen zur Änderung der Regeln teilnehmen, sodass eine aktive Mitgestaltung gewährleistet und zeitnah eine bessere Anpassung an sich ändernde Bedingungen ermöglicht wird.

4. Die zugriffsberechtigten Personen bzw. deren rechenschaftspflichtige Beauftragte müssen die Einhaltung der Regeln überwachen.
5. Abgestufte Sanktionsmöglichkeiten bei Regelverstößen entsprechen der Schwere und des Kontexts der Regelverletzung.
6. Es existieren klar definierte Mechanismen zur Konfliktlösung durch rasch zugängliche, eigenständige Diskurs- und Entscheidungsarenen.
7. Das Recht der Aneigner zur Bildung eigener Institutionen wird durch übergeordnete Regierungsstellen anerkannt und gewährleistet so einen selbstbestimmten Umgang mit den Allmende-Ressourcen.

Ostrom beschreibt mit diesen Prinzipien, wie Menschen in einer naturnahen Ökonomie mit dem Ökosystem interagieren und dabei mittels nachhaltigen Wirtschaftens die Entnahme begrenzter Ressourcen, aber auch den Erhalt dieses Ökosystems regeln (etwa durch Jagd, Fischerei, Wald- und Weidewirtschaft, Bewässerungssysteme). Später hat Ostrom sich mit der kollektiven Entwicklung von Wissen und der Problematik von geistigem Eigentum befasst. Ihr Augenmerk liegt dabei auf der Frage, wie sich Menschen organisieren, um gemeinschaftlich komplexe Probleme zu lösen. Sie kann dabei zeigen, wie sich selbstgesetzte institutionelle Regeln auf das Handeln der Beteiligten auswirken und wie es durch vergleichsweise einfache Regeln der Kooperation gelingen kann, praktikable, gerechte und effiziente Lösungen im Umgang mit begrenzten Ressourcen zu erreichen – Lösungen, die besser funktionieren als privatwirtschaftliche Verwaltung oder staatliche Kontrolle.

Für unseren Zusammenhang ist dabei wichtig, dass lokale Ökonomie auf der Basis der Theorie von *Common Goods* durch

Selbstorganisation und auf der Grundlage eines Sets von sozialen Spielregeln, d.h. durch das Aufspannen einer symbolischen Ordnung geregelt werden kann. Es sind nicht Naturkräfte im Sinne etwa der unsichtbaren Hand des Marktes, sondern es sind soziale Regeln, die zur Bildung sozialer Institutionen führen, innerhalb derer dann ökonomisches Handeln stattfindet.[31] Zum anderen wird anhand der Arbeiten von Ostrom deutlich, dass wir es bei der Entwicklung dieser sozialen Spielregeln mit historischen Prozessen zu tun haben: Die von ihr beschriebene Allmende-Wirtschaft ist ein historisches Relikt. Sie hat sich in von der kapitalistischen Ökonomie nicht erfassten Zonen wie Hochalmen gehalten und kann neu für Wirtschaftsfelder im 21. Jahrhundert übernommen und angepasst werden.

Denn es ist unstrittig: Wir leben nicht mehr unter den Bedingungen einer Schweizer Hochalm, wenngleich einige der utopischen Projekte der letzten Jahre diesen Weg zurück genommen haben. Erfreulicherweise lässt sich aber zeigen, dass die von Ostrom und anderen beispielhaft entwickelten Modelle zur Verwaltung von Gemeingütern auch in unserem heutigen ökonomischen Umfeld greifen und Entwicklungen hervorgebracht haben, die die Lebenswelt einer globalisierten Wissensökonomie nachhaltig beeinflusst haben. Dazu zählen das Betriebssystem *Linux*, die Entwicklung des *Apache Webservers* oder *Wikipedia*.[32] Zwar ist hier nicht der Raum, um all diese Beispiele ausführlich zu beschreiben, aber es lassen sich einige wichtige allgemeine Feststellungen zur dieser sogenannten *Open-Source*-Bewegung treffen:

1. Diese Projekte zeigen, dass das Prinzip Selbstorganisation funktioniert und in der Lage ist, erfolgreiche Produkte auf den Markt zu bringen, die ernsthaft mit den Produkten großer Anbieter konkurrieren können.

2. Die entstandenen Produkte stellen in ihrer Entstehungsweise, aber auch in ihrem Ergebnis echte Innovationen dar. Damit wird deutlich, dass es Innovationen auch ohne Rückgriff auf Marktdynamiken und Konkurrenzdruck, ohne die Mechanik eines marktmäßigen Ungleichgewichts gibt, welches durch unternehmerisches Handeln zu einer neuen Balance gebracht wird. Es ist dies ein Modell der Innovationsdynamik, die durch Kollaboration ermöglicht wird.
3. Dieser soziale Raum der Kollaboration braucht, ähnlich wie Ostroms Allmendewirtschaft, soziale Regeln. Wissensmanagement im Sinne von Regelvorgaben zur Erstellung von Beiträgen und vor allem die Logik der *Peer*-Bewertung müssen darin eingehen.
4. Es lässt sich beobachten, dass ein Gutteil der Beiträge zu den aktuellen Produktentwicklungen von Unternehmensmitarbeitern erbracht werden. Dies bedeutet, dass es tatsächlich eine *Win-Win*-Situation zwischen einer Ökonomie der Gemeingüter und den Anliegen klassischer Unternehmen geben kann.

Allmende, die Ökonomie der *Common Goods*, hat eine lange Tradition und funktioniert auch heute in den avanciertesten Bereichen gesellschaftlicher Produktion wie beispielsweise in der IT-Branche. Sie ist als innovatives Wirtschaftsmodell belegt. Natürlich sollte dabei nicht übersehen werden, dass wir auch in einer Welt leben, in der sogar, wie der Patentkrieg zwischen Apple und Samsung zeigt, Rechtecke mit abgerundeten Ecken als Patente behauptet werden können; in einer solchen erscheint das Modell der Wissensallmende wie von einem anderen Stern. Gleichzeitig lässt sich feststellen, dass die Ansätze von *Sharing* und *Co-Creation*, also Nutzung von Gütern ohne ihren faktischen Besitz, insbesondere bei jungen Menschen auf zunehmende Resonanz stoßen. Entwicklungen dieser Art lassen hoffen, dass ein differenziert weiterentwickelter Eigentumsbegriff im Sinne von Allmende zu einem zentralen Bestandteil der neuen großen Erzählung werden könnte.

Gemeinwohl als neues Zentrum wirtschaftlicher Aktivität

Es war Adam Smith, jener Moralphilosoph, der mit seinem 1776 erschienenen epochemachenden Werk *Der Reichtum der Nationen* die Ökonomie als eigenständige wissenschaftliche Disziplin begründete. Und es war Adam Smith, der den Zweck des Ökonomischen in einer aus dem freien Wettbewerb und dem Egoismus der Einzelnen geborenen Wohlfahrt aller gesehen hat. Allerdings blieb diese Bindung des Ökonomischen ans Gemeinwohl abstrakt und die sozialen Realitäten seines Zeitalters der großen Industrie sahen anders aus. Als Gegenreaktion entstanden deshalb jene großen sozialen Utopien, die im Kern alle um die Frage des Gemeinwohls kreisten. Das Spektrum reicht dabei von radikal anarchistischen Positionen zu Fragen des Eigentums über physiokratisch-utilitaristische Konzepte einer wissenschaftlich-rationalen Ordnung von Wirtschaft und Gesellschaft sowie über künstlerisch lebensweltliche Konzepte, die das Moment der Kreativität und schöpferischen Entfaltung des Menschen in den Mittelpunkt stellen, bis hin zu den im Kontext der Arbeiterbewegung entwickelten genossenschaftlich-kommunistischen Utopien.[33] Diese Denkmodelle erleben aktuell eine bemerkenswerte Renaissance und liefern den Bildervorrat für die neuen Erzählentwürfe.

Ein wichtiger, mit dem Begriff »Solidarische Ökonomie« bezeichneter Ansatz einer Wiederbelebung Marx'scher Positionen lässt sich dem globalisierungskritischen Netzwerk *Attac* zuordnen, das sich der Analyse des Zusammenhangs von Wirtschaft und Gesellschaft verpflichtet.[34] Der Begriff ist bewusst breit gewählt und bietet so einer Vielzahl von Konzepten, Theorien und Projekten Platz. Solidarische Ökonomie ist eine alternative Form des Wirtschaftens, die auf sozialen Ausgleich, Bedürfnisorientierung, demokratische Partizipation und ökologische Nachhaltigkeit abzielt. Solidarökonomisches Wirtschaften soll grundsätzlich im Dienste des Menschen stehen. Darüber hinaus greift das Konzept auf die Marx'sche Idee zurück, dass jeder Mensch ein Teil der Gesellschaft und seine Arbeit damit ein entscheidender Beitrag zum Fortschritt der Menschheit sei. Vor allem in Lateinamerika spielt dieser Begriff im Kontext einer Verbesserung prekärer Lebensverhältnisse eine wichtige Rolle. In Deutschland sind wichtige Gedanken des solidarischen Wirtschaftens fest in den Traditionen der Genossenschafts- und Arbeiterbewegung verankert. Es kann aber nicht übersehen werden, dass ebendiese gerade in Deutschland durch ihre Perversion im Nationalsozialismus bzw. im real existierenden Sozialismus, vielleicht auch durch die augenfälligen Erfolge der sozialen Marktwirtschaft der westdeutschen Nachkriegsjahre sich bis heute im gesellschaftlichen Mainstream schwertun.

Doch im Zuge der Globalisierungsdebatte der Jahrtausendwende wurden solidarökonomische Konzepte neu rezipiert und gewannen vor dem Hintergrund der Finanz- und Staatsschuldenkrise zusätzliche Bedeutung. Die Zivilgesellschaft kritisierte zunehmend die Folgen des globalisierten Kapitalismus und protestierte gegen Ausgrenzung, Marginalisierung, Prekarisierung, Arbeitslosigkeit und Armut. Zugleich entwickelten sich Modelle einer wirtschaftlichen Praxis, die wirtschaftliche Ziele mit sozialen und politischen verbinden will. In diesem Sinne

beabsichtigen die solidarökonomischen Modelle und Projekte, die Lebens- und Arbeitsbedingungen der Menschen in Randzonen des wirtschaftlichen Geschehens zu verbessern und dabei im Einklang mit der Umwelt und den Bedürfnissen der Menschen vor Ort zu agieren. Die hierdurch ermöglichte wirtschaftliche Teilhabe soll die Grundlage einer weitergehenden sozialen und politischen Teilhabe bilden, in der sich Menschen als Mitglieder einer auf gemeinsamen Werten und gemeinsamer Wertschöpfung basierenden Solidargemeinschaft verstehen können.
Die Kerngedanken der Schenkökonomie stammen ursprünglich aus dem Kontext der Kulturanthropologie und nähern sich der Frage nach dem Zusammenhang von Ökonomie und Gemeinwohl über die Untersuchung der Bindungen, auf die sich der soziale Zusammenhang von Menschen gründet. Entgegen dem im europäischen Kulturkreis etablierten Muster der Konkurrenz zeigt sich, dass in traditionalen Ökonomien gegenseitige Hilfe, Altruismus, Kooperation, Reziprozität und Solidarität viel stärker betont werden, um den sozialen Zusammenhalt und die soziale Identität zu organisieren.
Diese Einsichten gehen zurück auf die berühmte Studie *Die Gabe* des französischen Soziologen Marcel Mauss. In ihrem Mittelpunkt steht die Frage, warum man Gaben, also Geschenke erwidern muss. Die Antwort liegt nach Mauss darin begründet, dass sich in der Gabe Person und Sachen mischen, man beim Geben einen Teil von sich gibt und im Nehmen der Gabe insofern eine Fremderfahrung des Anderen macht. Der *Essai sur le don* analysiert als systematische und vergleichende Studie erstmals das System des Geschenkaustauschs und deutet seine Funktion im Bezugsrahmen der gesellschaftlichen Ordnung. Mauss stellt das moralische, psycho-ökonomische Prinzip der Gabe in seinem Zwangscharakter und seiner Schuldverursachung heraus. So gelingt es ihm, die Prinzipien von Dienstleis-

tung, Arbeit, Sozialstaat und Wohlfahrt zu analysieren. Hierfür prägte er den Begriff der Schenkökonomie.

Mit diesem Modell eines auf Gabe und Gegengabe fußenden sozialen Beziehungsnetzes, das als »soziales Totalphänomen« gleichzeitig ökonomische, juristische, moralische, ästhetische, religiöse, mythologische und sozio-morphologische Dimensionen umfasst und weit über das Menschenbild des rein rationalen *homo oeconomicus* und seiner Wirtschaft hinausgeht, eröffnet Mauss die Möglichkeit, alternatives Wirtschaften neu zu begründen.

David Graeber und Tomáš Sedláček greifen in ihrer Mythenkritik des Kapitalismus den Gedanken auf und entwickeln daraus Ansatzpunkte eines neuen auf den sozialen Zusammenhang und seine Werte bezogenen Verständnisses von Ökonomie. Besonderer Popularität in der Diskussion über alternative Formen des Wirtschaftens erfreut sich aktuell Christian Felbers Idee der Gemeinwohlökonomie.[35] Die inhaltlichen Anliegen lassen sich nach Felber wie folgt beschreiben:

»Der Gemeinwohlökonomie liegt dreierlei am Herzen:

1. Sie will den Werte-Widerspruch zwischen der Wirtschaft und der Gesellschaft auflösen, indem in der Wirtschaft dieselben Verhalten und Werte belohnt und gefördert werden, die unsere zwischenmenschlichen Beziehungen gelingen lassen: Vertrauensbildung, Kooperation, Solidarität und Teilen.
2. Der Geist, die Werte und Ziele unserer Verfassung sollen in der Wirtschaft konsequent durchgesetzt werden. Die gegenwärtige Wirtschaftsordnung verletzt den Geist der Verfassung.
3. Die wirtschaftliche Erfolgsmessung wird umgestellt von Tauschwertindikatoren zu Nutzwertindikatoren. Der Zweck allen Wirtschaftens ist nicht die Bereitstellung von Tausch-

werten, sondern von Nutzwerten. Der Mensch lebt allein davon. Tauschwerte sind nur mittelbar nützlich, aber nicht an sich. Ein Tauschwert kann mich weder nähren noch wärmen noch umarmen.«[36]

Bereits diese Zeilen machen deutlich, dass es sich bei der Gemeinwohlökonomie um eine große Erzählung im besten Sinne handelt. Wirtschaftliche Tätigkeit hat sich zu messen an Moral und Verfassung, sie bedarf damit einer gänzlich anderen Bemessungsgrundlage, als sie die gängige Ökonomie zu bieten vermag. In seiner Erzählung bündelt Felber eine Vielzahl von aktuellen Ideen und räumt dabei durchaus ein, dass sie sich in inhaltlicher Nähe und in einer Anregungsbeziehung zu anderen aktuellen Ansätzen versteht: »Klassische ›Freundinnen‹ der Gemeinwohlökonomie sind: Solidarische Ökonomie, Gemeinschaftsgüter (*Common Goods*), Wirtschaftsdemokratie, ökonomische Subsidarität, Geschenkökonomie und Postwachstumsökonomie, um nur einige zu nennen.«[37] Damit wird zum einen gezeigt, wie breit Felbers Ansatz angelegt ist, zum anderen, wie wenig Trennschärfe er zu bieten vermag, wenn es um eine Präzisierung des Gemeinwohlbegriffs geht.
Ungeachtet dieses kritischen Einwands muss man feststellen, dass mit der Unterscheidung von Tauschwert und Nutzwert ein an Marx' Unterscheidung von Tauschwert und Gebrauchswert angelehntes Modell angeboten wird, um wirtschaftlichen Erfolg in einem mehrdimensionalen Kriterienraster, der Gemeinwohlbilanz, messbar zu machen. Das Konzept der Gemeinwohlbilanz entspricht nicht nur einem drängenden theoretischen Nachholbedarf, es hat es inzwischen auch geschafft, Realität zu werden: In Österreich und Deutschland haben sich Netzwerke von Unternehmen gebildet, die mit diesem Konzept arbeiten wollen und für ihre jeweiligen Unternehmen Gemein-

wohlbilanzen erstellen. Damit eröffnet sich die Chance für einen Praxistest dieses Ansatzes und die Aussicht, die Grenzen der klassischen Bilanzierung, die auf eine Externalisierung sozialer Kosten hinauslaufen, zu überwinden. Mittelfristig kann sich vielleicht sogar eine erweiterte Sichtweise unternehmerischer Aktivitäten jenseits der Eindimensionalität rein betriebswirtschaftlicher Renditeprüfungen etablieren. Dies eröffnet auch die Chance, bisher isolierte Ökobilanzen und in einzelnen CSR-Instrumenten erhobene und dargestellte Daten zu einem einheitlichen Instrument zu bündeln.[38]

Felbers Ansatz verdient eine wohlwollende Betrachtung, einfach weil in der Tat der Versuch unternommen werden muss, die Analyse wirtschaftlicher Aktivität und eine aufs Gemeinwohl bezogene Betrachtung der Unternehmensleistung zu verbinden. Zugleich kann der Ansatz aber seine Apodiktik nicht verheimlichen. Dies gilt sowohl für das beanspruchte Wissen über grundlegende menschliche Bedürfnisse und Glücksvorstellungen wie für die traumtänzerisch naiven Vorstellungen eines Außerkraftsetzens gängiger ökonomischer Erfolgsvorstellungen und Bilanzierungspraktiken. »Die Gemeinwohl-Ökonomie will das messen, was zählt. Das, was Menschen grundlegend benötigen, was sie zufriedenstellt und glücklich macht. Das Gemeinwohl – Produkt einer Volkswirtschaft und die Gemeinwohl-Bilanz eines Unternehmens lösen BIP und Finanzgewinn ab.«[39]

Da steuert man erneut auf eine alternativlos gewordene Welt, auf eine totalitäre Vision zu. Statt sich bietende Chancen zum Dialog, zur zugegebenermaßen mühsamen Verhandlung von sozialen und ökologischen Kriterien, wie sie sich im Nachhaltigkeits-Reporting und zunehmend auch in den Kriteriensystemen für *Corporate Governance* und *Corporate Social Responsibility* finden, zu nutzen, wird ein neuer Standard dekretiert.

Dies mag angesichts des moralischen Impetus des Ansatzes vielleicht verzeihlich sein, aber Terror im Namen des Gemeinwohls ist eine Gefahr, für die es hinreichende historische Referenzen gibt. Jedoch vollends ins Abseits gerät das Konzept einer Gemeinwohlorientierung wirtschaftlicher Tätigkeit dann, wenn es zu einem Entwurf für die Zukunft der Finanzindustrie gemacht wird. Anstelle der demokratiefeindlichen globalen Finanzmärkte, auf denen nur als systemrelevant erklärte und somit steuerlich finanzierte *Global Players* agieren, will Felber ein ganz anderes Finanzsystem errichten, auf dem letztlich die Gemeinwohl-Ökonomie basieren soll. »Geld als Kredit soll zu einem öffentlichen Gut werden und die Finanzmärkte geschlossen werden. (…) Die Kernfunktionen der Finanzmärkte werden von der Demokratischen Bank übernommen.«[40]

Am Ende steuert Felber auf das zu, worum es ihm einzig geht: die Abschaffung der Finanzindustrie durch ihre Vergesellschaftung. Diese Idee erscheint in historischer Perspektive keineswegs besonders originell – ungeachtet der Tatsache, wie es wohl bewerkstelligt werden soll, dass sich die Finanzindustrie in Luft auflöst. Wieder muss einschränkend eingeräumt werden, dass dieser Wunsch angesichts der jüngsten Exzesse der Finanzindustrie nur allzu verständlich ist, allerdings bedient diese Vorstellung von dialogfreier gesellschaftlicher Omnipotenz Traumwelten. Aus der Tatsache, dass nicht wenige Menschen diesen Traum gemeinsam träumen, folgt keineswegs dessen Realitätshaltigkeit. Damit aber der Traum einer anderen Bank nicht nur Fantasie bleibt, bemüht sich Felber im Detail um den Aufbau des Projekts einer »Demokratischen Bank«. »Die Demokratische Bank ist dem Gemeinwohl verpflichtet, sie ist nicht gewinnorientiert. Ihre Werte und Ziele sind die der Gemeinwohl-Ökonomie. Insbesondere sollen regionale Wirtschaftskreisläufe und soziale wie ökologische Investitionen gefördert werden. Die demokratische Bank erbringt folgende Kernleistungen:

1. unbeschränkte Garantie der Spareinlagen;
2. kostenloses Girokonto für alle WohnsitzbürgerInnen;
3. kostengünstige Kredite für Privathaushalte und Unternehmen bei a) ökonomischer Bonität, b) Schaffung von ökologischem und sozialem Mehrwert durch die Investition;
4. flächendeckendes Filialnetz mit wertschätzender persönlicher Betreuung, in Synergie mit Demokratischer Post, Demokratischer Bahn; öffentlichen Internet-Docks;
5. kostengünstige Ergänzungskredite an den Staat (zur EZB-Finanzierung) und Vermittlung von Staatsanleihen (solange nötig)
6. Wechsel von Währungen.«[41]

Juristische Grundlage für dieses Konzept einer »Demokratischen Bank« bildet aktuell die Idee einer Genossenschaft. Auf dieser Grundlage soll ein Entwicklungsprozess angestoßen werden.[42] Das langfristige Ziel ist eine in der Verfassung festgeschriebene und nur durch den demokratischen Souverän zu verändernde Autonomie dieser Bank. Die »Demokratische Bank« wird damit zu einem politisch vergleichsweise anspruchsvollen Unternehmen.

Dabei sollte nicht übersehen werden, dass – wie in Kapitel 4 ausführlich zu zeigen sein wird – Banken mit Gemeinwohlorientierung bereits seit geraumer Zeit am Markt aktiv sind und dass diese sich den Herausforderungen des Finanzmarkts erfolgreich gestellt haben, ohne einen kompletten Systemwechsel mit der bekannten Vergesellschaftung von Schlüsselindustrien (siehe Punkt 4 oben), insbesondere des Bankensektors, bemühen zu müssen. Die Behauptung von deren Notwendigkeit bedient Ressentiments und pflegt rückwärtsgewandte Träume, die sich weigern, historische Lernerfahrungen ebenso zur Kenntnis zu nehmen, wie sich den Mühen des Dialogs zur realen Lösung der Herausforderung eines Kulturwandels in der Finanzindustrie zu unterziehen.

Eine weitere wesentliche Dimension im Verständnis des Zusammenhangs von wirtschaftlicher Aktivität und Gemeinwohl wird in den Sozialwissenschaften unter dem Stichwort »Postwachstumsökonomie« diskutiert. Mit diesem Begriff verbindet sich die Frage, welcher Preis mit einer Fortführung unserer bisherigen, auf Wachstum und Konsum programmierten Wirtschaft verbunden ist. Augenscheinlich ist dabei die Einsicht, dass dieses Wachstum an ökologische Grenzen gestoßen ist. Bezieht man in die Bilanzierung der Wachstumsökonomie zudem die sozialen Folgen des menschengemachten Klimawandels oder des globalen Finanzkrisenmanagements mit ein, so lässt sich ein klarer Widerspruch zwischen dieser unserer Wirtschaftsweise und dem globalen Gemeinwohl feststellen.

Da es in der aktuellen Diskussion um den Wachstumsbegriff häufig zu Unschärfen kommt, ist eine Klarstellung angebracht: »Seit der industriellen Revolution ist Wirtschaftswachstum, wie es heute in den Indikatoren des Bruttoinlandsprodukts (BIP) oder des Bruttosozialprodukts (BSP) gemessen wird, *die* zentrale Funktionsbedingung moderner Gesellschaften. Nur *dieses* Wachstum zieht inzwischen öffentliche Kritik auf sich, weil es weder ökologische Zerstörung noch Verteilungsungerechtigkeit adäquat abbildet und daher als Wohlstandsparameter zunehmend ungeeignet ist. *Dieser* Parameter, nicht jedoch das Streben nach Anerkennung, Wissensvermehrung oder gar nach Entwicklung an sich, wird von Kritikern öffentlich infrage gestellt.«[43]

Das Spektrum der Wachstumskritik reicht dabei von dem konservativen Vordenker Meinhard Miegel – er fordert einen

Abschied von der Wachstumsgläubigkeit und zweifelt, dass Programme, die die Entwicklung ökonomischer Wachstumsdynamik durch gesellschaftliche Großprojekte anstreben, gelingen können[44] – bis hin zu Kritikern, die ihre Mahnungen mit einer Systemkritik am Kapitalismus verbinden.[45] Die Krise des Wachstums, und das scheint das historisch Neue zu sein, stellt sich als »ökonomisch-ökologische Doppelkrise« dar, die unsere wirtschaftliche und politische Ordnung vor ein Wachstumsdilemma stellt. »Sinkt die Wirtschaftsleistung, sind zunehmende Arbeitslosigkeit, Armut, Prekarität und verschärfte soziale Ungleichheiten die wahrscheinliche Folge. Wächst die Wirtschaft, bedeutet das die beschleunigte Vernutzung endlicher fossiler Ressourcen, erhöhten Schadstoffausstoß, die Aufheizung der Erdatmosphäre und die Zuspitzung ökologischer Krisen.«[46]

Angesichts dieser Zwangslage gibt es nur die Optionen, entweder das Wachstum ökologisch und sozial zu gestalten oder wenigstens den Abschied vom Wachstum stabil zu organisieren. Welche Option auch immer gewählt wird, eine weitreichende Systemanpassung ist zwingend nötig, die neben der Wirtschaftsordnung und der gesellschaftlichen Arbeit auch Lebensstile und Lebensträume, Wohlfahrtsstaat und Demokratie berührt. Der aktuell als Folge des Wachstumsdilemmas beobachtbare Transformationsprozess lässt sich dabei entweder als fortschreitende Beschleunigung, Aktivierung und Dynamisierung beschreiben oder als Erschließung immer neuer Regionen, Märkte, sozialer Schichten, kurz, wie Klaus Dörre dies getan hat, als »Landnahme« bezeichnen.

Welche Erschließungsstrategien taugen für eine Postwachstumsgesellschaft? Die eine Option, wie sie etwa von Ernst Ulrich von Weizäcker vertreten wird, sieht im ökologischen Umbau unserer Wirtschaft eine realistische Zukunftschance. Auf diesem Innovationspfad werden durch ökologische Systeminnovationen marktwirtschaftliche Anreize geschaffen und Wachstumschancen eröffnet. Das Zauberwort lautet Entkopplung: Ökonomisches Wachstum soll von seinen zerstörerischen ökologischen Folgen befreit werden, eine neue industrielle Revolution »kann zu der gewünschten Verfünffachung der Energie- und Ressourceneffizienz im Gesamtdurchschnitt der Wirtschaft führen«.[47]

Gegen diesen Typus von Lösungsvorschlägen, gegen die Idee eines *Global Deals*, werden von Dörre und anderen kritische Einwände erhoben: Zum einen ist nicht von der Hand zu weisen, dass es in einzelnen Bereichen zwar Fortschritte bei der relativen Entkopplung von Wirtschaftsentwicklung und CO_2-Ausstoß gegeben hat, dass dieser aber, in absoluten Zahlen betrachtet, durch das Hinzukommen neuer Regionen und ein stetiges Wirtschaftswachstum seit Jahren zunimmt. Die Vorstellung, dass Markteffizienz und technische Innovation allein ausreichen werden, um Klima und Gesellschaft zu stabilisieren, erscheint angesichts dieser Entwicklung als Wunschdenken. Einen Ausweg aus dem Wachstumsdilemma bieten sie nicht. Hinzu kommt eine zweite Überlegung: Wirtschaftliches Wachstum war die Grundlage für wirtschaftliche Teilhabe breiter Bevölkerungsschichten und eine Finanzierbarkeit der Leistungen des Wohlfahrts- und Sozialstaates. Die Jahre vor der Finanzkrise von 2008 waren im Zeichen des Neoliberalismus gekennzeichnet durch ein Ansteigen prekärer Arbeitsverhältnisse und entscheidende Schnitte ins soziale Netz. Diese Entwicklungen haben sich seit Ausbruch der Krise durch die staatlich finanzierte Bankenrettung erheblich verstärkt und zu einer Bedrohung der Systemstabilität im gesellschaftlichen Bereich geführt. Um diese sichtbar gewordenen Defizite im Bereich der sozialen Infrastruktur zu kompensieren, haben sich Konzepte wie die des sozialen Unternehmertums oder der Eröffnung wirtschaftlicher Beteiligungschancen durch Mikrokredite entwickelt. Analog zur oben vorgestellten Idee eines ökologischen Wirtschaftswunders ist vor diesem Hintergrund die Perspektive eines auf *Social Business* und Mikrokredite gegründeten Wirtschaftswunders entstanden.[48] Allerdings wird auch hier von Kritikern eingewandt, dass dieser Innovationspfad durch Adressieren von sozialen Herausforderungen keine Wachstumschancen eröffnet und damit nicht als Lösung der in der Postwachstumsökonomie beschriebenen Systemkrise taugt.

Der Weg von einer auf Wachstum programmierten Gesellschaft zu einer Gesellschaft im Gleichgewicht, zu einer sogenannten *Steady-State*-Gesellschaft, die an ökologischen und sozialen Zielen ausgerichtet ist, erscheint unter dem Vorzeichen des aktuell regierenden Finanzkapitalismus nur sehr schwer vorstellbar. Heute wird wirtschaftlicher Erfolg nach wie vor an zwei Parametern gemessen: auf der Makroebene durch das BIP, auf der Mikroebene durch den ROI, den *Return on Investment*, die Rendite. Wachstum auf beiden Ebenen, so der unverbrüchliche Glaube, ist das Ziel wirtschaftlicher Aktivität. Inzwischen wird zunehmend deutlich, dass diese Betrachtungsweise klare Grenzen hat, dass nur eine mit neuen Zielparametern ausgestattete Wirtschaftsweise die Chance birgt, dem drohenden ökologischen und sozialen Zusammenbruch zu entgehen. Der ehemalige Bundespräsident Horst Köhler, durch seine Tätigkeit als IWF-Direktor ein ausgewiesener Experte für globale Wirtschaft und ihre Folgen, drückt diese Hoffnung in folgender Weise aus: »Vielleicht werden sich kommende Generationen mit Verwunderung an eine relativ kurze Phase in der Geschichte der Menschheit erinnern, in der ständiges Wirtschaftswachstum für möglich und nötig gehalten wurde.«[49]

Die in den Ansätzen der Postwachstumsökonomie vorgeschlagene Gleichsetzung von Nachhaltigkeit und sozialem Ausgleich mit Gemeinwohl eröffnet realistische Perspektiven für die Zukunft. Wichtig ist dabei zu sehen: Nicht lineares Wachstum, sondern qualitative Erneuerung im Sinne innovativer Problemlösung steht im Zentrum dieser Vorstellung einer Postwachstumsökonomie. Damit schließt dieser Gedanke unmittelbar an jenen Diskurs an, in dem über die Zukunft des Kapitals in unserer Wirtschaftsordnung nachgedacht wird.

Talentismus als Schlüssel zum Erfolg

In seiner eingangs zitierten aufsehenerregenden Kritik am Kapitalismus hat Klaus Schwab seine Gäste auf dem Davoser Weltwirtschaftsforum überrascht, dass er einen Bedeutungsverlust des Produktionsfaktors Kapital vorhergesagt und stattdessen das Heraufdämmern eines Zeitalters des Talentismus ausgerufen hat, in dem Talent, Kreativität und Innovation als Wettbewerbsfaktoren wichtiger sein werden als Kapital. »Wie ich in meiner Eröffnungsrede in Davos erklärt habe, wird Kapital von Kreativität und Innovationskraft – also von menschlichen Talenten – als wichtigsten Produktionsfaktoren abgelöst. (…) Wenn Talent zum entscheidenden Wettbewerbsfaktor wird, dann kann man durchaus feststellen, dass der Kapitalismus durch den ›Talentismus‹ ersetzt wird. So wie während der Industrialisierung das Kapital das Handwerk ersetzte, löst heute menschliches Talent das Kapital ab. Ich bin überzeugt, dass dieser Transformationsprozess auch zu neuen Ansätzen in der Wirtschaftslehre führen wird.«[50]

Schwab reagiert mit dieser Neugewichtung auf die Verzerrungen, wie sie durch den exzessiven Finanzkapitalismus entstanden sind und wie sie einer dringenden Korrektur unterzogen werden müssen. »Einer der Kritikpunkte am Kapitalismus bezieht sich auf die zunehmende Kluft zwischen Gewinnern und Verlierern des sogenannten Turbokapitalismus, bedingt durch den globalen Wettbewerb. (…) Andere ernstzunehmende Ansatzpunkte der Kritik am Kapitalismus sind überzogene Boni, überbordende, alternative Finanzinstrumente und das aus dem Gleichgewicht geratene Verhältnis zwischen Finanzwirtschaft und Realwirtschaft. (…) In dieser Hinsicht ist der Kapitalismus heute besonders gefordert, die notwendigen Anpassungen vorzunehmen, um weiterhin ein wichtiger Pfeiler unseres liberalen Wirtschaftssystems zu sein – aber auch, um sich den heutigen Umständen anzupassen und der sozial verantwortlichen Marktwirtschaft zu dienen, und nicht umgekehrt.«[51]

Bemerkenswert an dieser Einschätzung sind zwei Dinge: Zum einen die klare Trennlinie, die Schwab zwischen Kapitalismus als liberale und schützenswerte gesellschaftliche Leitideologie und dem Finanzkapitalismus zieht, der sich durch eine ungesunde Eigendynamik des Faktors Kapital auszeichnet; und zum anderen die von ihm als Lösungshorizont entwickelte Idee, dass Talent, Kreativität und Innovation den Kapitalismus der Zukunft prägen werden. Mit der ersten Feststellung optiert Schwab dafür, dass es »eine freie, aber sozial verpflichtete und fair regulierte Marktwirtschaft« sein wird, die zukünftig tonangebend sein wird. Mit der zweiten Feststellung, dass Talentismus diesem Wirtschaftsrahmen eine neue Akzentuierung verleihen wird, spannt Schwab tatsächlich einen reizvollen Zukunftshorizont auf. »Letzten Endes geht es darum, wieder zum *Stakeholder*-Prinzip zurückzukommen, das (…) unter dem Namen *Shared Value Creation* eine Renaissance erfährt. Ein Unternehmen wird vor allem in einer Zeit, in der *Social Net-*

works größere Teilhabe und Transparenz ermöglichen, nur erfolgreich wirtschaften können, wenn es nachhaltig einen Nutzen nicht nur für seine Aktionäre, sondern für die Allgemeinheit erzielt.«[52]

Talentismus übersetzt sich in diesem Verständnis als Wettbewerbsfaktor, der es einem Unternehmen erlaubt, durch Produkte und Dienstleistungen stabile Beziehungsnetze mit seinen *Stakeholdern* zu schaffen. Das Kapital der Zukunft wird in der Entwicklung und Aufrechterhaltung solcher Netze durch Kreativität und Innovation liegen.

Die Reaktion auf Schwabs Ausführungen seitens der in Davos versammelten Wirtschaftsführer war sehr verhalten.[53] Zum einen wohl, weil es im Kontext der Veranstaltung Mut erfordert hätte, sich gegen diese Aussagen zu stellen. Zum anderen aber hat man, wie es scheint, in den schallisolierten Vorstandsetagen noch nicht ganz mitbekommen, wie stark die Kritik und das Ausmaß der Erregung über die sozialen Kosten von Bankenrettung und Währungsspekulation sind. Zu wenig wird wahrgenommen, wie viel Misstrauen die Öffentlichkeit den wirtschaftlichen und politischen Führungseliten entgegenbringt und wie stark inzwischen die Sympathie für Gedankengebäude wie Gemeinwohl-Ökonomie oder die Aktivitäten der Occupy-Bewegung geworden ist. Man mag sich an diesen Orten mit Bonmots wie jenem von Churchill, dass Kapitalismus die schlechteste aller Wirtschaftsformen überhaupt sei, wenn man von allen anderen absieht, trösten. Aber man übersieht dabei, dass es Zeit für eine neue Runde des Dialogs ist. Dieser Herausforderung hat sich Klaus Schwab mit seiner überraschenden und hoffnungsfrohen Eröffnungsrede gestellt.

Im Rückblick auf die Begriffsgeschichte des Kapitals tut sich mit Schwabs Konzept des Talentismus übrigens eine interessante Volte auf: Kritisierte Marx in der Mitte des 19. Jahrhunderts die

Mystifikation des Kapitalbegriffs durch die klassische Volkswirtschaftslehre, die das Kapital zu einem eigenständigen, sich selbst genügenden Produktionsfaktor stilisierte, um damit zu unterschlagen, dass im Kapital unzulässigerweise angeeignete menschliche Arbeitskraft steckt, so tut sich mit der Kernidee des Talentismus, Talent, also im weitesten Sinne menschlicher Einfallsreichtum und investierte Arbeit, sei der entscheidende Faktor für die weitere Wirtschaftsentwicklung, angesichts des Kasinokapitalismus plötzlich die gleiche Einsicht auf.

Während die neoliberale Rhetorik die Finanzmärkte als Modell eines effizienten Marktgeschehens mit einer optimalen Kapitalallokation behaupten konnte, zeigen die jüngsten Entwicklungen auf ebendiesen Finanzmärkten klare Dysfunktionalitäten. Die neoliberale Rhetorik hat vieles von ihrer Überzeugungskraft eingebüßt, insbesondere, weil deutlich wurde, dass ihr eindimensionaler, auf ökonomisches Kapital begrenzte Kapitalbegriff zu kurz greift. Damit ist auch der Kapitalismus als Deutungsmodell und Leitideologie der Gesellschaft in Misskredit geraten und es sind mit dem Talentismus interessante Ansätze zur Formulierung einer neuen glaubwürdigen »großen Erzählung« entstanden.

Kennzeichnend für alle Neuansätze ist, dass sie jeweils an zentraler Stelle eine erweiterte Betrachtung dessen stellen, was das Kapital der Zukunft, d.h. den Stoff, aus dem Zukunft gestaltet werden kann, angeht. Betont Felbers Gemeinwohl-Ökonomie das Sozialkapital, misst Schwab dem kulturellen und symbolischen Kapital mehr Bedeutung bei. Manches an diesen Ansätzen mag auf dem ersten Blick utopisch erscheinen, angesichts des eklatanten Glaubwürdigkeitsverlusts der bisherigen Erzählung ist es für eine Wiedergewinnung des Vertrauens in die Sinnhaftigkeit finanzwirtschaftlichen Handelns jedoch zwingend, sich auf diese neue Denkweise einzulassen.

Folgt man Schwabs Denkweise, liegt die Vermutung nahe, dass sich seine Vorstellung von Talentismus eng mit der Vorstellung von gutem Unternehmertum verbinden lässt. In ihr lebt ein Modell wieder auf, das die deutsche Nachkriegsentwicklung als Leitideologie erfolgreich begleitet hat: das Modell der sozialen Marktwirtschaft, deren Kern ja auch in einem Ausgleich der Faktoren Arbeit und Kapital bestand. Eine neue Akzentuierung erfährt der Begriff Talentismus durch den Begriff Unternehmertum, worunter ein Unternehmertum zu verstehen ist, das sich über Problemlösung und Innovation definiert und dabei seine ökologische und soziale Verantwortung im Blick behält. Ein idealtypisches Modell jener talentierten Unternehmer, die die Zukunft des Kapitalismus braucht, ist das Modell des Sozialunternehmers: Hier werden Talent und unternehmerische Selbstverantwortung dazu eingesetzt, mit einer marktbezogenen Perspektive soziale Zukunftsherausforderungen anzugehen und diese im Sinne einer sogenannten *Shared Value Creation*, d. h. einer Wertschöpfung, die mit anderen geteilt wird, zu lösen. Mit diesem Ansatz bekommt auch die Vorstellung von Wettbewerbsfähigkeit eine neue Note verliehen: Nicht länger sind es technische oder logistische Wettbewerbsvorteile, die zum Erfolg führen, sondern es sind soziale Faktoren, d. h. vor allem das Talent, Netzwerke zu knüpfen und aufrechtzuerhalten, die zu Buche schlagen.

Ein so verstandener Talentismus eröffnet zugleich die Chance der wirtschaftlichen und sozialen Inklusion, die das aktuell turbokapitalistische Muster so sehr vernachlässigt hatte. Einer der großen Erzähler des Talentismus ist ohne Zweifel Muhammad Yunus, der mit dem von ihm entwickelten System der Mikrokredite mitgeholfen hat, Barrieren zur Verwirklichung von Talent zu überwinden und Zugänge zu Märkten und wirtschaftlichen Chancen zu schaffen. Sein Credo: Wem es gelingt, das

Überleben einer Familie mit weit unter einem Dollar pro Tag zu sichern, der hat wirklich gelernt zu wirtschaften. Eine solche Person kennt besser als andere Bedürfnis- und Angebotslagen, eine solche Person kann Lösungen finden, wie sie auf dem grünen Tisch der Entwicklungslabore nicht gefunden werden können, eine solche Person kann durchaus ein erfolgreicher Unternehmer werden. Ferner eröffnet die wirtschaftliche Inklusion auch soziale Beteiligungschancen, die wiederum mithelfen, den anstehenden globalen Kulturwandel ein Stück weit voranzubringen.

Es lohnt sich, diese Spur eines sich erweiternden, über das reine Finanzkapital hinausgehenden Kapitalbegriffs weiterzuverfolgen. Dabei lassen sich zwei interessante Entwicklungen ausmachen.

Der Soziologe Pierre Bourdieu hat eine Interpretation des Kapitalbegriffs vorgeschlagen, die neben ökonomischem Kapital auch kulturelles Kapital, soziales Kapital und symbolisches Kapital einbezieht. Ziel dieser erweiterten Deutung ist es, die Verortung einer Person im gesellschaftlichen System, ihre »Klassenlage«, zu klären, um ausgehend davon Rückschlüsse auf ihre gesellschaftlichen Chancen, ihren gesellschaftlichen Status und ihr Prestige ziehen zu können. Ökonomisches Kapital beschreibt dabei die wirtschaftlichen Möglichkeiten einer Person, kulturelles Kapital ihr Bildungskapital als kulturelle Teilhabe, soziales Kapital übersetzt sich als die Möglichkeiten und Fähigkeiten, soziale Netzwerke zu gestalten. Symbolisches Kapital kennzeichnet Feinheiten der Sprache und des Lebensstils, die bei der sozialen Abgrenzung und Aufrechterhaltung des »feinen Unterschieds« eine Schlüsselrolle spielen.[54] Bourdieu vorgelegte Erweiterung des Kapitalbegriffs lässt sich als Aufforderung verstehen, soziale Barrieren z. B. bei Erwerb von kulturellem Kapital abzubauen oder neue Möglichkeiten der sozialen Inklusion zu eröffnen, um so die Idee einer unternehmerischen Talentgesellschaft voranzutreiben.

Auf eine andere wichtige Erweiterung des Kapitalbegriffs macht der Soziologe und Ökonom Jeremy Rifkin in seinem jüngsten Buch *Die empathische Zivilisation. Wege zu einem globalen Bewusstsein* aufmerksam.[55] Nicht Konkurrenz, wie sie als Leitkonzept im Menschenbild des *homo oeconomicus* auftaucht, sondern Einfühlungsvermögen bildet die Grundlage des gesellschaftlichen Fortschritts. Das Kapital der Zukunft liegt, so Rifkin, nicht in der Ausbildung von mehr Wettbewerb, sondern in der Wiedergewinnung jener empathischen Grundhaltung. Ausgehend von jüngsten Erkenntnissen der Verhaltensforschung und Kulturanthropologie entwirft Rifkin eine völlig neue Interpretation der Zivilisationsgeschichte, indem er sich auf die Evolution der menschlichen Empathie konzentriert und der Frage nachgeht, »wie dieses Vermögen zum Mitfühlen unser Schicksal als Spezies bislang entschieden hat und künftig entscheiden wird. Die große Frage, auf die alles hinausläuft: Kann eine globale Empathie noch rechtzeitig erreicht werden, um den gesellschaftlichen und den ökologischen Kollaps unseres Planeten abzuwenden?«[56]

Das Konzept der doppelten Rendite

Folgt man klassischen Ansätzen zur Beschreibung des Wirtschaftsgeschehens, so ist Rendite die zentrale Größe, auf die alles wirtschaftliche Handeln im mikro- wie im makroökonomischen Bereich bezogen werden muss. Nach den bisherigen Überlegungen zu Eigentum, Gemeinwohl und Kapital ist auch für diesen Begriff eine Revision nötig. In ihrem Zentrum steht dabei die Aufhebung der Gleichsetzung von wirtschaftlichem Erfolg mit finanzieller Rendite.

Fair Finance funktioniert auf der Basis der doppelten Rendite. Damit geht die Überlegung einher, dass angesichts der ökologischen und sozialen Herausforderungen, vor denen wir stehen, sowie des beschriebenen Wachstumsdilemmas eine nur finanzielle Renditebetrachtung unserer prekären Situation nicht mehr gerecht wird. Deshalb betrachtet das Konzept der doppelten Rendite bei wirtschaftlichen Aktivitäten neben der finanziellen (*Financial Return*) stets auch die ökologische und/oder soziale Rendite, sprich die gesellschaftliche Rendite (*Social Return*).

Was die Berechnung finanzieller Renditen angeht, so gibt es hierfür klare Spielregeln. Ferner existieren mit den großen Wirtschaftsprüfungsgesellschaften und Rating-Agenturen – zumindest in der Theorie – unabhängige Prüf- und Bewertungsinstanzen. Dagegen steckt die Berechnung sozialer Rendite noch in den Kinderschuhen, denn sie setzt eine klare Wirkungsorientierung sozialer Intervention ebenso voraus wie ein klares Verständnis der Wirkung sozialer Interventionen. Beides ist angesichts der Komplexität sozialer Handlungszusammenhänge schwierig. Allerdings gibt es erste, sehr erfreuliche Ansätze einer sozialen Wirkungsmessung und langsam entstehen auch Institutionen, die in einem nennenswerten Umfang soziale Wirkungen abklären können.[57]

Wünscht man, dass das Konzept einer doppelten Rendite auch bei traditionellen Investoren greift, dann braucht es eines Markts für Vorhaben mit doppelter Rendite. Ein Teil dieses *Market Building* besteht in der Überwindung kultureller Schranken, die es beispielsweise zwischen dem Sozialbereich und der Finanzwelt gibt. Es braucht umgekehrt auch auf Seiten der Finanzwelt ein Mehr an Verständnis für die Dynamiken des

Sozialen, für ihre sehr spezifischen Organisationslogiken und Wertestrukturen, die nur schwer mit klassischem Investorendenken in Einklang zu bringen sind.
So scheitert der Ansatz der doppelten Rendite oft schon daran, dass in der Logik des Sozialen es als geradezu obszön gilt, überhaupt von Rendite zu sprechen. Ein Beispiel: Bei Fonds der britischen Big Capital Society wetten Investoren darauf, dass es einem von ihnen ausgewählten Sozialunternehmer aufgrund seiner Methode besser gelingt, bei jugendlichen Straftätern einen Rückfall in die Kriminalität und damit einen erneuten Gefängnisaufenthalt zu verhindern. Damit also kann ein berechenbarer *Social Return* nachgewiesen werden und falls Verbrechensrückgang substanziell ist, dürfen die Investoren eine höhere finanzielle Rendite erwarten. Da stockt so manchem altgedienten Vertreter des Sozialbereichs das Blut in den Adern, ein *Clash of Cultures* ist vorprogrammiert.
Dies sollte allerdings nicht zum Vorwand genommen werden, einen auf beiden Seiten dringend nötigen gesellschaftlichen Lernprozess zu verweigern. Denn mit dem Konzept einer doppelten Rendite ist die Chance verbunden, den Sozialbereich aus seiner Abhängigkeit von sinkenden staatlichen Zuwendungen zu befreien. Gerade durch das Hinzukommen von Wirkungsorientierung und die Übernahme einer Investorenperspektive lassen sich soziale Innovationen wagen, die sonst vielleicht in den Fängen der Sozialbürokratie hängengeblieben wären. Außerdem könnte sich so der Blick der Investoren auf den Sozialbereich ändern: von einer rein philanthropischen Betrachtungsweise, d.h. von dem Willen, Gutes zu tun, zur Bewusstwerdung, in welch komplexen Feldern und Systemabhängigkeiten sich heute die Lösung sozialer Herausforderung zu bewegen hat.
Betrachtet man diese Entwicklung in einem größeren Maßstab, so tut sich mit dem Konzept der doppelten Rendite auch für

Investoren, für Unternehmen im Sozial- oder Ökobereich, aber auch für die Diskussion des Zusammenhangs von wirtschaftlicher Aktivität und Gemeinwohl eine bisher nicht gegebene Option auf: Neben dem klassischen Investment und reiner Nächstenliebe taucht mit dem Begriff der doppelten Rendite somit eine dritte Möglichkeit auf, sich nach eigenen Kriterien und Werten auf ein Investment einzulassen. Diese Option kann gerade für Stiftungen, vermögende Anleger, aber auch für jeden Einzelnen von uns interessant werden.[58] Denn *Fair Finance* kann ohne das Konzept einer doppelten Rendite, des *Impact Investing* oder *Integral Investing*, wie es im Englischen heißt, nicht gedacht werden, was sicherlich auch für die Formulierung von Unternehmenszielen und daraus abgeleiteter Zielvorgaben bzw. Honorierungsmodellen für Mitarbeiter Konsequenzen hätte. Das Konzept eröffnet zudem einen neuen Ansatz für die Ausgestaltung der CSR-Aktivitäten von Unternehmen. Denn wenn der Stellenwert sozialer und ökologischer Renditeklassen höher angesetzt wird, könnte sowohl für das Unternehmen wie auch für die einzelnen Mitarbeiter die Bereitschaft zu gemeinnützigem Engagement deutlich gesteigert werden, d.h. mehr Kapital für diese für den gesellschaftlichen Zusammenhalt so wichtigen Felder aktiviert werden.

Die Möglichkeiten von *Impact Investing* gehen allerdings noch weiter: Wenn sich auf diese Weise ein mehrdimensionales Renditeverständnis operationalisieren lässt, warum sollte man dies nicht nutzen, um gesamte Unternehmenswerte anders zu berechnen und die Ergebnisse zur Grundlage für die Marktpositionierung zu machen? Die Arbeit der Rating-Agenturen müsste sich natürlich diesem neuen Renditeverständnis anpassen.[59]

Der Gedanke, sich mit wirkungsorientierten Instrumenten des Finanzbereichs den großen sozialen und ökologischen Herausforderungen zu stellen, hat insbesondere im angloamerikanischen Bereich zu einer veränderten Auffassung von Philanthropie geführt. *Mission Related Investment* oder *Venture Philanthropy* markieren diesen Trend. In einer bisher nie dagewesenen Größenordnung haben sich in diesem Kontext amerikanische Superreiche wie Warren Buffett und Bill Gates unter dem Label *The Pledge* verpflichtet, substanzielle Teile ihres Vermögens für die Lösung gesellschaftlicher Herausforderungen bereitzustellen. *The Pledge* steht für ein neues Denken: Es gibt inzwischen eine Vielzahl von Akteuren und Intermediären aus dem Bereich der Finanzindustrie, die ihren Kunden insbesondere im Bereich der Betreuung von *High Networth Individuals* (HNWI, Ultras) Möglichkeiten eines wirkungsorientierten gesellschaftlichen Engagements anbieten. In diesem Zusammenhang ist es bemerkenswert, dass der umstrittene Finanzplatz Liechtenstein dieses Thema neben einer konsequenten »Weißgeld-Strategie« zu einer wichtigen Säule der Finanzplatzstrategie gemacht hat. Auf diese Weise findet das Konzept der doppelten Rendite langsam Eingang in die Vermögensverwaltung wohlhabender Privatpersonen.[60] Damit entstehen Märkte, in denen die Spielregeln von *Fair Finance* zur Grundlage der weiteren Entwicklung gemacht werden.

Wie lassen sich nun die Mosaiksteine, welche die vorgestellten Ansätze neuer großer Erzählungen darstellen, zu einem Bild zusammenfügen? Oder ist es am Ende so, wie Bertolt Brecht in seinem Stück *Der gute Mensch von Sezuan* im Epilog feststellt: »Wir stehen selbst enttäuscht und sehn betroffen / Den Vorhang zu und alle Fragen offen.«[61] Brechts Stück vom guten Menschen handelt davon, dass wirtschaftliches Überleben in einer auf Gier gegründeten kapitalistischen Ordnung nur hinter einer Maske, nur mithilfe eines Alter Ego möglich ist. Aus dieser Situation gibt es keinen Ausweg – außer eine Revolution des Proletariats.

Sie allein kann die große Erzählung des Kapitalismus zum Guten wenden.
Unser Ausblick fällt gerade vor dem Hintergrund der Erfahrung des real existierenden Sozialismus anders aus: Wir sind überzeugt, dass es in Randzonen der Wirtschaft und der Finanzindustrie Entwicklungen gibt, die Ansatzpunkte für echte Alternativen eröffnen. Zugegeben, die Ausgangslage ist paradox: Während auf der einen Seite eine kritische Infragestellung des bisherigen finanzindustriellen Modells stattfindet und nach Alternativen gesucht wird, läuft die Maschinerie der Finanzmärkte mit ungebremster Wucht und nur schlecht maskiertem Egoismus weiter. Manchmal hat es sogar den Anschein, als hätten sich die Bewegungen an den Märkten noch beschleunigt, als wollten sie in einem letzten gespenstischen Tanz ihren absehbaren Untergang damit krönen, dass sie alles, was an tragfähigen sozialen und politisch-gesellschaftlichen Strukturen, kulturellen und ethischen Werten noch vorhanden ist, mit in den Abgrund reißen.
In ebenjenen Randzonen der Finanzmärkte aber, verschwindend in ihrer Marktkapitalisierung im Vergleich zum großen Spiel, zeichnen sich konkrete Ansätze ab, die darauf abzielen, finanzwirtschaftliche Instrumente mit neuen Inhalten zu füllen und die finanzwirtschaftliche Praxis auf realwirtschaftlichen Boden zu stellen. Diese Ansätze sind praktisch: Sie zeigen, dass sich der Finanzsektor konsistent mit den Forderungen und dem Geist einer neuen großen Erzählung neu erfinden lässt. Noch vor wenigen Jahren von Bankern und Ökonomen belächelt, werden seine frisch justierten ökonomischen Instrumente zu einer Quelle der Inspiration und des Neuanfangs.

4 Das Kapital der Zukunft – fair, sozial, stabil

In der Tat: Eine neue große Erzählung zur Rolle des Finanzsektors auf diesem Globus bricht sich Bahn. Sie wird befeuert von mehreren gewaltigen, globalen Störungen oder Megakrisen, die alle darauf hinweisen, dass es für eine geordnete Weiterentwicklung auf dem Raumschiff Erde eines Quantensprungs im Denken und Verhalten möglichst vieler Mitmenschen bedarf. Die Ressourcenkrise kommt derzeit mehr und mehr Menschen ins Bewusstsein. Trinkwasser wird knapp, bislang fruchtbare Böden erodieren, um seltene Erden und andere Bodenschätze wird gerungen. Die Energieversorgung steckt in der Krise. Nach Fukushima muss Energie auf neuem, regenerativem Weg weltweit erzeugt werden, was eine enorme investive Kraftanstrengung bedeutet. Trotz Skeptikern dominiert weiterhin die Einsicht, dass es Klimaveränderungen gibt, die zwar mit unterschiedlichen, aber doch mit insgesamt bedrohlichen Konsequenzen einhergehen. Die geopolitische Architektur ist in einem metastabilen Gleichgewicht und es ist offen, wer die neuen Führungsnationen werden. Sind es China, Indien und Brasilien oder doch wieder die USA und Russland? Oder werden afrikanische Länder wie Nigeria plötzlich eine besondere Rolle bekommen? Und dann ist da ja noch die seit 2008 unbewältigte Krise an den Kapital- und Finanzmärkten, in deren Kern eine Banken- und mehr noch, eine Staatsfinanzierungskrise steckt. Bei so viel Krisenverdichtung wird selbstverständlich nach einem gemeinsamen Nenner gesucht. Dieser Nenner scheint ein evolutionshemmender Umgang mit Wachstum zu sein, ein zwanghaftes Wachstumsverständnis.

Der St. Gallener Wirtschaftswissenschaftler Hans Christoph Binswanger hat sich immer wieder mit den Ursachen des Wachstumszwangs auseinandergesetzt. Zusammengefasst lesen sich seine Einsichten wie folgt: »Der Wachstumszwang hat seine Ursache im Risiko, dem die Unternehmungen ständig ausgesetzt sind und dass dieses durch Gewinn kompensiert werden muss (…) Damit alle Unternehmungen zusammen im Saldo Gewinne erzielen können, müssen alle ihre Einnahmen zusammen stets größer sein als alle ihre Ausgaben zusammen. Dafür ist es offensichtlich erforderlich, dass stets Geld zufließt. Geld fließt zu, indem die Unternehmungen bei den Banken Kredite aufnehmen, die die Banken mindestens zum Teil durch Geldschöpfung bereitstellen. Das bedeutet Vermehrung der Geldmenge auf dem Kreditweg. Die Unternehmungen benötigen die Kredite, um zu investieren, d. h. für den Kauf von zusätzlichen Arbeits- und Energieleistungen und Rohstoffen (…) Wenn nicht auf Basis immer neuer Ausweitungen der Geldmenge laufend neue Investitionen erfolgen, wachsen die Gewinne nicht mehr und die Gewinnrate sinkt schließlich unter die Höhe, die die Unternehmungen bzw. die Kapitalgeber im Minimum für das Eingehen des Investitionsrisikos erwarten. Das Risiko ist dann nicht mehr gedeckt. Daraus ergibt sich der Wachstumszwang. Das bedeutet, dass Stabilität und Nullwachstum in der modernen Wirtschaft nicht möglich sind.«[1]

Angesichts dieses Grundmechanismus bedarf es also eines gewaltigen Sprungs aus dem unvermeidlichen Teufelskreis von Wachstum und Ressourcenverbrauch (derzeit 1,5 Erden pro Jahr!) – und in der Tat einer neuen Form des Wirtschaftens. Diese heißt nachhaltiges Wirtschaften. Seit der Weltkonferenz zur nachhaltigen Entwicklung in Rio de Janeiro 1992 hat sich für ein globales Umsteuern in Richtung eines nachhaltigen Wachstums viel getan. Wir kennen die vielfältigen Entwicklungen in der Wirtschaftswissenschaft (zu nennen wären hier die Arbeiten von B. P. Prahalad, S. L. Hart, A. Senn, E. U. von Weizsäcker und A. Lovins, um nur einige Vordenker, die Schule gemacht haben, hier zu erwähnen), aber auch ein zivilgesellschaftliches Aufwachen im Rahmen der Agenda 21, die nach Rio 1992 angestoßen wurde und zur Zusammenarbeit aller Regierungen aufruft, um die drängendsten globalen Probleme von heute und die Herausforderungen der Zukunft konstruktiv in Angriff zu nehmen.[2] Impulse zu Veränderungen geben auch die *Global Development Goals* der Vereinten Nationen.

1. »Im Zuge der Bekämpfung von extremer Armut und Hunger soll zwischen 1990 und 2015 der Anteil der Menschen halbiert werden, die weniger als den Gegenwert eines US-Dollars pro Tag zum Leben haben; zwischen 1990 und 2015 soll ebenso der Anteil der Menschen halbiert sein, die Hunger leiden. Generell gilt es, eine Vollbeschäftigung in ehrbarer Arbeit für alle zu erreichen, auch für Frauen und Jugendliche.
2. Alle Menschen sollen eine Primärschulbildung erhalten; dazu soll bis zum Jahr 2015 sichergestellt sein, dass Kinder in der ganzen Welt, Mädchen wie Jungen, eine Primarschulbildung vollständig abschließen können.
3. Die Rolle der Frauen soll weltweit gestärkt und die Gleichstellung der Geschlechter durchgesetzt werden. Das Geschlechtergefälle in der Primar- und Sekundarschulbildung muss beseitigt werden, das soll möglichst bis 2005 und bis spätestens 2015 auf allen Bildungsebenen geschehen.

4. Zwischen 1990 und 2015 soll eine Senkung der Kindersterblichkeit von Unter-Fünf-Jährigen um zwei Drittel (von 10,6 Prozent auf 3,5 Prozent) erreicht sein.
5. Um die Gesundheitsversorgung der Mütter zu verbessern, soll zwischen 1990 und 2015 eine Senkung der Sterblichkeitsrate von Müttern um drei Viertel erreicht und bis 2015 ein allgemeiner Zugang zu reproduktiver Gesundheit garantiert werden.
6. Weltweit sollen schwere Krankheiten, darunter HIV/AIDS und Malaria, radikal bekämpft werden. Dazu soll bis 2015 die Ausbreitung von HIV/AIDS zum Stillstand gebracht und eine Trendumkehr bewirkt werden. Bis 2010 soll ein weltweiter Zugang zu medizinischer Versorgung für alle HIV/AIDS-Infizierten, die diese benötigen, sichergestellt werden, bis 2015 die Ausbreitung von Malaria und anderen schweren Krankheiten gestoppt werden, um auch hier eine Trendumkehr zu erreichen.
7. Global soll das Prinzip der ökologischen Nachhaltigkeit gelten. Die Grundsätze einer nachhaltigen Entwicklung sollen in der Politik und den Programmen der einzelnen Staaten verankert werden. Die Vernichtung von Umweltressourcen gilt es einzudämmen. Der Verlust der Biodiversität muss verringert und bis 2010 eine signifikante Drosselung der Verlustrate erreicht werden. Bis 2015 soll der Anteil der Menschen, die ohne dauerhaft gesicherten Zugang zu hygienisch einwandfreiem Trinkwasser leben, halbiert werden (von 65 auf 32 Prozent). Bis 2020 sollen die Lebensbedingungen von mindestens 100 Millionen Slumbewohnern und -bewohnerinnen deutlich verbessert werden.«[3]

Insgesamt entsteht, so unsere Schlussfolgerung, aus all diesen Entwicklungen eine neue, möglicherweise Schritt für Schritt weltumspannende Geschichte rund um ein anderes Wachstum, bei dem andere Werte im Zentrum stehen und von Konsumenten neue Strategien der Bedürfnisbefriedigung eingesetzt werden. In ihrer Antwort auf die Frage: »Welches Wachstum ist nachhaltig?« schreiben Friedrich Hinterberger und Kollegen entsprechend: »Bedürfnisse selbst sind weder gut noch schlecht, nachhaltig oder unnachhaltig – sie sind neutral. Jeder Mensch hat verschiedenste Möglichkeiten (wir sprechen von Strategien), seine/ihre Bedürfnisse zu erfüllen. Die Strategien unterscheiden sich aber deutlich in ihrem Ressourcenverbrauch, was sie mehr oder weniger nachhaltig macht. Das Bedürfnis nach Identität oder Partizipation kann mit dem Besitz eines großen Autos oder aber durch ›Zeit mit FreundInnen verbringen‹ befriedigt werden. Während Ersteres normalerweise mit einem großen Ressourcenverbrauch verbunden ist, kann Letzteres nachhaltig sein, wenn man nicht mit den FreundInnen übers Wochenende zu einer Shoppingtour nach New York fliegt. Es geht also nicht darum, auf die Erfüllung von Bedürfnissen zu verzichten, sondern gewisse Strategien nicht mehr anzuwenden.«[4]

Financial Innovations 2.0

Von all diesen Trends, Krisen, Umbrüchen, Zwängen zur Neuorientierung wird auch die von uns hier begonnene neue große Erzählung von einer möglichen neuen Rolle des Finanzsektors gespeist, die sich in einer Welt des World Wide Web und einer globalen Wissensgesellschaft schnell verbreiten kann. Wir gehen im Folgenden einzelnen Anhaltspunkten,

Bausteinen dieser neuen finanzwirtschaftlichen Praxis nach und fassen den Ansatz insgesamt unter dem Begriff »Financial Innovations 2.0« zusammen. Wenn sich die globalen Investitionsströme auf einem nachhaltigen, öko-sozialen oder fairen Wirken einschwingen würden, wäre wahrscheinlich der notwendige Quantensprung im Denken und Verhalten der Mitmenschen auf dem Planeten zur Bewältigung der vielfältigen Krisen gelungen.

Die Formulierung »Financial Innovations 2.0« versteht sich als Gegensatz zur Innovationsrhetorik, die vor der Finanzkrise 2008 herrschte. Hier soll ein Doppeltes zum Ausdruck kommen: Zum einen soll deutlich werden, dass viele der im Nachfolgenden zu behandelnden Instrumente echte Innovationen darstellen, d. h. dass alles, was zur Durchsetzung einer Innovation gehört, auch hier zu erwarten sein wird: ein Unverständnis für die neue Lösung auf Seiten der Experten, verbunden mit einem großen Misstrauen in die Leistungsfähigkeit der Instrumente, zunächst kleine Nischenmärkte, in denen die neuen Instrumente Anwendung finden, sowie eine völlig unangemessene Arroganz und Abwertung, ein Kleinreden des Zukunftspotenzials dieser Innovationen. Zum anderen, und dies soll der Zusatz »2.0« symbolisieren, sind es Lösungen, die den Gedanken einer sozialen Vernetzung, einhergehend mit einer medialen Vernetzung im Zentrum haben.

Viele dieser im Folgenden zu beschreibenden Lösungen sind so gestaltet, dass sie neue Märkte und Marktsituationen aufbauen wollen. Wenn man bedenkt, welche immensen Skaleneffekte sich im Zuge der digitalen Revolution der Finanzmärkte auf der Basis von Web 1.0 erzielen ließen, dann kann man zu Recht erwarten, dass das soziale Web 2.0 eine wichtige Rolle für die Entwicklung von Märkten und die Durchsetzung neuer finanzwirtschaftlicher Instrumente spielen wird.

Die folgenden Financial Innovations 2.0 sind bewusst unkompliziert und einfach zu verstehen. Ja, sie wollen verstanden werden, weil nur, wenn sie verstanden werden, ein Mitmachen vieler Akteure gewährleistet werden kann. Transparenz gehört zu den zentralen Konstruktionsprinzipien dieser neuen Finanzinstrumente, an denen sie gemessen werden wollen. Eine Angst vor Financial Innovations 2.0 ist somit unbegründet. Die neuen Lösungen wollen eher neugierig machen und zum eigenen Erproben einladen.

Die neue Investorenperspektive

Im Kern dieser Financial Innovations 2.0 befindet sich die neue, faire Investmentperspektive. Faires oder *Socially Responsible* Investment oder, zu Deutsch, auch ethisches Investment hat in der Literatur zahlreiche synonyme Adjektive bekommen: So findet man Begriffe wie nachhaltig, *Mission Related*, ökologisch, nachhaltig-ethisch, grün, ethik-basiert, zukunftsfähig u.v.m. In verschiedenen Sprachräumen haben sich unterschiedliche Begriffe für diese Investitionsform eingebürgert: So wird der Ausdruck *Social Responsible Investment* primär in den USA verwendet, während in Großbritannien von *Ethical Investment* die Rede ist.
In ihrem Aufsatz *Sustainability and Finance – Banking on the Planet* schreiben Philippe Spicher u. a. hierzu: »Unter dem generischen Namen des sozialverträglichen Investierens (SRI) verbergen sich in der Tat zahlreiche verschiedene philosophische Richtungen: Ethik, nachhaltige Entwicklung, das Wesentlichkeitsprinzip extra-finanzieller Faktoren etc. Die Ansätze unterscheiden sich sowohl von den angewandten Kriterien als auch dem Analyseinstrumentarium zur Evaluierung unternehmeri-

schen Handelns und Leistung und des Verfahrens zum Portfolioaufbau.«[5]
Spicher und seine Co-Autoren geben auch einen kurzen historischen Überblick: Der erste Fonds wurde 1928 eröffnet und wendete Praktiken der moralischen Investitionsentscheidung an. Aber auch schon vorher wurden extrafinanzielle Kriterien mit in die Entscheidungspraxis einbezogen. Sie wurden hauptsächlich von kirchlich organisierten Gruppen angewandt. Der Anfang des sozialverantwortlichen Investierens wird allgemein mit 1971 datiert, als die Episkopalkirche anlässlich der jährlichen Versammlung der Aktionäre von General Motors eine Resolution einbrachte, die verlangte, dass sich die Firma wegen der immer noch praktizierten Rassentrennung aus Südafrika zurückzieht. Seit dieser Zeit sind Einlagen in Fonds sozialverträglicher Art besonders in den letzten zehn Jahren dramatisch angestiegen. Nach Angaben von Eurosif (European Social Investment Forum) schätzt man den Anstieg zwischen 2003 und 2006 auf 106 Prozent, angepasst auf die Progression des Morgan Stanley Capital International (MSCI) Europe Index, wobei das echte Wachstum des European Broad SRI 36 Prozent beträgt.[6]
In Deutschland hat sich zum Beispiel die Projektgruppe »Ethisch-Ökologisches Rating« zusammen mit dem Wuppertaler Klimainstitut mit den Merkmalen eines fairen, nachhaltigen, sozialen und ökologischen Investments auseinandergesetzt. Daraus ergab sich die sogenannte Darmstädter Definition nachhaltiger Geldanlagen: »Nachhaltige Geldanlagen tragen zu einer zukunftsfähigen Entwicklung bei. Sie ermöglichen dies durch eine umfassende Analyse der Anlageobjekte. Diese Analyse berücksichtigt wirtschaftliche und soziale Leistungen, Naturverträglichkeit und gesellschaftliche Entwicklungen. In ökonomischer Sicht erfordern nachhaltige Geldanlagen, dass

- Gewinne auf Basis langfristiger Produktions- und Investitionsstrategien statt durch kurzfristige Gewinnmaximierung erwirtschaftet werden,
- Erträge aus Finanzanlagen in vertretbarer Relation mit Erträgen aus realer Wertschöpfung stehen,
- die Erfüllung elementarer Bedürfnisse (z. B. Wasser) nicht gefährdet wird,
- Gewinne nicht auf Korruption beruhen.

In ökologischer Sicht erfordern nachhaltige Geldanlagen, dass die Gewinnerzielung im Einklang steht mit der

- Steigerung der Ressourcenproduktivität,
- Investition in erneuerbare Ressourcen,
- Wiedergewinnung und Wiederverwendung verbrauchter Stoffe,
- Funktionsfähigkeit globaler und lokaler Ökosysteme (z. B. Regenwälder, Meere).

In sozialer und kultureller Sicht erfordern nachhaltige Geldanlagen, dass die Gewinnerzielung im Einklang steht mit der

- Entwicklung des Humankapitals (Verantwortung für Arbeitsplätze, Aus- und Weiterbildung, Förderung selbstverantwortlichen Arbeitens, Vereinbarkeit von Beruf und Familie, Respekt vor der Verschiedenheit der Einzelnen),
- Entwicklung des Sozialkapitals (Schaffung von Erwerbschancen, Ausgewogenheit zwischen den Generationen, diskriminierungsfreier Umgang mit Minderheiten, Funktionsfähigkeit der Regionen, Förderung zivilgesellschaftlichen Handelns),
- Entwicklung des Kulturkapitals (Respekt vor kultureller Vielfalt unter Wahrung persönlicher Freiheitsrechte und gesell-

schaftlicher Integrität, Mobilisierung der Potenziale kultureller Vielfalt).«[7]

Und auch auf globaler Ebene gibt es definitorische Zugänge. Beispielsweise bemühen sich die Vereinten Nationen seit 2005 um die Einführung von Prinzipien für nachhaltiges Investment. Die Finanzinitiative des UN-Umweltprogramms (UN Environment Programme's Finance Initiative) und der UN Global Compact unter Leitung des UN-Generalsekretärs entwickelte Grundsätze für verantwortungsbewusstes Investieren. Daran beteiligt waren auch Vertreter von Pensionsfonds, Stiftungen und Regierungsfonds. Mit den sogenannten *Six Principles for Responsible Investment* hat die UN erstmals finanzmarktrelevante Umwelt-, Sozial- und Governancekriterien (Environment, Social, Governance, kurz ESG) aufgestellt. Sie sollen als Leitlinien für die Berücksichtigung sozialer und ökologischer Kriterien bei Anlageentscheidungen dienen. Zu ihren Erstunterzeichnern zählen 39 institutionelle Anleger (*Asset Owner*) mit einem Anlagevolumen von rund zwei Billionen (2000 Milliarden) US-Dollar, darunter als einziges deutsches Unternehmen die Münchener Rück, 36 Investmentunternehmen mit einem Finanzvolumen von über drei Billionen (3000 Milliarden) US-Dollar und 13 weitere sogenannte *Professional Service Partners.*[8]
Mit der Unterzeichnung dieser Grundsätze verpflichten sich dic Investoren öffentlich, diese zu übernehmen und umzusetzen, soweit sie mit den treuhänderischen Prinzipien von Verantwortung vereinbar sind. Sie verpflichten sich zudem, ihre Effizienz zu überprüfen und den Inhalt dieser Grundsätze über die Zeit zu verbessern. Die Gruppe ist davon überzeugt, dass sie dadurch die Investmentaktivitäten besser mit den umfassenden Interessen der Gesellschaft in Einklang bringen kann.[9]

Insgesamt lassen sich vier Kategorien bilden, in die ethisches, umweltbewusstes, sozialverantwortliches und an einem guten Regierungsstil orientiertes Investieren anhand von Kriterien aufgeschlüsselt werden kann:

- Es werden ökologische, soziale und das Regierungshandeln betreffende Gesichtspunkte bei jeder Investitionsanalyse und Entscheidungsfindung eingebracht.
- Aktive Aktionäre werden gesucht und ESG (Environmental Social Governance)-relevante Themen in die Aktionärspolitik und -aktivitäten einbezogen.
- Es wird eine angemessene Offenlegung der ESG-Themen von Unternehmen gefordert, in die investiert wird.
- Es wird die Akzeptanz und Implementierung dieser Prinzipien im Investmentbereich gefördert.[10]

Dass die Denke rund um Financial Innovations 2.0 gegenwärtig schon höchst wirkungsvoll ist, zeigen auch die Nachhaltigkeitsindizes, die sozialbewusste Investoren zur Entscheidungsgrundlage für ihre Anlagen machen, Indizes, die auch von institutionellen Anlegern wie Versicherungen oder Banken angewandt werden, wenn sie Fonds oder andere *Good Society*-Investmentvehikel konstruieren und am Markt anbieten. Hendrik Garz und Felix Schnella haben 2008 ein sogenanntes ESGV-Raster erstellt, das die ökologischen (E für *Ecological*), sozialen (S), das Regierungshandeln beurteilenden (G für *Governance*) und auf langzeitige Auswirkungen bezogenen (V für *Longterm Viability*) Entwicklungen erfasst und auf einen Blick darstellt, woran sich Financial Innovations 2.0 messen müssen – siehe dazu folgende Abbildung:[11]

ESGV-Raster zur Beurteilung der Innovations 2.0

	E Umweltbezug	S Soziales	G Führung	V Langfristige Tragfähigkeit
Allgemeines ESG, die in allen Unternehmensbranchen zu berücksichtigen sind	ESG 1: Energieeffizienz ESG 2: Einsatz erneuerbarer Energiequellen	ESG 3: Personalfluktuation ESG 4: Training und Qualifizierung ESG 5: Reife des Personals ESG 6: Fehlzeiten ESG 7: Restrukturierungsbedingte Standortwechsel	ESG 8: Spenden an politische Parteien ESG 9: Wettbewerbsfeindliche Praktiken, Monopole ESG 10: Korruption	ESG 11: Kundenzufriedenheit ESG 12: Einkommen von neuen Produkten
Branchenspezifisches ESG, die nur ausgewählte Unternehmensbranchen betreffen	ESG 13: CO_2-Ausstoß ESG 14: Emission von Stickstoffmonoxid (NO) und Schwefeldioxid (SO_2) ESG 16: Umweltverträglichkeit	ESG 18: Diversität ESG 19: Prozentualer Anteil an Krediten, die ESG-geprüft sind ESG 20: Prozentualer Anteil an Fonds, deren Management nach ESG-Kriterien erfolgt ESG 21: Verwendete Finanzinstrumente nach ESG-Kriterien ESG 22: Investments nach ESG-Kriterien ESG 23: Lieferantenverträge nach ESG-Kriterien ESG 24: Gesundheits- und Sicherheitsprodukte	ESG 25: Gerichtskosten ESG 26: Ausmaß anstehender Gerichtsverfahren	ESG 27: Ausgaben für Forschung und Entwicklung ESG 28: Patente ESG 29: Investments zur Bewertung neuer Risiken ESG 30: Kundenbindung

Der Stuttgarter Finanzwissenschaftler Henry Schäfer gibt Beispiele für die Vielfalt der Nachhaltigkeitsindizes. Er schreibt: »So gibt es mittlerweile zahlreiche Spezialindizes, die sich schwerpunktmäßig mit besonderen Aspekten der Nachhaltigkeit beschäftigen. Beispiele hierfür sind Indizes wie der DAXglobal Alternative Energy Index (DAEX) oder der Photon Photovoltaik Aktien Index (PPVX), die ihr Aktienuniversum auf den Bereich der erneuerbaren Energien fokussieren. Daneben sind Indizes vorhanden, die spezifische Nachhaltigkeitsthemen wie Anlagen in Mikrofinanzierung (z. B. Symbiotics Microfinance Index, SMX), sharia-konforme, also an islamischen Glaubensgrundsätzen ausgerichtete Anlagenstile (z. B. DJ-Islamic-Market-Titans100) oder an den Grundsätzen der katholischen Glaubensrichtung orientierte christliche Werte zur Grundlage haben (z. B. Stoxx-Europe-Christian-Index).«[12]

Wir wollen es an dieser Stelle noch einmal betonen, dass die verschiedenen Nachhaltigkeitsindizes für Investoren, Unternehmen und auch Nichtregierungsorganisationen oder gemeinnützige Organisationen aus der Zivilgesellschaft zur Gestaltung ihres Umgangs mit Finanzkapital oder Geld eine zunehmend wichtigere und größere Rolle spielen. Sie steuern die Strategien für vielfältiges Finanzierungsengagement, geben Orientierung für die Aktivitäten von Fondsmanagern, stellen einen Orientierungsrahmen für eine nachhaltige Unternehmensführung dar und gelten auch als Qualitätsmerkmale im Hinblick auf die Gestaltung der Beziehungen zu unterschiedlichen Anspruchsgruppen (*Stakeholder Management*). Sie eröffnen verschiedenste Zugänge, um an das Kapital von ethisch und sozial motivierten Investoren zu gelangen. Ferner fungieren sie auch als Hilfsmittel, damit Nichtregierungsorganisationen oder gemeinnützige Organisationen potenzielle Partner und Sponsoren identifizieren können, mit denen eine Zusammenarbeit ethisch,

ökologisch und sozial unbedenklich ist. Sie helfen diesen Organisationen auch, bei Unternehmen eine verantwortungsvollere und nachhaltigere Unternehmensführung anzumahnen und gegebenenfalls sogar durchzusetzen.
Selbst wenn der Gesamtmarkt nachhaltiger oder ethischer oder ökologisch und sozial fairer Geldanlagen noch klein ist und möglicherweise zurzeit noch einen eher geringen Einfluss auf die Investmentwelt hat, scheint die Zeit reif, aus der Pionierrolle herauszukommen und in eine *Mainstream*-Rolle zu gelangen, da sich mehr und mehr große institutionelle Anleger wie zum Beispiel Lebensversicherer oder Pensionsfonds für dieses neue Anlageuniversum interessieren. Dies bestätigt zum Beispiel ein Blick auf die vielfältigen Publikationen für professionelle Investoren, wie z. B. *Institutional Money* oder *FONDs professionell*, und auch der Blick auf die Programme unterschiedlichster Veranstalter, die beispielsweise von der Maleki-Group am zentralen deutschen Bankenplatz in Frankfurt für private Anleger, aber auch für institutionelle Investoren durchgeführt werden. Keine dieser Veranstaltungen kommt mehr ohne den Blick auf Nachhaltigkeit aus. Dabei geht es beileibe nicht um ein *Greenwashing* oder ein *Socialwashing* oder irgendeine andere Form des So-Tuns-Als-Ob. Es wird vielmehr ernsthaft nach neuen Wegen gesucht, die mit Nachhaltigkeit, sozialer Wirkung und einem moralisch guten Gewissen bei der Geldeinlage einhergehen. Auch die Zunahme von neuen Institutionen rund um Geld, Kredit und Investmentmöglichkeiten in *Social Businesses* bestätigt diesen Trend.
Faktisch bilden sich relativ schnell neue Einrichtungen heraus, die den Leistungsaustausch zwischen Anlegern, Wirtschaft, Regierungen und politischen Administrationen sowie den Finanzmärkten innovativ regeln. Darunter verstehen wir formale und informelle Regelwerke und auch Mechanismen ihrer

Durchsetzung, die ein neues, faires Verhaltensmuster all derer steuern, die die Welt der Financial Innovations 2.0 bauen und betreiben. Rund um ein neues Geldverständnis sind organisationale Muster entstanden – beispielsweise in Form von Regionalwährungen, in Form von Mikrokrediten und einem damit einhergehenden neuen Zinsverständnis, in Form von neuen Banken, in Form von neuen Wegen der Unternehmensfinanzierung via Genussscheinen, neuen Genossenschaften und ähnlichen gemeinwohlorientierten Organisationsformen. Aber auch innovative Formen von Anleihen wie *Social Impact Fonds* sind aufgekommen. Sie alle sprechen für sich verfestigende, stabilisierende neue Interaktionen, die letztlich Normen, Sitten oder Gebräuche etablieren, welche für *Fair Finance* essenziell sind. Dabei gibt es ganz unterschiedliche Koordinationsformen und eine hohe Kreativität in der Ausgestaltung dieser neuen Institutionen. Das insgesamt hohe Innovationspotenzial in diesem Feld, die Spontaneität der Vertragsschlüsse und enorme Flexibilität bei verhältnismäßig geringen administrativen Kosten sprechen für den derzeit stattfindenden Übergang von einer frühen Innovationsphase hin zu einer Phase der Etablierung. Bei dieser Metamorphose stabilisieren sich auch die Rahmenbedingungen für Anleger. Die neuen Institutionen vermitteln mittlerweile nicht nur Sicherheiten, die es vor wenigen Jahren noch nicht gegeben hat, sondern setzen auch auf Transparenz, einfach strukturierte Produkte, lokale Präsenz und Singularität statt auf Unverständlichkeit und Verschachtelung. Sie setzen auch auf die Macht und den Nutzen geringfügiger Beträge von Kleinanlegern und vermeiden es, in ihrer Kommunikation und ihrer konkreten Anlagepraxis auch nur den geringsten Anschein von Wettcharakter oder ähnlichen Zügen der alten reformbedürftigen Finanzkultur anzunehmen.

Neue Währungen – global und regional

Oftmals werden die Begriffe Regionalgeld, Alternativwährung, Parallelwährung und Komplementärwährungen synonym verwandt. Der Geld- und Wirtschaftssoziologe Christian Thiel unterscheidet diese Begriffe, wobei er unter einer Alternativwährung eine Währung versteht, die anstelle der offiziellen benutzt wird, während eine Parallel- bzw. Komplementärwährung neben der offiziellen Währung koexistiert. Der Begriff »Komplementärwährung« impliziert zudem eine ergänzende Funktion zum offiziellen Geld.[13]

Allen Verwendungen zugrunde liegt eine Kritik an den vorherrschenden Währungssystemen, die Margrit Kennedy, eine der deutschen Vordenkerinnen im Währungsfeld und renommierte Geldkritikerin, im Wesentlichen wie folgt zusammenfasst:

- »Das Geld soll dem Menschen dienen – nicht der Mensch dem Geld.
- Geld arbeitet nicht. Arbeiten können nur Menschen und Maschinen.
- Geld wird verzinst und die Zinsen werden wieder verzinst. Der Zinseszins-Effekt lässt die Geldvermögen exponenziell wachsen. Deshalb muss unser Finanzsystem irgendwann zusammenbrechen.
- An den Zinsen verdienen nur 10 Prozent der Bevölkerung. 90 Prozent der Menschen verlieren über die Zinsen, die in allen Preisen und Steuern enthalten sind.
- Diese Umverteilung zugunsten einer kleinen Minderheit beträgt allein in Deutschland ca. 600 Millionen Euro pro Tag.
- Die automatische Geldvermehrung bei den Vermögenden ist auf Dauer nicht mit Demokratie vereinbar (…) Denn die Realwirtschaft wird von der Finanzwirtschaft abhängig und erpressbar.

- Die Geldvermögen koppeln sich mehr und mehr von der Realwirtschaft ab und verursachen irgendwann den Zusammenbruch des Systems.«[14]

Statt dem drohenden Systemkollaps tatenlos zuzuschauen, plädiert Kennedy für ein beherztes Gegensteuern durch mehr Geldvielfalt. Dies entstünde beispielsweise durch »Zeitbanken, die auf der Verrechnung von Arbeitsstunden basieren, Regionalwährungen, die regionale Wirtschaftskreisläufe fördern, und komplementären Währungen, die den Euro ergänzen und die in erster Linie sozialen, wirtschaftlichen oder ökologischen Zwecken dienen.«[15]

Der belgische Finanzexperte Bernard A. Lietaer, der weltweit der bekannteste Kämpfer für die Einführung von Komplementärwährungen ist, ergänzt geldpsychologisch: »Konventionelles Geld wirkt wie ein Filter, durch den die Fülle der Welt systembedingt nur als Knappheit wahrgenommen werden kann. Das fördert Konkurrenz, Angst, Neid, schlimmstenfalls Gewalt. Das Verschwinden der Lohnarbeit, die fundamentale Unsicherheit der Finanzsysteme, die Überalterung der Gesellschaften und die Klimakatastrophe mit dem Aussterben der Arten (…) sind Probleme, die mit unterschiedlichen Währungen mit voneinander grundverschiedenen Funktionsweisen beantwortet werden müssen.«[16]

Lietaer ist auch der Überzeugung, dass eine Regulierung der Finanzmärkte die Kernprobleme rund um das Geld, die Währungen und den Zins nicht lösen kann. Er sieht in ihr nicht mehr als ein Katz-und-Maus-Spiel zwischen Politik und Banken, die der staatlichen Kontrolle durch neue Schlupflöcher entgehen werden.[17]

Lietaer gilt auch als der Wiederentdecker einer globalen Währung, die er Terra nennt. Das Konzept dieser Weltwährung wurde bereits 1933 entworfen. Grundlage von Terra ist ein standardisierter Warenkorb, der zwölf der als besonders relevant bewerteten Dienstleistungen und Waren (Strom, Rohstoffe, Grundnahrungsmittel, Edelmetalle) enthält. Diese neue globale Währung, inzwischen Trade Reference Currency (TRC) genannt, ist eine Privatwährung, die durch die TRC-Allianz ausgegeben wird. Eine solche komplementäre, zinslose Tauschwährung könnte nach Auffassung Lietaers möglicherweise zur Lösung der Rezessionskrise beitragen, indem Auswirkungen des Wirtschaftskreislaufs systematisch stabilisiert und finanzielle Interessen wieder in Einklang mit langfristig gedachter Nachhaltigkeit gebracht werden.

Der wohl berühmteste Vordenker in Bezug auf alternative Währungssysteme war Silvio Gesell (1862–1930). Der Geschäftsmann hat sich während der argentinischen Wirtschaftskrise 1890 zum ersten Mal Gedanken über ökonomische Zusammenhänge gemacht. Er schlug vor, ein sogenanntes Schwundgeld oder Freigeld zu emittieren, d. h. Geldscheine, die regelmäßig mit kostenpflichtigen Wertmarken beklebt werden müssen, damit sie ihre Gültigkeit behalten. Um alternative Geldhortung in Form von Grundbesitz zu verhindern, sollte gegen Entschädigung aller Grundbesitz verstaatlicht werden. Abgesehen davon, dass diese Idee heute sozialistisch anmutet, vertraute er auf die Kräfte des Marktes, weshalb er als ein früher Vertreter des Dritten Weges bezeichnet wird.[18]

Wenden wir uns nun aber den Regionalwährungen zu. 2001 wurde Roland-Regional gegründet und war damit die erste ihrer Art. Sie ist in Bremen gültig und im Gegensatz zu anderen gebietsbeschränkten Währungen als Wirtschaftsring organisiert, dem man als Mitglied beitreten muss. Die Homepage beschreibt, wie der Umgang mit dem Roland funktioniert: »Sie betreten ein Geschäft und bezahlen mit einem Scheck! Es ist wie in einem Tauschring, in dem Leistungen mit Einheiten verrechnet werden. Im Gegensatz zu einem normalen Tauschring beziehen wir aber Geschäfte, Großhandel und Bauern mit ein. Jedes Mitglied erhält Scheckgutscheine, die bei Händlern oder anderen Mitgliedern in Zahlung gegeben werden.«[19] Nachdem der Scheckbetrag aus steuerlichen Gründen in der Kasse des Händlers registriert worden ist, werden die Gutscheine an die Verrechnungsstelle weitergeleitet, wo der Einkäufer in der Betragshöhe belastet und der Verkäufer eine entsprechende Gutschrift erhält. Ein Mitglied kann auch »zwischen seinen Konten (s. u.) oder anderen Mitgliedern überweisen. Negative Beträge der Umlaufkonten zum Monatsende werden vom privaten Bankkonto abgebucht. Das ist eine gewisse Sicherheit, dass Überziehungen pünktlich und ohne Mahnung und weitere Bürokratie ausgeglichen werden. Jedes Mitglied im Ring hat die Möglichkeit, fünf Konten zu nutzen: Umlaufkonto – hier werden die täglichen Zahlungen abgewickelt. Das Konto unterliegt einer Umlaufsicherung (zurzeit 1% pro Monat); Sparkonto – hier können Überschüsse geparkt werden; Hilfekonto – hier wird die Höhe der Hilfe vermerkt und die Tilgung verrechnet; Rotes Konto – hier wird der Punkte-Roland verrechnet. Er ist nicht rücktauschbar in Euro; Einlagekonto – Verbuchung der Einlage in dem Sicherungsfond.«[20] Der Roland ist über eine Schnittstelle zudem mit anderen Regio-Initiativen verrechenbar und belebt somit auf vielfältige Weise das wirtschaftliche Leben seines Geltungsbereichs.

Eine zweite Initiative in Deutschland ist der Urstromtaler. Die Region des Urstromtalers ist mit einem ganzen Bundesland, nämlich Sachsen-Anhalt, recht groß. Da die wirtschaftliche Situation landesweit sehr schwierig ist, schien diese Ausdehnung nötig, um Gewerbe zu vernetzen und funktionierende Wirtschaftskreisläufe zu schaffen. Bei der Gründung legte man

Wert darauf, insbesondere auch jene Menschen in diese Wirtschaftsgemeinschaft aufzunehmen, die finanziell bedürftig sind. Es gibt vier Wege, um den Urstromtaler zu erwerben:

- »Eintausch von Euros ohne Rücktauschrecht einmalig oder mehrmalig: Dabei erhält er zehn Prozent mehr Urstromtaler.
- Eintausch von Euro mit Rücktauschrecht: Beim Rücktausch fällt eine Gebühr von fünf Prozent an.
- Das Starterkit: 20 Urstromtaler werden gegen Quittung ausgezahlt; mit der Quittung verspricht der Kunde, dass er das Geld zu einem späteren Zeitpunkt zurückzahlt.
- Eröffnung eines Kontos: So kann man/frau Geld abheben, auch wenn gar keins eingezahlt wurde, es gibt also eine Art Vertrauensvorschuss (max. 1000 Urstromtaler). Dafür muss der Kunde jedoch nachweisen, mit welchen Leistungen er Urstromtaler verdienen kann. Nur wenn sicher ist, dass das Geld auch wieder reinkommt, darf abgehoben und überzogen werden.«[21]

Damit der Urstromtaler im Umlauf bleibt, hat man ihn mit einer befristeten Gültigkeit ausgestattet, die einen Wertverlust von fünf Prozent nach sechs Monaten vorsieht. Wenn der Benutzer den Werteverlust ausgleicht, erhält er wieder neue Urstromtaler.
Eine außergewöhnliche Variante des Regionalgeldes stellt der Schweizerische WIR dar. Die WIR-Bank ist eine gesamtschweizerische Mittelstandsbank mit sieben Filialen, die aus der Selbsthilfeorganisation WIR-Wirtschaftsring-Genossenschaft hervorging. Ende 2009 wies die Bank eine Bilanzsumme von 3,719 Milliarden Franken aus, davon entfielen 876,3 Millionen Franken auf Kredite in WIR (Währungskürzel: CHW). Insgesamt wurden 2009 rund 1,6 Milliarden äquivalente Franken mit WIR umgesetzt. WIR-Guthaben werden durch Kre-

dite von der WIR-Bank generiert, wobei der Kreditnehmer der Bank einen Vermögenswert als Sicherheit stellt. Das können, je nach Art des Kredits, Grundpfandrechte, Bankgarantien, Lebensversicherungen und dergleichen sein. Die Kredite stammen aus direkter, eigener Geldschöpfung der WIR-Bank, welche im WIR-System eine äquivalente Funktion wie die Schweizerische Nationalbank als Zentralbank des Schweizer Franken einnimmt. Bemerkenswert jedoch ist, dass WIR-Guthaben über keine Deckung durch Schweizer Franken verfügen.[22]

Mittlerweile gibt es aber auch schon Vorschläge für ein staatliches Regiogeld. Insbesondere mit Blick auf die finanztechnisch und wirtschaftlich schwächeren Länder Europas wird über ein Parallelgeld zusätzlich zum Euro diskutiert. Dies wird auch »Expressgeld« genannt. Christian Gelleri, der Initiator der Regionalwährung Chiemgauer, hat gemeinsam mit Thomas Mayer ein Modell entworfen, das den Kreislauf eines solchen staatlichen Regiogeldes strukturiert:[23]

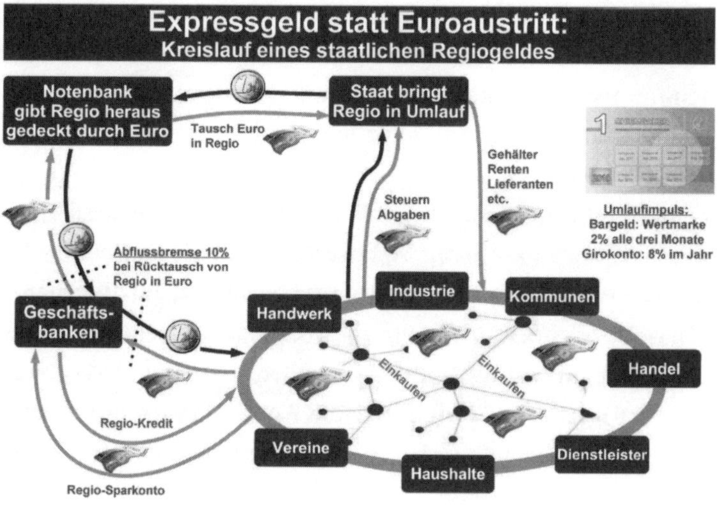

In Griechenland als einem der in der Eurozone in Schwierigkeiten geratenen Staaten gibt es bereits alternative Währungen, an die angeknüpft werden könnte. Vor einigen Monaten wurde z. B. eine Alternativwährung in der griechischen Hafenstadt Volos eingeführt. Nachdem die Gemeinde nicht mehr in der Lage war, Eurokäufe zu tätigen, entstand diese Graswurzelinitiative, die inzwischen auf ein Netzwerk von mehr als 800 Mitgliedern angewachsen ist. Die Initiative funktioniert folgendermaßen: Wer Güter oder Dienstleistungen anzubieten hat, bekommt eine Gutschrift, wobei ein Euro einem TEM entspricht. Dieses Sparguthaben kann dann dazu benutzt werden, um Einkäufe innerhalb des Netzwerks zu tätigen. Dabei kommt es zu recht ungewöhnlichen Tauschgeschäften, etwa Yogastunden gegen handgefertigte Kerzen, Lebensmittel gegen Schmuck oder Kleidung gegen Strom. Das System für die Mitglieder funktioniert als Online-Konto, wobei jede virtuelle Transaktion zu einer Abbuchung führt. Der Bürgermeister von Volos, Panis Skotiniotis, sieht durch den TEM keine Bedrohung für den Euro. Er unterstützt das Projekt in der Meinung, dass beide Systeme koexistieren können. Auf diese Weise hat seine kleine Gemeinde ein neues Hilfsmittel gefunden, um gegen die vielleicht schlimmste Finanzkrise aller Zeiten anzukämpfen: einen einfachen Tauschring, in dem Verzweiflung gegen Hoffnung getauscht wird.[24]

Dieser Trend zur Parallelwährung findet in Griechenland breite Zustimmung. So schreibt Stefan Dörner im *Handelsblatt*: »Als ›soziale Währung‹ und die ›griechische Antwort auf die Finanzkrise‹ bezeichnen die Aktivisten der griechischen Website Ovolos.gr ihren Ansatz einer virtuellen Währung. Jedes Neumitglied erhält zur Eröffnung seines Kontos 100 ›Neue Obolus‹, wie der Verein seine virtuelle Währung genannt hat. Weitere virtuelle Münzen werden durch das Anbieten eigener Waren und Dienstleistungen auf der Online-Plattform erworben. Den Wert erhält die Alternativwährung direkt durch die Waren und Dienstleistungen, die die Mitglieder des Netzwerks online dafür zur Verfügung stellen. Das soll den Wert des neuen Obolus stabil halten. Auch die virtuelle Währung TEM verfolgt einen ähnlichen Ansatz, ist dabei aber auf die griechische Region Magnisia beschränkt.«[25]

Hinter all diesen Bemühungen in Deutschland, aber auch international – es soll in Europa allein 102 Regionalwährungen geben – steht die Wiedergewinnung von monetären Kompetenzen durch die Bürgerschaft. Europas Bürger haben schon die letzten zwei Jahrzehnte hinweg mancherorts mit Zeitbanken, Tauschringen und Tauschkreisen Erfahrungen mit einer lokalen Leistungsbewertung (*Local Exchange Training System*, kurz LETS) gemacht. Von daher fiel es ihnen leicht, sich mit dem nächsten Schritt einer Flexibilisierung der Tauschwirtschaft durch Regionalgeld zu befassen und dieses institutionell einzuführen. Überhaupt wird Regionalgeld zunehmend interessanter. Wenn mehr und mehr Bürger feststellen, dass sie für ein gutes Leben vor Ort eine nachhaltige und kooperative Wirtschaftsweise in der Region fördern müssen und die Kaufkraft an die Region gebunden bleiben muss, dann kann Regionalgeld auch für Anleger attraktiv werden. Denn so können sie sich besser vor globalen Finanzspekulationen schützen.

Der Soziologe Christian Thiel beschreibt weitere Funktionen, die Regionalgeld so reizvoll machen und es zu einem Teil des sich abzeichnenden Kulturwandels in Richtung einer neuen großen Erzählung rund um Geld, Vermögen und Finanzanlagen werden lässt. Im Detail arbeitet er an dem wissenschaftlichen Nachweis, dass Regionalgeld die regionale Identität und Gemeinschaft stärkt: »Dementsprechend soll das Regiogeld die unterstellten oder erfahrenen ›schädlichen‹ Wirkungen des

›normalen‹ Geldes quasi umkehren – das ›bessere Geld‹ soll verbinden (vergemeinschaften), nicht trennen (vergesellschaften), es soll gemeinwohl-, nicht profitorientiert sein, es will spirituell und nicht rein rechenhaft sein.«[26]

Microfinance – Kredit und Zinsen unter sozialer Zielstellung

Eine weitere Form neuer Institutionenbildung in der Welt der Financial Innovations 2.0 sind Mikrokredite. Mikrokredite stellen die Ausweitung kleiner Darlehen und anderer finanzieller Finanzdienstleistungen auf arme Menschen dar. Dies erlaubt ihnen, ihre eigenen unternehmerischen Projekte zu verfolgen, um meistens neben der Subsistenzwirtschaft weiteres Einkommen zu erzeugen. Insgesamt sollen Mikrokredite dazu beitragen, dass insbesondere finanziell Bedürftige oder von Armut bedrohte Menschen ihren eigenen Lebensunterhalt und den ihrer Familien besser selber verdienen können und immer weniger von Fremdhilfe abhängen. Weit über 100 Millionen Menschen haben in vielen Ländern weltweit mit diesem Instrument mittlerweile gewirtschaftet. Bedenkt man, dass von einem Kleinkreditnehmer in der Regel vier andere Menschen abhängen und es ihnen besser geht, wenn es dem Kreditnehmer besser geht, dann profitieren von Klein- und Kleinstkrediten mittlerweile weltweit fast eine Milliarde Menschen. Nach den ersten Entwicklungsschritten im Ursprungsland der Kleinkredite in Bangladesch, vor allem durch die Grameen Bank angetrieben, gibt es mittlerweile eine Vielzahl von Kleinkreditsystemen weltweit. Das Netzwerk wird also immer enger geknüpft.
Eine kurze Geschichte des Kleinkreditwesens hat Peter Spiegel, der Gründer des Genisis Instituts for Social Business und

Impact Strategies verfasst. Er beschreibt das wirkungsvolle System der Kleinkredite wie folgt: »Den Kern stellt dabei die Einrichtung von Kreditgruppen dar. Bei Grameen erhält man nur dann einen Kredit, wenn man gemeinsam mit vier weiteren Kreditwilligen eine dann fünfköpfige Kreditgruppe bildet. Die Gruppenmitglieder müssen wechselseitig füreinander bürgen. Niemand von ihnen verfügt jedoch über dingliche Sicherheiten, weil nur Menschen bei Grameen einen ersten Kredit erhalten können, die nachweislich über keinerlei Sicherheiten verfügen. Damit tritt an die Stelle der dinglichen Sicherheiten automatisch eine völlig andere Art und Qualität von Sicherheiten: menschliche Sicherheiten.«[27]

In Deutschland hat sich besonders die 1948 gegründete Kreditanstalt für Wiederaufbau KfW (Anstalt des öffentlichen Rechts) des Themas angenommen. Sie fördert mit ihren Töchtern der Entwicklungsbank und der Deutschen Investitions- und Entwicklungsgesellschaft DEGmbH direkt und indirekt die Vergabe von Mikrokrediten in Entwicklungs- und Transformationsländern. »Die KfW hat früh erkannt, dass es sinnvoll ist, auch den Ärmsten mit Kleinkrediten ein eigenes Auskommen zu ermöglichen. Vor allem Frauen nutzen die Chance, eine Existenz aufzubauen. Viele dieser kleinen Unternehmen wachsen durch weitere Kredite und tragen so zur Überwindung von Armut bei. Die KfW ist einer der größten Finanzierer von Mikrokrediten in Entwicklungsländern.«[28]

Aber auch die Bank im Bistum Essen eG, eine katholische Genossenschaftsbank, bietet ihren Kunden als Produkt das sogenannte Mikrofinanzsparen an. Die Bank beschäftigt sich schon länger mit Mikrofinanzierungen und hat institutseigenes Know-how aufgebaut. 2007 wurde der erste eigene Mikrofinanzfonds aufgelegt, mittlerweile sind zwei weitere Spezialfonds hinzugekommen. Auch hat die Bank erstmals in Deutschland ein Mikrofinanzsparbuch in ihr Portfolio aufgenommen. Damit darf sie zu Recht als Pionier in der deutschen Bankenlandschaft gelten.

Inzwischen gibt es aber auch einen Mikrofinanzfonds, der nicht nur von Deutschland aus das Mikrofinanzwesen in Entwicklungsländern unterstützt, sondern vielmehr als ein Fonds für junge Unternehmensgründer in Deutschland wirkt. Die GLS Bank hat diesen Fonds mit dem Projekt Enterprise zusammen ins Leben gerufen. Von einem Jugendzentrum in Brandenburg Havel aus werden junge Gründerpersönlichkeiten betreut, und es sollen weitere lokale Mikrokreditprojekte entstehen. In Deutschland hat sich daraus eine erfolgreiche Geschichte des Mikrokreditwesens ergeben. Der »Mikrokreditfonds Deutschland«, ausgeschrieben vom Bundesministerium für Arbeit und Soziales (BMAS), vergibt seit 2010 sehr erfolgreich Kredite an Kleinstunternehmen und Gründungsinitiativen. Er hat seit seiner Gründung mehr als 50 Mikrofinanzinstitute aufgebaut. So konnten in den vergangenen Jahren mehr als 12 000 Kredite vergeben werden. Die kurzen Laufzeiten (maximal drei Jahre), eine flexible Tilgung, Bürgschaften und faire Zinsen (8,9 Prozent, Stand: Dez. 2012) sorgen für eine konstant geringe Ausfallquote von unter drei Prozent.[29]

Der Mikrokreditfonds arbeitet auch mit Unternehmensberatungen zusammen. Er nutzt das Wissen von Wirtschaftsförderern, Genossenschaften und Vereinen, die sich seit 2005 mit dafür engagieren, Mikrofinanzinstitute zu gründen und zu betreiben, und umwirbt Privatanleger mit einigen stichhaltigen Argumenten:[30]

- Es wird eine erfolgsabhängige Gratifikation in Höhe von zehn Prozent des erfolgreich zurückgezahlten Kreditvolumens abzüglich der jährlichen Kreditausfälle in Aussicht gestellt.

- Es wird ein Stückhonorar von derzeit 650 Euro pro Kredit zum Aufbau des Geschäftsfeldes erhoben, das jedoch laufend reduziert wird.
- Es gibt eine Internetplattform zur Vergabe und Betreuung von Mikrokrediten.
- Man will Leuchtturmprojekte schaffen, indem die besten Mikrofinanzangebote besonders gefördert werden.
- Es erfolgt ein Know-how-Transfer von bereits erfolgreichen Mikrofinanzinstituten.

Mikrokredite sind mithin eine feste Größe in der Welt der Financial Innovations 2.0 geworden. Nicht nur mengenmäßig wächst die Zahl der Mikrokredite und der Einrichtungen, die mit Mikrokrediten arbeiten (*Microfinance Institute*, kurz: MFI), sondern auch von den Wirkungen, die im Sinne des *Impact Investment* erzeugt werden können, lassen sich aus der Wirkungsforschung qualifizierte Einsichten zu dieser Kreditform entnehmen. Zur Untersuchung der Auswirkungen wurde 2007 sogar ein eigenes Center for European Research in Microfinance, das CERMi, gegründet.
Lange Zeit wurde einfach nur vorausgesetzt, dass Mikrofinanzprodukte eine positive soziale Wirkung erzeugen. Mittlerweile gibt es zahlreiche Versuche, diese messbar zu machen. Ein ebensolches positives Vorurteil war die Annahme, dass diese Kredite das verantwortungsbereite Engagement von Frauen in Entwicklungsländern fördern würden. Forschungsergebnisse der letzten Jahre zeigen jedoch, dass vor allem die sogenannte *Empowerment*-These mit einem großen »Ja, aber« zu versehen ist. Tasqurun Nessa, Wirtschaftsforscher an der Universität Utara Malaysia, kommt zu dem Schluss, dass das Leben der Frauen von Bangladesch durch die Arbeit mit MFI signifikant verbessert werden konnte. Doch obwohl der Lebensstandard

von MFI-Mitgliedern höher ist als der von Nicht-Mitgliedern, hat sich das Kreditmodell nicht ausreichend auf die weibliche Bevölkerung ausgedehnt, d. h., was fehlt, ist die Mitarbeit der Regierungsstellen, um den Frauen zu helfen und die erfolgreichen Strukturen auszuweiten. Weiterhin konnte bewiesen werden, dass eine MFI-Mitgliedschaft auch eine verlässliche Wirkungsvariabel für Erfolg ist. Höhere Kredite führen zu wirtschaftlichen Aktivitäten und deshalb zu höherem Lebensstandard, welcher wiederum den Frauen einen höheren Status und mehr Entfaltungsfreiheit gibt. Es wäre deshalb wünschenswert, dass Regierungen, MFIs und NGOs zusammenarbeiten, um höhere Kredite an die Armen möglich zu machen und sie dabei zu unterstützen, diese Kredite auch richtig einzusetzen, um so ordnungsgemäße Rückzahlungen zu ermöglichen. Die Forschungsergebnisse haben ferner gezeigt, dass die verschiedenen Institutionen auch unterschiedliche Kriterien anwenden. Die Grameen Bank beispielsweise verlangt Eigentumsnachweise für das Grundstück, auf dem ein Haus gebaut werden soll. Das hat zur Folge, dass Eigentumsrechte, die zuvor bei den Männern lagen, gerne auf deren Frauen (sie machen die Mehrzahl der MFI-Mitglieder aus) übertragen werden. Da Grundstücksbesitzerinnen nicht so leicht verdrängt werden können, hat dies zu einer niedrigeren Scheidungsrate, aber auch zu Eheproblemen geführt.[31]

Neben der sozialen soll es auch eine ökologische Wirkung des Mikrokreditwesens geben. Umweltleistungen werden immer wichtiger für Unternehmen, auch für die kleinsten. Der Mikrofinanzsektor ist hier keine Ausnahme. Eine wachsende Anzahl von MFI entwickeln Umweltmanagementprogramme, während Mikrofinanz-*Stakeholder* mehr und mehr auf das Überwachen von Umweltaspekten achten. Ein neues Instrumentarium zur Messung der Umweltleistungen von Mikrokreditinstituten ist der Microfinance Environmental Performance Index (MEPI). Dieses Instrument basiert auf Indikatoren der Managementleistungen und wurde den speziellen Anforderungen des Mikrofinanzsektors angepasst. Es misst die Umweltleistungen in fünf Dimensionen: Umweltrichtlinien, ökologischer Fußabdruck, Umweltrisikobewertung, grüne Mikrokredite und Umweltleistungen nicht finanzieller Art. Der MEPI stellt ein wichtiges Werkzeug für die Forschung dar und ist eine Grundlage für Umweltstrategieplanung, Ablaufüberwachung und Kommunikation innerhalb des Mikrofinanzsektors.[32]

Doch wo Licht ist, fällt auch Schatten. Trotz dieser positiven sozialen und ökologischen Wirkungen von Mikrokrediten gibt es mittlerweile auch Probleme mit dem Mikrofinanzsystem. In Indien, aber auch in Ghana wurde das Mikrofinanzwesen derart beschleunigt und verstärkt, dass es immer häufiger zu Überschuldungen geführt hat. Auch von Selbstmorden hoch verschuldeter Kleinkreditnehmer ist berichtet worden. Dies wird gelegentlich mit den hohen Zinssätzen in Verbindung gebracht, die gerade in den sich entwickelnden Ländern von Mikrokreditnehmern zu zahlen sind. Immer dann, wenn ein Zinssatz genommen wird, der über das hinausgeht, was für ein sich selbst tragendes Kleinkreditsystem an Organisationskosten notwendig ist – häufig also, wenn sich professionelle Banken des Mikrokreditwesens wie beispielsweise in Indien angenommen haben oder neue Banken entstanden sind, die ihr Geschäftsmodell nur um das Mikrokreditwesen aufgebaut haben –, kann es zu solchen Entgleisungen kommen. Wenn es jedoch gelingt, dass das Kleinkreditwesen selbst genossenschaftlich organisiert wird, d. h. die Kleinkreditorganisation oder Initiative den Kreditnehmern selbst gehört, kann allein durch diese Organisationsform als Sozialunternehmen ein Missbrauch in der Regel verhindert werden.

Das grundlegend Neue am Mikrokreditfinanzsystem besteht in einem auf Vertrauen basierenden Wirtschaften rund um kleine und mittlere Unternehmungen sowie in der Ausrichtung des Zinssatzes auf das ausschließlich zum Erhalt der jeweiligen Initiative Benötigte. Wenn es gelänge, die sozialen und ökologischen Wertschöpfungen, die durch das Mikrokreditwesen vor Ort erzeugt werden, auch zu bilanzieren – an derartigen Projekten wird wissenschaftlich und praktisch empirisch gearbeitet –, dann dürfte sich in der Summe leicht belegen lassen, dass das Mikrokreditwesen ein global funktionierendes, neues Instrument eines fairen Bankwesens ist.

Fair Banking mit neuen Banken

Im Zeitalter nachhaltiger Entwicklung haben sich mittlerweile auch neue Banken gebildet, die sich auf sozialökologische, nachhaltige, faire Investments oder auf *Mission Related Investments* spezialisiert haben. Für den an fairen Geldanlagen interessierten Bürger sind es gerade diese Einrichtungen, die, mit hoher Glaubwürdigkeit ausgestattet, Angebote für ein ethisches, ökologisch und sozial verantwortbares Investieren auflegen und managen. Wir sprechen dann vom sogenannten *Social* oder *Fair Banking.*

Im Mai 2012 erschien eine erste Marktstudie zu diesem Thema.[33] Diese Studie entstand aus einem Gemeinschaftsprojekt dreier Einrichtungen. Beteiligt waren: erstens die auf den Bereich *Financial Services* spezialisierte Managementberatung zeb/Rolfes.Schierenbeck.Associates; zweitens der Lehrstuhl für *Social Banking* unter Leitung von Prof. Dr. Sven Remer an der Alanus Hochschule in Alfter bei Bonn; drittens die Puls-Marktforschungs-GmbH in Schwaig bei Nürnberg. Die Studie stützt sich auf eine bevölkerungsrepräsentative Befragung von 1010 Verbrauchern ab 16 Jahren sowie 3999 Kunden der sozial-ökologischen Ethikbank, GLS-Bank und der Triodos-Bank Deutschland. Sie kommt zu folgenden Ergebnissen: »Sozial-ökologisch ausgerichtete Kreditinstitute haben ihre Position am Bankenmarkt in den letzten Jahren deutlich ausbauen können. Die Kredite und Einlagen dieser Banken sind von 2006 bis 2011 in Summe jährlich um 20 bis 30 Prozent gewachsen. Gleichzeitig ist der Anteil sozial-ökologischer Banken am gesamten deutschen Privatkundenmarkt mit 0,2 Prozent nach wie vor sehr gering. Damit korrespondiert die noch niedrige Zahl von zusammen knapp 230 000 Kunden Ende 2011. Besonders affin für sozial-ökologische Bankangebote sind in Deutschland zwei Zielgruppen, die zusammen über 16 Millionen Menschen umfassen und mehrheitlich aus hoch gebildeten, einkommensstarken Verbrauchern bestehen. Grundsätzlich lassen sich zwei *Social-Banking*-Zielgruppen unterscheiden:

1. Die drei Millionen Mitglieder der Zielgruppe der »Sozial-Ökologischen« stellen die höchsten Anforderungen an Nachhaltigkeit, Fairness und Transparenz. Sie sind mehrheitlich weiblich, urban und prädestiniert für ein Kundenverhältnis mit einem konsequent sozial-ökologisch arbeitenden Kreditinstitut als Hausbank.
2. Die 13,2 Millionen »Nachhaltigkeitsorientierten« haben ein etwas moderateres, aber immer noch deutlich ausgeprägtes Bewusstsein für öko-soziale Verantwortung, sind hoch gebildet und verfügen über ein deutlich überdurchschnittliches Einkommen. Auch hier besteht nach Erkenntnissen der Studie eine hohe Affinität zu *Social-Banking*-Angeboten, die umfassend oder ergänzend infrage kommen.«[34]

In der Summe lässt sich also festhalten, dass sich *Social* oder *Fair Banking* auf das Erzeugen von fairen Wirkungen (*Impacts*) fokussiert. Das ist das Anliegen einer stetig wachsenden Zahl von Bankkunden heute. Fair wird hier einmal mehr als Oberbegriff für ökologisch unbedenklich oder umweltbewusst verstanden, ferner für sozial gerecht und ethisch voll umfänglich vertretbar oder verantwortbar. Das Kernmotiv des *Fair Banking* zielt auf ein Finanz- und Bankwesen, das sich um die Entwicklung von Menschen, vom Planeten Erde und von Profit – und zwar genau in dieser Reihenfolge – bemüht. Die Präsidentin und Gründerin von AQAL Investing, einem *Family Office* und einer *Private-Equity-Investment*-Gesellschaft aus München, Dr. Marianne Bozesan, hat ein Gesamtbild hierfür entwickelt, das in diesem Sinne eine Konvergenz von traditioneller Finanzkapitalbewirtschaftung und Philanthropie aufzeigt:[35]

Konvergenz von traditioneller Finanzwirtschaft und Philanthropie

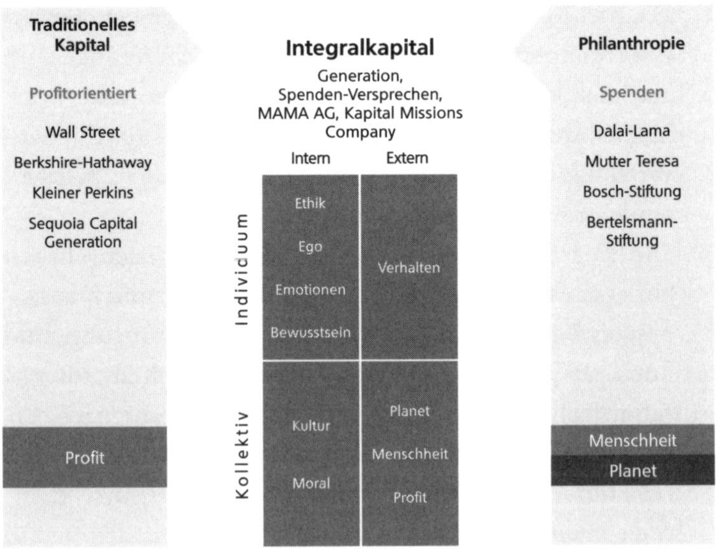

In Deutschland ist von den neuen Banken die GLS-Bank am längsten im Markt. Sie wurde 1974 als Genossenschaftsbank gegründet, mit dem Ideal einer Gemeinschaft für Leihen und Schenken (GLS) im Hintergrund. Sie bietet ihren Kunden von Finanzierungen über Möglichkeiten der Geldanlage bis hin zum Einrichten von Stiftungen und Schenkungen alles aus einer Hand an. Dabei sind die Investitionsmöglichkeiten unter Nachhaltigkeits- und Transparenzstandards intensiv geprüft. Die Investmentangebote werden grundsätzlich auf Sinn und Zukunftsfähigkeit nach sozial-ökologischen und ethischen Maßstäben ausgewählt. Die entsprechende Werbebotschaft lautet: »Geld schafft Sinn!« Da die GLS-Bank auch das Privat- und Geschäftskontengeschäft beheimatet, gilt sie in Deutschland als erste sozial-ökologische Universalbank. Ihren anthroposophischen Wurzeln verdankt sich die Fokussierung auf den Menschen und seine ganzheitlichen Bedürfnisse. Mit ihrer Philosophie, dass Geld ein Mittel zur nachhaltigen Gestaltung der Gesellschaft sei, hat sie vor allem nach der Lehman-Pleite und der Dauerkrise am Kapital- und Finanzmarkt ein rapides Wachstum hinter sich, da immer mehr Menschen und Unternehmer aus Deutschland mit der GLS-Bank zusammenarbeiten wollen.

Für Investitionswillige empfiehlt die GLS-Bank nur Unternehmen, die eine sozial-ökologisch ausgerichtete Unternehmenspolitik haben, sich sozial engagieren, entwicklungspolitische Ziele konstruktiv verfolgen, auf Energieeffizienz und erneuerbare Energien setzen, energieeffiziente Transportsysteme nutzen und auf Ressourceneffizienz eingenordet sind. Sie gibt grundsätzlich keine Anlageempfehlungen für Unternehmen, die nachweislich Menschen-, Grund- und Arbeitsrechte verletzen, mit Kinderarbeit Profit erwirtschaften, Tierversuche unternehmen, umwelt- oder wirtschaftsschädliches Verhalten an den

Tag legen, um Atomenergiegeschäfte aufgebaut sind, Biozide herstellen, chlororganische Massenprodukte fabrizieren, sich mit Embryonenforschung geschäftlich entwickeln, Agrogentechnik herstellen oder in den Verkehr bringen oder mit Pornografie, Rüstung oder Suchtmitteln ihr Geld verdienen.

Eine zweite neue Bank, die ausschließlich in *Fair Finance* unterwegs ist, ist die Nürnberger UmweltBank. Sie wurde 1997 mit einer Vollbanklizenz ausgestattet und begann damals mit 35 Mitarbeitern mit dem Bankgeschäft. Von Beginn an konnte sie ein ausgeglichenes Ergebnis erzielen und schon 1998 erstmals eine Dividende ausschütten. Sie entstand aus der Idee, eine erste grüne Bankaktie aufzulegen, die 1994 von Horst Popp entwickelt wurde. 1995 glückte die Emission der ersten grünen Bankaktie. Ende 1996 verfügte die UmweltBank über 14 Gründungsgesellschafter, 733 Gesellschafter mit stillen Beteiligungen und über 3000 privaten Aktionären, die über 25 Millionen Euro eingelegt hatten. Die Spezialisierung auf ein Bankgeschäft mit sogenannten Grünen Aktien war nachhaltig innovativ. Seither engagiert sich die Bank mit viel Erfolg für Investments in Projekte, die für eine lebenswerte Umwelt beitragen und die ökologische Zukunft im Sinne intergenerationaler Zukunftsgerechtigkeit verwirklichen. Aus ihrer Satzung ergeben sich folgende Grundsätze des neuen Bankwesens: »Die UmweltBank setzt sich für den Erhalt unserer natürlichen Lebensgrundlagen, insbesondere für klares Wasser, reine Luft und eine gesunde Umwelt ein. Die UmweltBank verwirklicht Ideen, die allen zugutekommen. Sie unterstützt die ökologische Entwicklung unserer Gesellschaft und fördert integrative und vorbeugende Maßnahmen des Umweltschutzes. Die Schwerpunkte des Bankgeschäfts liegen in den Bereichen Sonnenenergie, Wind- und Wasserkraft, Blockheizkraftwerke, Niedrigenergiebauweise, umweltfreundliche Produktion, Kreislaufwirtschaft, ökologische Landwirtschaft und Recycling. Die UmweltBank engagiert sich darüber hinaus für weitere Maßnahmen des Umwelt- und Naturschutzes sowie für umwelt- und sozialverträgliche Vorhaben.«[36]

2002 wurde eine dritte neue Bank in Deutschland ins Leben gerufen: die EthikBank®. Sie wurde als eine Zweigniederlassung der Volksbank Eisenberg in Thüringen gegründet und arbeitet ausschließlich als Direktbank. Die EthikBank® erreichte 2007 das erste Mal die Gewinnzone. In diesem Jahr begann sie auch mit dem Kreditgeschäft. Sie hatte Ende 2011 über 15 000 Kundenkonten und die Verantwortung für rund 130 Millionen Euro Kundengelder. Auch diese Bank verfolgt eine ausschließlich sozialethische Anlagepolitik. Für diese wird sie von der imug-Beratungsgesellschaft für sozial-ökologische Innovationen mbH mit Sitz in Hannover datenanalytisch unterstützt sowie von der Züricher Kantonalbank, die eine Reihe entsprechender sozial-ökologischer Fonds aufgelegt hat. Die EthikBank® benutzt explizit den Terminus technicus »Faires Geld«, um ihre Anlagepolitik unter ein Leitmotiv zu stellen.

Ihre Anlagekriterien fasst sie unter anderem in einer Negativliste zusammen: Sie vergibt keine Kredite an Unternehmen und verkauft keine Aktien oder Anleihen von Unternehmen, die Militärwaffen herstellen oder vertreiben, Atomkraftwerke besitzen oder betreiben, Pflanzen oder Saatgut gentechnisch verändern, ozonzerstörende Chemikalien herstellen oder vertreiben, Kinderarbeit zulassen, Tierversuche bei Kosmetika durchführen, in eklatante Bestechungs- und Korruptionsfälle verwickelt sind, eklatante Verstöße im Umgang mit Menschenrechten begehen. Sie »kauft weder Staatsanleihen von den unter Nachhaltigkeitsaspekten unterdurchschnittlichen OECD-Staaten noch von Ländern, die Menschenrechte verletzen. Dabei geht es um politische Rechte und zivile Grundfreiheiten. Die

EthikBank® macht auch keine Geschäfte mit radikalen Parteien und Vereinigungen und (…) unterstützt per se keine politischen Parteien durch Spenden.«[37]

Die EthikBank® investiert das Geld ihrer Kunden stattdessen entlang einer Positivliste in die Unternehmen des Natur-Aktien-Index (NAI). Der seit 1997 bestehende Aktienindex umfasst globale, erfolgreiche Öko-Vorreiter. Darüber hinaus kauft sie Wertpapiere ausgewählter Unternehmen des DAX und MDAX. Diese Unternehmen kommen nur in Betracht, wenn sie die zuvor genannten Negativ- oder Tabukriterien nicht verletzen (Atomkraft, Rüstung, Kinderarbeit, Grüne Gentechnik etc.). Das allein reicht aber nicht. Diejenigen Unternehmen, die die Tabukriterien bestehen, müssen sich darüber hinaus überdurchschnittlich positiv mit folgenden Standards auseinandersetzen: Sie sollen eine eigene Umweltpolitik haben sowie über ein Umweltmanagementsystem verfügen und besonders Leistungen im Umweltbereich bringen. Ihre Geschäftspolitik muss unter Beachtung der Menschenrechte erfolgen. Die Gleichberechtigung und Vielfalt der Mitarbeiter muss gefördert werden sowie der Dialog mit Mitarbeiterin, Kunden und Lieferanten. In Weiterbildung und Personalentwicklung muss investiert werden sowie Arbeitsplätze geschaffen und erhalten werden. Vorsorgemaßnahmen, um Korruption und Bestechung zu verhindern, sind schließlich nachzuweisen. Ferner gilt: »Die EthikBank® investiert außerdem in die überdurchschnittlich guten OECD-Staaten (einschließlich Bundesländer, Provinzen und Kommunen). Basis der Bewertung ist das Nachhaltigkeitsrating für Staaten der Zürcher Kantonalbank. Sie legt das Geld ihrer Kunden schließlich in Wertpapieren mit festgelegter sozialökologischer Zweckbindung und in staatlichen Förderbanken sowie in Pfandbriefen an, die Immobilienkredite und öffentliche Aufgaben finanzieren.«[38]

Zum Jahreswechsel 2009/2010 gründete die Triodosbank in Frankfurt/Main ihre erste deutsche Niederlassung und damit entstand die vierte der neuen Banken in Deutschland. Triodos, eine niederländische Bank, wurde 1980 gegründet und entwickelt ihr Bankengeschäft entlang ethischer Grundsätze. So heißt es im Leitbild der Bank:

- »Nachhaltige Entwicklung fördern – bei jeder unserer Handlungen haben wir die sozialen, ökologischen und finanziellen Auswirkungen im Blick.
- Die Gesetze beachten – in jedem Land, in dem wir aktiv sind.
- Die Menschenrechte achten – bei jedem Individuum und in jeder Gesellschaft und jedem Kulturkreis. Wir verpflichten uns selbstverständlich auf die Ziele der Allgemeinen Erklärung der Menschenrechte der Vereinten Nationen.
- Rücksicht auf die Umwelt nehmen – indem wir alles tun, um positive ökologische Auswirkungen auf die Umwelt zu fördern und negative zu minimieren.
- Verantwortlich handeln – gegenüber den Menschen in unserer Umgebung und der Umwelt gleichermaßen.
- Jederzeit Verbesserungen anstreben – indem wir in allen Bereichen versuchen, unsere Arbeit noch wirksamer zu machen.«[39]

Auch die Triodosbank investiert die Anlagengelder der Kunden ausschließlich im Sinne von fairen, nachhaltigen Investments. Ein besonderer Schwerpunkt in Deutschland ist derzeit die ökologische Land- und Lebensmittelwirtschaft.
Selbstverständlich gibt es in Deutschland noch weitere Institute, wie zum Beispiel die Sparda Bank München oder andere Genossenschaftsbanken, die ein *Banking on Values* bzw. ein *Fair Banking* vornehmen. Und auch weltweit gesehen existiert eine große Zahl von Banken, die sich der Nachhaltigkeit verschrie-

ben haben. Sie alle verfügen über Positiv- und Negativlisten für die Anlage der ihnen anvertrauten Kundengelder. Die Unternehmensleitbilder fordern die Führungskräfte und Mitarbeiter auf, so zu arbeiten, dass die Kunden mit gutem Gewissen investieren oder ein Bewusstsein entwickeln können, mit dem eigenen Geld verantwortungsbewusst umzugehen oder auch gegebenenfalls so etwas wie eine seelische Rendite zu erwirtschaften. Auch die Solidarität zwischen Geldgebern auf der einen und Geldnehmern auf der anderen Seite bildet gelegentlich den Kern der Unternehmensphilosophie dieser neuen Banken. Ferner werden Anleger ab und an sogar gezielt dazu ermuntert, auf Zinsen zu verzichten und damit direkt zur Verbilligung von Krediten beizutragen oder ihr Geld Förderfonds für besonders förderungswürdige Projekte zuzuweisen. In Entwicklungsländern haben entsprechende Banken Investitionsmöglichkeiten aufgebaut, um auf kommunaler Ebene Projekte zu ermöglichen, die die Armut bekämpfen, die den Analphabetismus überwinden helfen oder die dazu taugen, spezielle Krankheiten oder spezielle soziale Ungerechtigkeiten zu adressieren. Andere spezialisieren sich auf Kleinstkunden oder kleine oder mittlere Unternehmen, die regionale Wirtschaftskreisläufe aufbauen helfen.

Nicht überall sind die Einlagen der Investoren so gesichert wie in Deutschland. Dort gilt für die Einlagen der UmweltBank die gesetzliche Einlagensicherung, die dafür sorgt, dass bis zu 100 000 Euro je Anleger gesichert sind. Über die niederländische Einlagensicherung verbürgt sich Triodos für einen Betrag in gleicher Höhe. Die Gelder der Anleger, die zur GLS-Bank oder zur EthikBank® fließen, werden über den Sicherungsfonds der Volks- und Raiffeisenbanken abgesichert. Gerade die Anlagenschutzpolitik zeigt, wie die neuen Banken es geschafft haben, die rechtlich wichtigen Schnittstellen zum konventionellen

Banken- und Finanzdienstleistungswesen professionell zu handhaben, obwohl sie im Kern in überzeugender Weise nachhaltig und fair wirtschaften und ihre Dienstleistungen auch nicht teurer anbieten müssen, als es konventionelle Banken und Finanzdienstleister tun. Damit hat sich im Bankenwesen ganz offenbar eine alternative Institutionenbildung vollzogen, die nicht nur den Test der Zeit bestanden hat, sondern auch angesichts der zu verzeichnenden Wachstumsraten zunehmend von verantwortungsbewussten Anlegern gewählt wird. Mehr noch, seit die aktuelle Krise die mangelnde Zuverlässigkeit des Bankensystems tagtäglich vor Augen führt, können sich die hier vorgestellten Häuser vor anlagewilligen Kunden kaum retten und dürfen sogar mit einem Wachstum von 10 bis 20 Prozent rechnen. Wo der Marktanteil in absehbarer Zukunft liegen wird, ist schwierig zu bestimmen. Die Schätzungen dafür reichen von drei bis optimistischen zehn Prozent, was für den Bereich des nachhaltigen und sozialen Investierens immerhin einen Betrag von mehreren Milliarden zur Verfügung stellen würde.

Auch klassische Banken bemühen sich zusehends um Kunden, die sich für Anlagen mit sozialer Wirkung begeistern lassen. Am oberen Ende des Kundensegments, den sogenannten *High Networth Individuals* oder *Ultra High Networth Individuals*, gibt es elaborierte Angebote in Sachen Geldanlage mit sozialer Rendite; neben klassischen Mikrofinanzierungsangeboten handelt es sich hierbei um meist auf den individuellen Kunden zugeschnittene Offerten, die zum einen mögliche soziale Interventionsfelder erschließen und Projekte eröffnen, welche seitens der Bank mit einem Netz von Partnern überwacht werden, und zum anderen unterschiedliche Grade an Kundenbeteiligung vorsehen. Das Spektrum reicht dabei von Angeboten, die mehr im Sinne eines klassisch philanthropischen Ansatzes geführt werden, bis hin zu

solchen, die darauf setzen, dass sich die Kunden nicht nur finanziell, sondern mit ihrer unternehmerischen Erfahrung oder ihren privaten Netzwerken einbringen, um das jeweilige Projekt zum Erfolg zu führen. Interessant ist dabei, dass diese aufwendigen Finanzprodukte seitens der Banken als Möglichkeit zur Intensivierung der Kundenbeziehung angesehen werden. Das gemeinsame Erarbeiten von Lösungsansätzen und die gemeinsame Präsenz vor Ort eröffnen die Möglichkeit, Denken und Wertesystem der Kunden besser kennenzulernen.
Bemerkenswert ist auch, dass das Fürstentum Liechtenstein das Thema *Social Finance* zu einer Säule der Finanzplatzstrategie für den durch diverse Skandale in Verruf gekommenen Finanzplatz gemacht hat. In einer privaten Stiftung der Liechtenstein Global Trust (LGT) bzw. des Fürstenhauses wurde ein extrem hohes Fondskapital eingebracht. Dieses Angebot soll auch für andere Anleger geöffnet werden und dadurch unter anderem auch die Aktivitäten des LGT Venture Philanthropy Fonds verstärkt werden.

Rendite plus – von Unternehmensbeteiligungen bis Stiftungsgründungen

Die *Impact*-Investorin und Netzwerkerin für ein neues Wertebewusstsein Claudia Sterrer-Pichler beobachtet seit Längerem, dass sich nicht nur neue Währungen, neue Banken und neue Formen des Kreditwesens herausbilden, sondern dass parallel zu den Investitionsmöglichkeiten in diesem eher konventionellen Bereich auch neue Arten der Institutionalisierung entstanden sind. Für sie ist es erstrebenswert, dass sich mehr und mehr Anleger auf Organisationsformen des Investierens einlassen, die nicht nur eine finanzielle Rendite versprechen, sondern eine soziale und ökologische Rendite *in einem und zugleich* erwirtschaften. Damit erzeugen sie einen sogenannten *Blended Value.* In einem Gespräch kamen wir auf die Untersuchung von über 2200 privaten Transaktionen im Jahre 2011, die einige solcher Möglichkeiten für *Impact Investments* in den USA erfasst hat.[40]

Instrumente für Impact-Investitionen

Untersuchung von über 2200 privaten Transaktionen im Jahr 2011

	Anzahl	%	Volumen (Mio. US-Dollar)	%
Privatdarlehen	1345	61	2296	52
Bilateraler Kreditvertrag	152	7	191	4
Deposit	106	5	70	2
Garantie	10	0	73	2
Eigenkapital-ähnliche Kredite	48	2	78	2
Öffentliche Verschuldung	1	0	2	0
Verschuldung (Summe der Positionen oberhalb)	1662	75	2710	62
Eigenkapital	548	25	1655	38
Eigenkapital / Summe der Positionen oberhalb	550	25	1655	38
Inflations-schutzwerte	1	0	2	0
Summe	**2213**	**100**	**4377**	**100**

Und auch im deutschsprachigen Bereich gibt es mittlerweile eine organisational- und institutionenökonomisch klar abgrenzbare Vielzahl von teils schon bewährten Formen, die mit Financial Innovations 2.0 arbeiten: Unternehmensbeteiligungen, Genossenschaften, Genussscheinen, Bürgeraktiengesellschaften, *Social Bonds* oder Stiftungen. Der Markt ethischer Investments hat sich demzufolge differenziert.

Auf die Einzelanlagemöglichkeiten wollen wir im Kapitel »Unternimm was!« gesondert eingehen. Festhalten möchten wir an dieser Stelle nur, dass in diese Projekte im Sinne von Unternehmensbeteiligungen investiert werden kann. Unsere Analyse der durch Social Business angestoßenen Neustrukturierung dieses Markts bestätigt des Weiteren, dass sich weltweit agierende einflussreiche *Impact*-Organisationen herausgebildet haben.

***Impact Investment*-Organisationen** (Auswahl)[41]

Plattform Netzwerk	Internetadresse
Actha Platform (für Indien)	www.acthaplatform.com
Ashoka	www.ashoka.org.de
Aspen Network of Development Entrepreneurs	www.aspeninstitute.org
Changemakers (ein Teil von Ashoka)	www.changemakers.net
European Venture Philanthropy Association (EVPA)	http://evpa.eu.com
Eurosif	www.eurosif.org
Global Impact Investing Network (GIN)	www.thegin.org
Impact Assets	http://impactassets.org

Bei derartigen Unternehmensbeteiligungen, genauso wie bei konventionellen Beteiligungen, ist der einzelne Investor im Sinne eines stillen Gesellschafters dabei.

Genossenschaften

Aber auch die Innovation des späten 19. bzw. frühen 20. Jahrhunderts, die Genossenschaftsbildung, erlebt unter dem Anliegen, Organisationsformen für *Impact Investment* anzubieten, eine neue Dynamik. Die Erfolgsgeschichte der deutschen Genossenschaften begann vor über 150 Jahren und ist untrennbar mit Friedrich Wilhelm Raiffeisen (1818–1888) und Herman Schulze-Delitzsch (1808–1883) verbunden. Aus der Not heraus gebaren sie ihre Genossenschaftsidee, um Bauern und kleinen Handwerksbetrieben zu helfen, die mit den negativen Auswirkungen der Industriellen Revolution zu kämpfen hatten. Im Kern schufen sie eine neue Institution der gemeinschaftlichen Selbsthilfe durch Darlehenskassen und Einkaufsvereinigungen. Die genossenschaftliche Devise lautet: »Gemeinsam handeln, um mehr zu erreichen!« Dabei sind die Mitglieder einer Genossenschaft zugleich Eigentümer und Kunden ihres Unternehmens. Im Vordergrund steht somit nicht die Zahlung einer Dividende, sondern die Förderung ihrer Interessen. Bei Abstimmungen hat jedes Genossenschaftsmitglied unabhängig von seiner Kapitalbeteiligung nur eine Stimme. Außerdem werden Genossenschaften von Personen geführt, die selbst auch Mitglied sind. Jede Genossenschaft ist zudem Teil einer großen Gemeinschaft genossenschaftlicher Unternehmen und Verbände. Kurzum: Mitgliederförderung, demokratische Unternehmensstruktur, Selbsthilfe und Selbstverwaltung sowie die Unterstützung durch die genossenschaftliche Gruppe machen die Genossenschaft zur sichersten Rechtsform Deutschlands.
Und das Zukunftspotenzial ist groß. In der Genossenschaft können heute Bürger, Kommunen oder Unternehmen zusammenkommen, um gemeinsam zur Lösung wirtschaftlicher und gesellschaftlicher Herausforderungen der heutigen Zeit beizu-

tragen. Aufgaben wie die dezentrale Verbreitung erneuerbarer Energien, eine flächendeckende Gesundheitsversorgung, die Sicherung der Wettbewerbsfähigkeit von Selbstständigen oder Freiberuflern können in Genossenschaften gemeinsam angegangen werden. Aber auch Themen wie ein selbstbestimmtes Wohnen im Alter, die Übernahme kommunaler Aufgaben oder die Sicherung der ländlichen Nahversorgung gehören dazu.

Genussrechte

Selbst das alte Instrument der Genussrechte wird vielseitig wiederbelebt, um Unternehmen zu fördern, die einen *Blended Value* erzeugen. Genussscheine sind Anlageformen, die dem Anleger Rechte am Reingewinn einer Gesellschaft zusprechen. Allerdings haben, anders als bei Genossenschaften, Anleger kein Stimmrecht. Dafür liegt die Rendite oft über den Marktzinsen und ist mithin häufig recht hoch. Bei einer Insolvenz eines Betriebes, der Genussrechte ausgegeben hat, bekommen die Genussscheininhaber allerdings nur nachrangig, d. h. nach der Befriedung der Interessen aller anderen Gläubiger, ihre Einlage zurückgezahlt.
Auf der Website www.genussrechte.org finden sich unter anderem zahlreiche Beispiele für regionale Unternehmen, die diese Form von Beteiligung in Deutschland anbieten. Sie stammen natürlich nicht alle aus dem Lebensmittelbereich. Die folgende Liste stellt lediglich einen kleinen Ausschnitt dar.[42]

- Imkerei Dr. Egbert Seibertz, Brädikow
- Beumer & Lutum GmbH, Bio-Bäckerei, Berlin
- Beutelsbacher Fruchtsaftkelterei GmbH, Weinstadt-Endersbach

- Löfflerhof, Demeter-Hof der Familie Friedinger, Berg Farchach
- Bioland-Gärtnerei Hecker, Olching
- La Vida – Ihr Biomarkt, Inh. Sylvia Haslauer, Utting am Ammersee
- Vollkornbäckerei Köhler, Würzburg
- Geflügel vom Brunnenhof, Künzelsau-Mäusdorf
- Dirks Bio-Kiste, Inh. Dirk Agena, Mauer bei Heidelberg

Die Journalistin Sophie Crocoll hat im Februar 2012 in *Der Zeit* über ein schönes Genussrechtbeispiel geschrieben. Sie erzählt die Geschichte der Metzgerei von Jörg Weckerlein: »Viele Anleger misstrauen der globalen Finanzwelt und investieren lieber in der Nachbarschaft – zum Beispiel in Wurstanleihen oder Ackeraktien. Nächstes Jahr wird Frau Faubel zum Metzger gehen und ihre Rendite abholen. Sie wird sie wiegen und einpacken lassen und am Abend ihrem Mann servieren. Evi Faubel, 53, kauft seit zehn Jahren ihre Wurst bei Jörg Weckerlein. Weckerlein führt eine Metzgerei mit elf Zweigstellen in Nürnberg und Umland. Seit Dezember gibt Weckerlein Genussrechte aus, 90 000 Euro will er bei seinen Kunden einsammeln und damit eine zwölfte Filiale eröffnen. So viel Geld, sagt Weckerlein, würde ihm seine Hausbank ohne weitere Sicherheiten nicht leihen. Rund 40 private Investoren hat der Metzger bereits gefunden. Sie stellen ihm Geld zur Verfügung, dürfen aber anders als Aktionäre keinen Einfluss auf das Geschäft nehmen. Dafür bietet Weckerlein ihnen sieben Prozent Zinsen. Wer 1000 Euro oder mehr investiert, bekommt sogar zehn Prozent. Die meisten von Weckerleins Anlegern haben sich für diese Variante entschieden. Ausbezahlt werden die Zinsen in Form von Einkaufsgutscheinen für das eigene Geschäft.«[43]

Es gibt allerdings auch Genussrechte, die nicht auf die Förderung von regionalem Handwerk und Handel beschränkt sind. Beispiele dafür sind unter anderem auf der Website der Stuttgarter Börse gelistet. Hier finden sich Genussscheine vieler börsennotierter Unternehmen. Primär handelt es sich um Banken, aber auch einige Immobilien AGs, die Bertelsmann AG, die Edeka Südwest eG und andere sind hier notiert.[44]

Social Bonds

Eine weitere Entwicklung in Deutschland, über die wir mit dem Geschäftsführer von BonVenture Management GmbH, Dr. Erwin Stahl, diskutiert haben, können *Social Impact Bonds* werden. Dr. Stahl gab uns einen Artikel aus der *Süddeutschen Zeitung*, der ein prominentes Beispiel in den USA beschreibt, an dessen Übertragung nach Deutschland von BonVenture und anderen gearbeitet wird. Das Beispiel bezieht sich auf die gesellschaftliche Herausforderung, inhaftierte Jugendliche zwischen 16 und 18 Jahren erfolgreich zu resozialisieren. Das soll mit einem vierjährigen Programm der sozialen Einrichtung MDRC gelingen, die dafür von der Großbank Goldman einen Kredit von 9,6 Millionen US-Dollar bekommen hat. Bei Erfolg zahlt der Staat diesen sukzessive mit Zins zurück, aus der für weitere Haft- oder Sozialisierungsmaßnahmen eingesparten Summe. »Damit ist das Projekt das erste in den USA, das sogenannte *Social Impact Bonds* nutzt, also Anleihen mit sozialer Rendite, schreibt die *New York Times*. Die Idee der Bonds: Durch private Investitionen in soziale Programme wird der Staat entlastet.«[45]
Zweifelsohne wird auch für Europa das Thema der *Social Impact Bonds* zunehmend spannender, da eine Fülle von Leis-

tungen in einem brüchigen sozialwirtschaftlichen Gesamtsystem der Daseinsvorsorge nach privatwirtschaftlicher Organisation und Finanzierung verlangen. Und selbst das in der Krise der Finanz- und Kapitalmärkte 2008 so in Verruf geratene Instrument der Finanzderivate könnte anders genutzt werden und einen öko-sozialen, konstruktiven *Impact* erzeugen, auch wenn die Investorenlegende Warren Buffett Finanzderivate »finanzielle Massenvernichtungswaffen« genannt hat. Allerdings lohnt sich hier ein genauerer Blick: Die Kernidee dieser Instrumente, einen Marktplatz für eine optimale Preisbildung von Gütern und deren Zukunftsaussichten zu schaffen, ist auch für die Frage der Finanzierung gesellschaftlicher Innovation von Interesse.

Zunächst ist es bei der Beurteilung dieser Instrumente wichtig, sich klarzumachen, dass es in der Klasse der Derivate einen wesentlichen Unterschied zwischen regulierten, d. h. börsennotierten und damit transparent gehandelten Produkten etwa mit *Futures* gibt und solchen, die zwischen Banken direkt, also »*Over The Counter*« gehandelt werden (OTCs). Dazu zählen beispielsweise Credit Default Swaps, d. h. Kreditderivate, die mit Ausfallrisiken von Krediten und Anleihen handeln. Problemkinder der Finanzkrise von 2008 waren ebendiese OTCs, während der Handel mit standardisierten Produkten wie *Futures* an den weltweiten Terminbörsen problemlos durch die Krise kam.

Interessant in unserem Zusammenhang ist, dass Richard Sandor, Professor für Ökonomie an der Universität von Berkeley und späterer Chefökonom der *Futures*-Börse Chicago Board of Trade ein spannendes Modell entwickelt hat, wie der Handel mit Derivaten genutzt werden kann, um Nachhaltigkeitsziele, etwa die Reduzierung des CO_2-Ausstoßes, zu erreichen: Wie bei den ursprünglich in den 1970er-Jahren von ihm erfundenen

Zinsderivaten basiert es auf der Annahme, dass durch Schaffung eines Marktes für ein bestimmtes Wirtschaftsgut (z. B. Zinsen) und die Ermöglichung einer transparenten Preisbildung (durch Vergleich aller Angebote im Gesamtmarkt) eine optimierte Allokation von Finanzmitteln und damit ein diesen Zielen entsprechendes wirtschaftliches Handeln erreicht werden kann. Die Übertragung funktioniert so: Wenn bisher nicht gehandelte und damit wirtschaftlich vernachlässigbare Güter, etwa CO_2-Ausstoß, einen ökonomischen Wert zugeschrieben bekommen – diesen besitzen sie ja bei einer Betrachtung von ökologischen Folgekosten unseres Wirtschaftens auch tatsächlich – und diese ökonomischen Werte dann über eine Börse handelbar gemacht werden, dann kann man ökologisch sinnvolles Verhalten, das nach aktuellem betriebswirtschaftlichen Denken häufig mit einer wirtschaftlichen Einbuße verbunden ist, durch den Handel mit Nutzungsrechten auch wirtschaftlich sinnvoll machen. Oder anders gesagt: Wenn CO_2-Ausstoß einen Preis hat, d. h. mit Kosten verbunden ist, und wenn es einen Markt gibt, auf dem diese Rechte zum CO_2-Ausstoß gehandelt werden, dann wird dieser Markt dafür sorgen, dass dem CO_2-Ausstoß aus wirtschaftlichen Gründen mehr Aufmerksamkeit geschenkt wird.

Diese Idee hat bereits einen ersten Realitätstest hinter sich, denn es war Sandor und seiner Firma Environmental Financial Products in den USA gelungen, den Treibhausgashandel, die sogenannte *Chicago Climate Exchange*, zunächst erfolgreich aufzubauen. Da sich allerdings die USA, was die Erreichung von Klimazielen angeht, politisch sehr zurückhalten, gab es am Ende keinen Grund, diese Tauschbörse aufrechtzuerhalten. Auch die *European Climate Exchange* in London kam zunächst nur schleppend in Gang, weil die beteiligten europäischen Länder mehr CO_2-Zertifikate ausgegeben hatten, als Schadstoffe

ausgestoßen wurden. Nachdem in einer zweiten Runde die Rechte verknappt wurden, werden dort inzwischen Rekordvolumina gehandelt und es lässt sich dank dieses Marktmechanismus auch eine deutliche Reduzierung des CO_2-Ausstoßes feststellen.
Ähnliches ist nach Sandors Einschätzung auch für andere Gemeingüter wie z. B. Wasser vorstellbar: Bisher kostet Wasser nahezu nichts, es werden lediglich die geringen Kosten für die für die Lieferung nötige Infrastruktur und deren Betrieb in Rechnung gestellt. Um allerdings wirtschaftlich wenig sinnvolle Formen der Wassernutzung zu verhindern – denken wir beispielsweise an wasserintensiven Weizenanbau in einem wüstenähnlichen Gebiet, der nur funktioniert, weil Wasser so billig ist –, könnte das gleiche Modell wie das einer CO_2-Börse genutzt werden. Weil in einem solchen System die Nichtnutzung des Wassers, d. h. der Verkauf der »Wasserverbrauchsrechte« eine Wertschöpfung darstellt, kann auf die ökologisch unsinnige Weizenproduktion am falschen Standort verzichtet werden, ohne die Existenz der Farmer in diesem Landstrich zu gefährden.
Nach Richard Sandor würde sich dieses bereits in mehreren Ländern erprobte Modell auch eignen, um einen Markt für Innovationen aufzubauen. Guten Derivaten könnten so im Kontext der Entwicklung sozialer Innovationen eine nicht zu unterschätzende Rolle zukommen.[46]

Bürgeraktiengesellschaften

Für all diejenigen, für die *Bonds* und *Futures* keine überzeugenden Instrumente für eine »Rendite plus« darstellen, wollen wir auf Bürgeraktiengesellschaften eingehen, die sich in Deutschland zunehmend rund um landwirtschaftliche und energiewirtschaftliche Themen etablieren.

Ein Musterbeispiel stellt die Regionalwert AG Freiburg dar. Die Regionalwert AG ist ein Unternehmen, das Beteiligungen an landwirtschaftlichen Betrieben oder Unternehmen aus vor- bzw. nachgelagerten Lebensmittelverarbeitungsstufen in der Region Freiburg anbietet. Sie verfolgt dabei konsequent ein Nachhaltigkeitsleitbild. Dieses ist auch maßgebend für die Führung von Pächtern und Mitarbeitern. Insgesamt leistet die Regionalwert AG einen Beitrag zur Erhaltung und Verbesserung nachhaltiger und regionaler Wirtschaftsstrukturen über die gesamte landwirtschaftliche Wertschöpfungskette hinweg. Im Geschäftsergebnisbericht 2011 heißt es: »Das von den Aktionären eingelegte Kapital wird in Unternehmen der regionalen ökologischen Ernährungswirtschaft investiert. Die Unternehmen, die mit Kapital der Regionalwert AG finanziert oder teilfinanziert sind, werden Partner genannt. Sie werden unabhängig davon, wie hoch der Kapitalanteil der RWAG an ihrem Unternehmen ist, jährlich auf ihre nachhaltige Unternehmensführung hin evaluiert. Denn erst das finanzielle Geschäftsergebnis *und* die sozial-ökologische Entwicklung zusammengenommen zeigen, ob mit dem Kapital wirklich nachhaltig gewirtschaftet wurde.«[47] Dabei betont die Regionalwert AG ausdrücklich, dass die nachhaltige soziale und ökologische Leistung auf der gleichen Ebene steht wie das finanzielle Ergebnis. Denn wer die natürlichen Ressourcen und die sozialen Bedingungen missachtet, entziehe sich langfristig selbst das Fundament für erfolgreiches Wirtschaften.

Die Indikatoren für Nachhaltigkeit lassen sich tabellarisch wie folgt erfassen:[48]

Indikatoren der Nachhaltigkeit in der RWAG

Soziales	Ökologie	Regionale Ökonomie
1. Beschäftigungs-kultur	5. Bodenfruchtbarkeit	10. Wertschöpfungs-verteilung
2. Entlohung	6. Biodiversität	11. Wertschöpfung in der Region
3. Fluktuation	7. Anwendung der EG-Öko-Verordnung	12. Engagement in der Region
4. Qualität der Arbeitsplätze	8. Entwicklung der Ökolandbau-Fläche	13. Dialog in der Wertschöpfungs-kette
	9. Ressourcen-verbrauch	

Die Regionalwert AG zeichnet sich – und das macht die Institution ökonomisch so spannend – durch eine umfassende Bilanzierung der mit den Finanzmitteln der Anleger erbrachten Leistungen eines ökologischen und sozialen Mehrwerts aus. Bislang gibt es zwar einige kleine und mittelständische Unternehmungen (meist in privater Hand), die im Sinne der Gemeinwohlbilanz von Christian Felber Ähnliches versuchen. Aber die Regionalwert AG stellt ein herausragendes Beispiel in Deutschland dar, in dem die Bilanzierung einer Entwicklung von *Blended Value* über ein halbes Jahrzehnt schon gelungen ist. Bezüglich der in der Tabelle gezeigten 13 Indikatoren für Nachhaltigkeit gibt es jährlich eine qualitative und quantitative Bilanzierung über alle Teilunternehmungen hinweg, die in der Regionalwert AG entlang der land- und lebensmittelwirtschaftlichen Kette integriert sind.

Die Bewertung der qualitativen und quantitativen Analyse in einer Zusammenfassung am Ende der ausführlichen Berichterstattung zum jährlichen Geschäftsergebnis bietet, wie auch die Gesamtbilanz, jedem Aktionär die Möglichkeit, sich selbst ein

Urteil darüber zu bilden, ob die erreichten Ergebnisse ihrem ethisch-ökonomischen Anspruch genügen oder nicht.

Stiftungen

Ein besonders starker institutioneller Treiber für die Durchsetzung von Financial Innovations 2.0 sind, international wie national gesehen, Stiftungen. Sie haben das Feld des sogenannten *Mission Related Investment* entdeckt, d. h., sie verfolgen zunehmend Anlagestrategien, die im Einklang mit ihren Förderzielen und Satzungszwecken stehen. Nicht länger verdienen sie nur ihr Geld am konventionellen Kapitalmarkt nach dem Motto *Pecunia non olet* (Geld stinkt nicht), sondern arbeiten mithilfe von ethischen Filtern und anderen Instrumenten, um einen möglichst großen gemeinnützigen, sozial und ökologisch fairen Mehrwert zu erzeugen. Dazu gehört auch das *Mission Related Investment*, also die direkte Investition von Stiftungen in soziale oder ökologische Einrichtungen.

Die Unternehmerin und Expertin im Feld des *Impact Investing*, Melinda Weber, die ihre Erfahrungen als geschäftsführende Gesellschafterin der Panda Investment Management mit konzeptionell nachhaltigen Geldanlagen im Sinne der WWF machen konnte, hat sich in mehreren Studien mit dem *Mission Investing* im deutschen Stiftungssektor auseinandergesetzt. Dabei kommt sie zu dem Ergebnis, dass die Begrifflichkeiten *Mission Investing* bzw. *Mission Investment* in Deutschland zwar durchaus geläufig sind, es jedoch zum einen an einer klaren inhaltlichen Abgrenzung zu Instrumenten wie dem *Socially Responsible Investment* (SRI) fehlt, und es andererseits oftmals an einem anwendbaren Leitfaden mangelt, der aufzeigt, wie eine Geldanlage im Sinne des Stiftungszweckes praktisch ausgestaltet werden soll. Denn *Mission Investments* sollen nicht nur Rendite erzielen, sondern eben auch mit den Satzungszielen einer Stiftung korrespondieren. Während also beim SRI-Investment die Schadensbegrenzung im Sinne einer Behebung eines defizitären Zustands im Vordergrund steht, soll beim *Mission Investing* eine zusätzliche positive Wirkung erzielt werden. Um dies zu verwirklichen und um eine neue Form der Anlage von Stiftungsgeldern zu etablieren, sollten Stiftungen daher eine ganzheitliche Anlagestrategie des gesamten Kapitalstocks verfolgen. Da das Angebot in Deutschland, verglichen mit den USA, noch sehr überschaubar ist, sollte bei der Auswahl der Anlagefonds unbedingt auf transparente Richtlinien, ein professionelles, erfahrenes Umsetzungsteam und eine passende Infrastruktur geachtet werden. Denn hier entstehen häufig hohe Transaktions- und Managementkosten, die die Rendite gravierend schmälern können. *Mission Investment* fordert somit einen hohen Einsatz und Pioniergeist; eine konstante Marktbeobachtung und die Entwicklung von Leistungskennzahlen sind dabei unerlässlich.[49]

In der 2012 von Antje Schneeweiß und Melinda Weber verfassten Stiftungsstudie *Mission Investing im Deutschen Stiftungssektor*, herausgegeben vom Bundesverband Deutscher Stiftungen, wird eine Reihe von Fallbeispielen vorgestellt. Sie reichen von der Kreditvergabe aus zeitnah zu verwendenden Mitteln über Direktbeteiligungen an einer gewerblichen GmbH bis hin zu einer Beteiligung an einem geschlossenen *Impact Fonds*. Die Studie entwickelt spannende Perspektiven hinsichtlich der Voraussetzungen und Notwendigkeiten zur Weiterentwicklung der institutionellen Landschaft, die im Zusammenhang mit *Mission Related Investments* in Deutschland entstanden ist. Sie lassen sich verkürzt in acht zentralen Erkenntnissen zusammenfassen:[50]

1. Konkrete gesetzliche Regelungen können die Entstehung von *Mission Investing* fördern.
2. Eine Stellungnahme der Aufsichtsbehörden kann Rechtssicherheit geben und Stiftungen ermutigen, zweckbezogen zu investieren. In Großbritannien z. B. gab die zentrale Aufsichtsbehörde (The Charity Commission for England and Wales) im Jahr 2011 eine Anleitung heraus, in der sie beschrieb, wie gemeinnützige Organisationen *Program Related Investments* durchführen können.
3. Publikationen über die rechtlichen Rahmenbedingungen schaffen Klarheit. Dazu gehören auch Publikationen, die konkrete Entscheidungshilfen und Hinweise für die praktische Umsetzung von *Mission Investing* geben, sowie Veröffentlichungen über Vorbildprojekte. Solche Aktivitäten tragen maßgeblich zur Transparenz bei und treiben den Einsatz von *Mission Investing* voran.
4. Die Möglichkeit, Fördermittel als eine Art Anlageinstrument zu nutzen, kann vielen Stiftungen erleichtern, den ersten Schritt Richtung *Impact Investing* zu machen. Sowohl in den USA als auch in Großbritannien ist es Stiftungen erlaubt, *Impact Investments* aus der zeitnahen Mittelverwendung zu tätigen.
5. Die Entwicklung des *Mission-Investing*-Marktes geht einher mit der Entwicklung von zweckbezogenen Investitionsmöglichkeiten, d. h., das Angebot von nachhaltigen Geldanlagen und *Impact Investments* beeinflusst die Entwicklung von *Mission Related Investing*. Die Anlagemöglichkeiten von *Mission Investments* erweiterten sich beispielsweise in den USA und in Großbritannien deutlich, als Intermediäre entstanden, die ein entsprechendes Investieren professionalisiert haben. In den USA schuf der Staat zudem mit Finanzinstituten für die kommunale Entwicklung (*Community*

Development Financial Institutions, kurz CDFIs) neue Möglichkeiten für zweckbezogene Investitionen. CDFIs stellen Darlehen z. B. für den Kauf, den Bau oder die Renovierung von günstigem Wohnraum in strukturschwachen Gebieten und Kapital für lokale Unternehmen zur Verfügung. Viele Stiftungen führen ihre *Impact Investments* über diese bankähnlichen Institute durch.

6. Stiftungen können Themensetzer und Treiber des *Mission Investing* sein.
7. Stiftungen können *Mission Investment* fördern, indem sie ihre Kräfte bündeln und gemeinsam eine Infrastruktur für zweckbezogene Investitionen aufbauen. Auch hier gehen die USA voran: Dort organisieren Stiftungen Netzwerke, über die sie gemeinsam den Zugang zu zweckbezogenen Investitionen fördern. Über eines der Netzwerke wurde eine Datenbank zu *Mission Investment* aufgebaut und ein *Clearinghouse* für Investmentmöglichkeiten eingerichtet. Darin werden Projekte und Unternehmen vorgestellt, die Kapital in Form von Beteiligungen oder Darlehen suchen und eine soziale oder ökologische Ausrichtung haben.
8. Mit der voranschreitenden Professionalisierung von *Mission Investing* spezialisieren sich Berater, Finanzdienstleister und nicht zuletzt die Stiftungsverantwortlichen auf diesem Gebiet.

5 Unternimm was! – Schritt für Schritt zur konkreten Investition

Im vorangegangenen Kapitel haben wir die Bausteine für die neue Investmentkultur Financial Innovations 2.0 vorgestellt. Wir haben gezeigt, dass es für jeden Anleger und jede Anlegerin mittlerweile eine Infrastruktur von Institutionen und Organisationen gibt, die zur neuen Welt des *Fair Finance* essenziell dazugehört. Wenn auch noch in der Höhe der investierten Summen klein, so ist diese neue Welt mittlerweile derart stabil, dass sie einlädt, erste Schritte des konkreten Investierens zu unternehmen. Dabei gilt es zu erproben, welche Anlagemöglichkeiten für den Einzelnen persönlich ansprechend sind und im Test der Zeit seine Erwartungen auch erfüllen.

Dennoch ist uns klar, dass es Mut braucht, um den Sprung in diese neue Finanzwelt zu wagen. Es gibt noch kein Filialnetz wie bei den Großbanken mit wartenden Anlageberatern. Stattdessen muss man sich umsehen, selbst entscheiden, in entsprechenden Internetforen Kommunikationspartner finden, die einem bei der Suche behilflich sind oder ihre Erfahrungen mit den Financial Innovations 2.0 bereitwillig und wahrheitsgemäß teilen. Überhaupt gilt es, Unsicherheiten in den Blick zu nehmen und mit ihnen psychologisch und kommunikativ geschickt umzugehen. Man muss sich schlichtweg trauen und auch fähig sein, etwas Neues anzupacken, zu erproben. Dazu gehört auch, neugierig und äußerst wachsam zu sein. Vielleicht ist es in Zeiten der milliardenschweren Geldvernichtung aber auch nur ein Ausdruck von Zorn, wenn man sich mit den eigenen Finanzinvestments bewusst außerhalb des Konventionellen stellen will.

Wie dem auch sei, es braucht bei allem die Bereitschaft, Risiken einzugehen, d. h. die scheinbare Sicherheit des konventionellen Kapital- und Anlagemarkts hinter sich zu lassen, die Annehmlichkeiten aufzugeben, die für die große Anlegermehrheit noch eine Rolle spielen. Wenn man aber gewillt und entschlossen ist, sich in einem eigenen, ganz persönlichen Prozess entscheidungsfähig zu machen, dann findet man mit Sicherheit auch ganzheitlich gute, faire Anlagemöglichkeiten in der Welt der Financial Innovations 2.0.
Grundsätzlich empfehlen wir, peu à peu vorzugehen. Zunächst sollte jeder Interessierte Kriterien erarbeiten, unter denen er investieren will. Anhand ihrer kann er dann mit den neuen Banken (z. B. EthikBank®, GLS-Bank, Triodos, UmweltBank) in Kontakt treten, um Anlageoptionen zu besprechen. Wer noch einen Schritt weiter gehen will, kann sich nach diesen ersten Erfahrungen dem *Crowdfunding* oder Projektfinanzierungen zuwenden. Und damit nicht genug: Wer in der Welt der Financial Innovations 2.0 richtig Fuß gefasst und an ihr Gefallen gefunden hat, dem steht es frei, sogar ein eigenes Vorhaben zu starten und damit zum Sozialunternehmer zu werden. So käme man dem Traum von einer neuen Kultur des Miteinander ein gutes Stück näher.

Wie man ein faires Investment erkennt

Die Entscheidungsgrundlagen für das faire Investieren kann man sich heute leichter aneignen als noch vor einigen Jahren. Mittlerweile gibt es Einrichtungen wie die EthikBank®, die Oekom Research AG oder Internet-Plattformen (Carlo oder Phineo), die einem dabei helfen, die ganz eigenen, höchstpersönlichen Kriterien zu erarbeiten, mit denen es leichter fällt, gezielt nach *Blended-Value*-Anlagen zu suchen. Am zweckdienlichsten sind dabei sicherlich Negativ- und Positivlisten, wie sie die EthikBank® erstellt hat. Wir sind im Kapitel »Fair Banking« bei der Vorstellung dieser neuen Bank bereits oberflächlich darauf eingegangen, möchten nun aber ihre Listen bzw. Anlagekriterien detaillierter vorstellen. Denn sie geben Rechenschaft darüber, mit welcher Umsicht und Sorgfalt das Geld der Anleger im Sinne von Nachhaltigkeit verwaltet wird. Und sie liefern dem Anleger klare Eckpunkte, anhand derer er seine eigene Kriterienwelt aufbauen kann.

Kriterien für gutes Investieren – am Beispiel der EthikBank®[1]

Die EthikBank® gibt sich selbst strenge Regeln vor. Sie schließt aus, in Unternehmen zu investieren, die Militärwaffen herstellen und/oder vertreiben. Unter Militärwaffen versteht sie Endprodukte, die Waffen, Waffensysteme, atomare Waffensysteme, Streubomben sowie strategische EDV- und Kommunikationsservices darstellen wie z.B. Kampfausrüstung, Kommunikationsausrüstung, Streubomben, Panzer und Ähnliches. Im Einzelnen heißt das: Waffen sind definiert als Endprodukte, die hergestellt werden, um zu töten, verstümmeln oder zerstören und um an militärische Nutzer verkauft zu werden; dies können unterseeische Torpedos, Bomben und Fernlenkgeschosse sein. Unter die Kategorie Waffensysteme fallen vor allem Plattformen, von denen aus Waffen eingesetzt werden können; die Produktion von Waffensystemen umfasst auch die Umrüstung derartiger Systeme. Atomare Waffensysteme sind Waffensysteme, die eine Atomwaffe beinhalten oder die atomtauglich sind; die Negativkriterien beziehen Uran als strategisches Produkt für

Atomwaffen in den Ausschlusskatalog mit ein, wenn das Uran an ein Land verkauft wird, von dem bekannt ist, dass es Atomwaffen besitzt. Streubombe wiederum ist ein übergeordneter Ausdruck: Der Begriff »Streubombe« umfasst sowohl das Mantelgeschoss (Trägergeschoss, Trägerbehälter, Rakete) als auch die Submunition, auch Bomblets genannt, die aus einer Vielzahl kleiner Sprengsätze bestehen; mit dem Trägergeschoss werden die Submunitionen über das Zielgebiet befördert. Die Trägergeschosse können unterschiedliche Arten von Bomblets verteilen. Einige sind dafür entwickelt worden, auf dem Boden als Panzerabwehrartillerie zu verbleiben, andere werden als Anti-Personenlandminen eingesetzt.

Angesichts der Verflechtung vieler großer Technikkonzerne in Rüstungs- und Waffengeschäfte fallen allein mit Blick auf dieses Negativkriterium rund um Waffen eine Reihe namhafter Konzerne für das faire Investieren aus. Gehen wir zum nächsten Punkt.

Die EthikBank® schließt ferner aus, in Unternehmen zu investieren, die Atomkraftwerke besitzen oder betreiben. Des Weiteren werden jene Unternehmen ausgeschlossen, die mehr als fünf Prozent ihres Umsatzes in einem der folgenden drei Bereiche erwirtschaften: Besitz oder Betrieb von Atomkraftwerken, Vertrieb von Atomenergie oder Handel mit bedeutenden Dienstleistungen für Atomkraftwerke. Unter »bedeutende Dienstleistungen für Atomkraftwerke« versteht die EthikBank® die Konstruktion und den Bau von Atomkraftwerken inklusive Beratung, Design, Planung und Wartungsarbeiten sowie die Erzeugung und den Abbau von Kernbrennstoffen (Uranabbau, Produktion von Brennstäben und deren Transport). Ferner sind damit Produkte und Dienstleistungen für den Reaktor und die Zusatzgebäude gemeint. Zu denken ist hierbei an die Geräteausstattung für Atomreaktoren wie z. B. Neutronendetektoren,

Dampferzeuger, Überwachungssysteme. Außerdem fallen darunter die Behandlung und Entsorgungsdienstleistungen atomarer Abfälle sowie Produkte und Dienstleistungen in atomaren Bereichen der Kraftwerke inklusive Pumpen, Ventile und Stellglieder. Nicht zu vergessen sind natürlich IT-Produkte und Dienstleistungen, die zentral für den Betrieb von Atomkraftwerken sind.

Auch hier gibt es eine Menge von Lieferanten, die ihr Geschäft auf Atomkraft ausgerichtet haben, sodass es lohnt, auch kleinere Firmen zu prüfen, will der Anleger mit gutem Gewissen fair investieren.

Die EthikBank® schließt drittens aus, in Unternehmen zu investieren, die Pflanzen oder Saatgut gentechnisch verändern: Unter gentechnischer Veränderung von Saatgut versteht sie die industrielle Produktion von veränderter DNA und damit die Überführung von Genen zwischen Organismen, die sich natürlich nicht kreuzen würden.

Die EthikBank® unterlässt es viertens, Geld in Unternehmen zu stecken, die ozonzerstörende Chemikalien herstellen oder vertreiben. Darunter fallen Chemikalien, die die untere Atmosphäre, die Stratosphäre, schädigen. Derartige Stoffe beinhalten Chlor oder Brom und besitzen eine lange Überlebenszeit in der Atmosphäre. Konkret sind das Fluorchlorkohlenwasserstoffe (CFCs), Halone, Methylbromid und die Lösemittel 1,1,1-Trichlorethan (Methylchloroform) und Tetrachlorkohlenstoff. In den entwickelten Ländern sind in vielen Anwendungsfeldern ozonzerstörende Chemikalien durch nichtzerstörende Alternativen ersetzt worden. Doch es gibt Ausnahmen; sie werden beispielsweise immer noch als Kühlmittel, in Inhalationsgeräten gegen Asthma und in einigen Feuerlöschmitteln eingesetzt. Methylbromid ist ein landwirtschaftliches Desinfizierungsmittel und wird zur Abtötung von Schädlingen im Boden sowie bei der Lagerung von Lebensmitteln genutzt. Einmal mehr könnten unter den Dienstleistern im Umfeld der chemischen Industrie Unternehmen – auch kleine und mittlere – sein, von denen man gemeinhin nicht weiß, dass sie zu ozonzerstörerischen, klimaschädlichen Aktivitäten beitragen. Das ist eine weitere Aufforderung, für das Prüfen fairer Investments alle Informationsressourcen zu mobilisieren.

Die EthikBank® legt auch kein Geld in Firmen an, die Kinderarbeit zulassen. Hier bezieht sie sich auf die Kernarbeitsnormen der Internationalen Arbeitsorganisation (ILO) von 1998. Diese beinhalten das Verbot von Zwangsarbeit und Kinderarbeit, die Chancengleichheit bzw. Nicht-Diskriminierung (z. B. hinsichtlich Frauen und Minderheiten) sowie die Vereinigungsfreiheit. Generell lässt sich sagen, dass die meisten Unternehmen wenig Informationen über ihr Verhältnis zum Thema Kinderarbeit veröffentlichen. Demzufolge empfiehlt sich eine Recherche in diesem Themenfeld bei Menschenrechtsgruppen und Nichtregierungsorganisationen, die in der Regel die Produktionsstätten vor Ort besuchen und in engem Austausch mit den Unternehmen stehen.

Die EthikBank® finanziert – und damit wären wir beim sechsten Punkt – auch keine Anlagen in Unternehmen, die Tierversuche bei Kosmetika machen. Unter Kosmetika versteht sie jedwede Substanz, die dafür gedacht ist, mit verschiedenen externen Teilen des menschlichen Körpers, mit Zähnen oder den Schleimhäuten des Mundraumes in Berührung zu kommen und dies zum Zweck der Reinigung, Parfümierung bzw. Beseitigung von Körpergerüchen oder Änderung des Erscheinungsbildes. Dazu gehören somit Parfüme, Make-up-Artikel, Haarpflegeprodukte, Seifen, Duschgel, Deodorants, Sonnencremes, Mundhygieneprodukte und Reinigungstücher. Tierversuche für Kosmetika sind in der Europäischen Union zwar

gesetzlich verboten, aber die Realität sieht anders aus. Das heißt, das Gesetz wird in deutschen Unternehmen zwar angewandt, doch die Unternehmen schließen nicht explizit aus, dass es auch in ihrer Lieferantenkette Berücksichtigung findet.
Bevor die EthikBank® Anlageempfehlungen ausspricht, prüft sie weiterhin, ob in den Unternehmen, in die sie finanziert, Bestechungs- oder Korruptionsfälle vorliegen. Den Umgang mit Bestechung und Korruption bewertet sie anhand folgender Aspekte:

- Es muss klare Leitlinien für Mitarbeiter und das Management geben, die die Forderung beinhalten, keine Form von korrupten Praktiken im Unternehmen zu dulden oder selbst durchzuführen. Diese Leitlinien beziehen sich zumeist auf rechtliche oder ethische Grundlagen, z. B. im Umgang mit Geschenken im Rahmen der Unternehmenstätigkeit.
- Unter klaren und eindeutigen Leitlinien wird verstanden, dass das Unternehmen diese Leitlinien intern oder extern veröffentlicht und an seine Mitarbeiter, idealerweise auch an seine *Stakeholder*, verteilt. Zudem sollte das Unternehmen ein System implementiert haben, das die Einhaltung der Leitlinien überwacht und die Nicht-Einhaltung behebt.
- Bei eklatanten, wiederholten oder mehrjährigen Bestechungs- und Korruptionsvorfällen (z. B. über zehn Millionen Euro, Verwicklung des obersten Managements, Verurteilung zu hohen Strafen oder bei politischen Skandalen), über die in seriösen Quellen berichtet wird oder die in laufenden Gerichtsverfahren untersucht werden, wird geprüft, ob die Unternehmen adäquat auf diese Vorstöße reagieren. Ist dies nicht der Fall oder nur in einem sehr beschränkten Maße (*intermediate*), führt das zum Ausschluss (Tabukriterium) des Unternehmens.

Die EthikBank® vermeidet ferner das Investment in Unternehmen, bei denen eklatante Vorstöße im Umgang mit Menschenrechten vorliegen. Bei diesem Negativkriterium bewertet sie das Managementsystem des Unternehmens, das sich mit dem Thema Menschenrechte befasst. Es geht vor allem um Unternehmensaktivitäten in den Ländern, in denen Menschenrechtsverletzungen geschehen.
Unternehmen werden anhand von drei Elementen klassifiziert: Einbeziehung der Menschenrechtsfragen in die Risikobewertung und Analyse, Kommunikation und Mitarbeitertraining bei Menschenrechtsthemen sowie die Implementierung der Menschenrechtspolitik und ihrer Kontrolle (*Monitoring*). Bei groben, wiederholten oder mehrjährigen Verstößen gegen die Menschenrechte (z. B. durch bewaffnete Sicherheitskräfte des Unternehmens oder durch Gewalteinsatz bei Standortverlagerungen) verfährt sie wie bei Korruptionsfällen.
Wo hinein kann also die EthikBank® investieren? Wie können Anleger ihre Anlagenentscheidungen ins Universum der Financial Innovations 2.0 grundsätzlich fair tätigen? Um dies noch klarer herauszustellen, hat die EthikBank® zusätzlich einen langen Katalog an Positivkriterien formuliert.
Sie empfiehlt beispielsweise Anlagen in Unternehmen, die eine klare Umweltpolitik haben. Unter der Umweltpolitik eines Unternehmens versteht sie das explizite Statement eines Unternehmens bezüglich seines Verhältnisses zur natürlichen Umwelt und wie es mit den Umweltauswirkungen, die das Unternehmen mit sich bringt, umgehen will. Dieses Statement sollte im Geschäftsbericht, im Umweltbericht, in Broschüren, auf der Internetseite oder an einem anderen Ort öffentlich zugänglich sein.
Die Umweltpolitik wird dabei nach einer klaren Methode, u. a. anhand folgender Kriterien bewertet: Bezug zu allen wichtigen

Umweltthemen; klare Verantwortlichkeiten für den Umweltbereich; Verpflichtung zur Verwendung von Zielen zur Überwachung, zum kontinuierlichen Audit, zur öffentlichen Berichterstattung und zur Einbeziehung relevanter Anspruchsgruppen; Einhaltung weltweiter Standards; Mitgliedschaft in bestimmten umweltorientierten Unternehmensverbänden wie z. B. BAUM e.V. (Bundesarbeitskreis umweltbewusstes Management).
Die EthikBank® unterstützt ferner Investments in Unternehmen, die über ein Umweltmanagementsystem verfügen: Unter Umweltmanagementsystem versteht sie ein schriftlich festgelegtes und standardisiertes Managementsystem, das das Ziel verfolgt, die Umweltauswirkungen des Unternehmens zu begrenzen und kontinuierlich zu überwachen. Internationale Zertifizierungen wie der ISO14001 Standard und die EMAS-Verordnung der Europäischen Union gelten dabei als Richtlinien. Bei den Umweltleistungen des Unternehmens müssen Daten vorliegen zu den tatsächlichen Verbesserungen im Ressourcenverbrauch (z. B. Energieverbrauch), bei den Emissionen (z. B. Luft- und Wasseremissionen, Treibhausgase) sowie bei der Abfallproduktion und bei Recyclingfragen. Anhand bestimmter Schlüsselindikatoren werden hierfür die Veränderungen über einen Zeitraum hinweg bewertet.
Ferner will die EthikBank® eine Geschäftspolitik sehen, die unter Beachtung der Menschenrechte erfolgt. Bei diesem Kriterium bewertet sie das Management des Unternehmens, das sich mit dem Thema Menschenrechte befasst. Ein weiteres Feld für Kriterien stellt die Förderung, Gleichberechtigung und Vielfalt der Mitarbeiter dar. Folgende Aspekte werden für eine Gesamtbewertung analysiert:

- Gibt es einen hochrangigen Mitarbeiter im Unternehmen, der für die Unterstützung und Förderung der Chancengleichheit verantwortlich ist?

- Kontrolliert das Unternehmen den Erfolg seiner Ziele, die es in der Unternehmenspolitik zur Chancengleichheit festgeschrieben hat?
- Ist das Unternehmen in der Lage, unterstützende Zahlen zur Chancengleichheit im Unternehmen vorzulegen (z. B. Anteil von Frauen in Führungspositionen, Anteil von Ausländern an der Belegschaft)?
- Beträgt der Anteil von weiblichen Führungskräften mehr als zehn Prozent oder repräsentiert der Anteil weiblicher Führungskräfte mindestens zwei Fünftel des gesamten Frauenanteils an der Belegschaft?
- Beträgt der Anteil der Führungskräfte, die ethnische Minderheiten darstellen, mindestens zwei Fünftel des Anteils, den ethnische Minderheiten in der Belegschaft insgesamt ausmachen?
- Bietet das Unternehmen flexible Arbeitszeitprogramme an und unterstützt damit die Vereinbarkeit von Familie und Beruf? Gibt es Modelle zu Teilzeitarbeit, Job-Sharing, Sabbatjahren, Kinderbetreuungsangeboten oder unterstützenden Maßnahmen sowie zu bezahlten Elternschaftsurlauben?

Da die EthikBank® gesteigerten Wert auf den Dialog mit Mitarbeitern, Kunden und Lieferanten der Unternehmen legt, werden diese hinsichtlich des Umfangs sowie der Intensität ihres Umgangs mit den verschiedenen Anspruchsgruppen (*Stakeholder*) bewertet. Dabei werden Kriterien wie die Durchführung von Kunden-, Lieferanten- oder Mitarbeiterbefragungen, die Vorgehensweise bei der Beantwortung von *Stakeholder*-Anfragen sowie der Umfang des Systems zur Qualitätskontrolle von Produkten herangezogen. Im Hinblick auf Produkte und Dienstleistungen werden diejenigen Unternehmen positiv bewertet, welche die sozialen Auswirkungen ihrer Produkte oder Dienstleistungen identifizieren. Ein weiteres Kriterium ist das Engagement eines Unternehmens auf lokaler Ebene, d.h. die Zusammenarbeit mit Anspruchsgruppen in den Standortgemeinden. Im Idealfall kann ein Unternehmen das Ergebnis »gute Offenlegung des *Stakeholder*-Engagements« erreichen. Diese Bewertung erhält ein Unternehmen unter der Voraussetzung, dass ein wesentlicher Anteil seiner *stakeholder*-bezogenen Aktivitäten regelmäßig, mindestens alle zwei Jahre, unabhängig zertifiziert wird. Darüber hinaus bedingt diese Bewertung, dass mindestens zwei Anspruchsgruppen – besondere Bedeutung wird dabei Kunden, Mitarbeitern und Lieferanten zugemessen – nach ihren Meinungen und Eindrücken befragt werden.

Als essenziell für Anlageempfehlungen gewichtet die Bank auch das Management zur Weiterbildung und Personalentwicklung, welches sie anhand folgender Aspekte beurteilt:

- Verantwortlichkeit eines leitenden Angestellten für den Bereich der Weiterbildung und der Personalentwicklung
- Jährliche Mitarbeitergespräche für mindestens 25 Prozent der Mitarbeiter, um den Weiterbildungs- und Personalentwicklungsbedarf individuell festzustellen
- Anteil der gesamten Personalkosten für Mitarbeiterschulungs- und Weiterbildungsmaßnahmen
- Durchschnittliche Schulungskosten pro Mitarbeiter
- Anzahl der durchschnittlichen Trainingstage pro Mitarbeiter
- Gesamtbudget für Schulungs- und Weiterbildungsmaßnahmen

Darüber hinaus will die EthikBank® mit ihren Anlagen Arbeitsplätze schaffen und erhalten. Als organisches Arbeitsplatzwachstum sieht sie jegliche Form des Nettozuwachses an; ausgeschlossen werden zusätzliche Arbeitsplätze als ein Ergebnis von Übernahmen und Unternehmenszukäufen. Dazu analysiert sie die Verantwortlichkeit eines leitenden Angestellten für den Arbeitsplatzerhalt und die Schaffung neuer Arbeitsplätze, die öffentliche Verpflichtung zur Vermeidung von betriebsbedingten Kündigungen, die Unterstützung von Konsultationsprozessen bei Restrukturierungen und Entlassungen sowie die Offenlegung von Zahlen über den Anteil befristeter Arbeitsverträge (dieser sollte weniger als zehn Prozent betragen). Auch die Erlangung eines positiven Arbeitsplatzwachstums innerhalb der letzten drei Jahre (mehr als null Prozent) spielt eine Rolle bei der Bewertung.

Wer sich als interessierter Anleger durch solche mehr oder weniger umfangreichen Negativ- und Positivlisten durchgearbeitet hat, erhält ein klares Bild von den Wertevorstellungen, die hinter der Finanzwirtschaft einer neuen Bank stehen können. Dabei besteht durchaus die Möglichkeit, dass noch zusätzliche, hier nicht genannte Kriterien für ein individuelles Verständnis eines fairen Investment identifiziert werden, sprich Punkte, auf die es ankommt, wenn man eine ganz persönliche Mission oder eine ganz spezielle Identität als Anleger im *Fair Impact Investment* entwickeln möchte.

Weitere Gradmesser für faire Wirkungen

Wer sich an die Kriterien der EthikBank® (positive Kriterien und Ausschlusskriterien) hält, vermag definitiv mit seinem angelegten Geld ethisch bessere Wirkungen für eine nachhaltige Entwicklung auf diesem Globus zu erzielen als Anleger, die eine solch strikte Anlagemoral ablehnen. Aber es gibt natürlich noch andere Gradmesser, die den um- und mitweltbewussten Anleger dabei unterstützen, die von ihm beabsichtigten Wirkungen mit seinem Investitionsgeld zu erzielen bzw. nicht beabsichtigte Wirkungen planmäßig auszuschließen. Dazu zählt vor allem die Arbeit der Münchner Rating-Agentur Oekom Research AG.

Diese beurteilt die soziale und ökologische Performance eines Unternehmens mit sogenannten *Corporate Ratings*. Anhand von über 100 sozialen und ökologischen Kriterien werden die Umweltauswirkungen und die soziale Einflussnahme von Unternehmen überprüft. Dabei geht die Oekom Research AG branchenspezifisch vor, da die einzelnen Arbeitsgebiete aufgrund der unterschiedlichen Produkte und Dienstleistungen vor ganz unterschiedlichen und nur selten vergleichbaren sozialen und ökologischen Herausforderungen stehen. Etwa ein Drittel dieser Kriterien werden deshalb auf die jeweilige Branche zugeschnitten gewählt. Dazu ist eine eigene Metrik erarbeitet worden, die die einzelnen Kriterien gezielt gewichtet und bewerten lässt, sodass am Ende eine Gesamtnote für das jeweilige Unternehmen herauskommt. Die Oekom Research AG erstellt aufgrund dieser Noten eine Rangliste der untersuchten Unternehmen innerhalb einer Branche und ermöglicht damit dem Anleger, die Klassenbesten oder die Vorreiter zu identifizieren.

Bei den Ausschlusskriterien hat die Oekom Research AG eine Standardoperationalisierung vorgenommen, an der sich die Anleger orientieren können. Diese ist in Teilen ähnlich wie die der EthikBank®, in anderen Teilen weicht sie deutlich ab, weshalb sie hier im Überblick kurz vorgestellt werden soll.[2]

Zu den Ausschlusskandidaten für *Fair* oder *Impact Investing* zählt die Rating-Agentur folgende Geschäftsfelder und definiert die »Schamgrenze« prozentual zum Gesamtumsatz:

- Alkohol: Produzenten von Bier, Wein bzw. hochprozentigen Alkoholika jeweils ab fünf Prozent Umsatzanteil

- Atomenergie: Produzenten von Atomenergie und die Gewinnung von Uran jeweils ab null Prozent Umsatzanteil sowie die Produktion von Kernkomponenten von Atomkraftwerken ab fünf Prozent Umsatzanteil
- Glücksspiel: besonders kontroverse Formen des Glücksspiels wie z. B. der Betrieb von Kasinos oder Wettbüros, die Herstellung von Glücksspielautomaten ab null Prozent Umsatzanteil sowie andere Formen des Glücksspiels, die über erhöhte Telefontarife finanziert werden, etwa Gewinn- und Ratespielsendungen im Fernsehen oder Radio, ab 20 Prozent Umsatzanteil
- Grüne Gentechnik: Produzenten von gentechnisch verändertem Saatgut oder Tieren ab null Prozent Umsatzanteil
- Pornografie: Produzenten pornografischer Inhalte ab null Prozent Umsatzanteil sowie Händler von pornografischen Produkten ab zehn Prozent Umsatzanteil
- Rüstung: Produzenten von Waffen und geächteten Waffen jeweils ab null Prozent Umsatzanteil sowie Produzenten sonstiger Rüstungsgüter ab fünf Prozent Umsatzanteil
- Tabak: Produzenten von Tabakprodukten und Zubehör/Bestandteilen jeweils ab fünf Prozent Umsatzanteil

Unter den kontroversen Geschäftspraktiken listet die Oekom Research AG folgende »Vergehen«:

- Arbeitsrechtsverletzungen: massive Verletzung mindestens eines der vier grundlegenden Prinzipien der ILO Declaration on Fundamental Principles and Rights at Work (Versammlungs- und Vereinigungsfreiheit, Zwangsarbeit, Kinderarbeit, Diskriminierung) bzw. systematische Umgehung sonstiger Mindestarbeitsstandards (z. B. in den Bereichen Sicherheit, Gesundheit, Bezahlung, Arbeitszeit) durch das Unternehmen selbst bzw. durch Zulieferer oder Subunternehmer

- Kinderarbeit: massive Verletzung des grundlegenden Prinzips der ILO Declaration on Fundamental Principles and Rights at Work zu Kinderarbeit durch das Unternehmen selbst bzw. durch Zulieferer oder Subunternehmer
- Kontroverses Umweltverhalten: massive Missachtung von Umweltgesetzen oder allgemein anerkannter ökologischer Mindeststandards oder Verhaltensregeln durch das Unternehmen selbst bzw. durch Zulieferer oder Subunternehmer
- Kontroverse Wirtschaftspraktiken: Korruption sowie Bilanzfälschung
- Menschenrechtsverletzungen: massive Verletzung grundlegender Menschenrechte durch das Unternehmen selbst bzw. durch Zulieferer oder Subunternehmer
- Tierversuche: Tierversuche zum Test von Endprodukten im Bereich Konsumgüter (z. B. Kosmetika, Waschmittel), die nicht gesetzlich vorgeschrieben sind und das Risiko beinhalten, den involvierten Tieren Schaden zuzufügen

Neben Geschäftsfeldern und -praktiken nimmt die Oekom Research AG auch ganze Länder ins Visier und hat ein Rating erstellt, das für Anleger, die in Staatspapiere investieren wollen, in Richtung Fairness weist. Zu den sozialen Ausschlusskriterien zählen hier:

- Arbeitsrechtsverletzungen: Länder, in denen grundlegende Arbeitsrechte regelmäßig massiv verletzt werden
- Atomwaffenbesitz: Länder, die laut dem Stockholm International Peace Research Institute (SIPRI) Atomwaffen besitzen
- Autoritäre Regime: Länder, die von der internationalen NGO Freedom House als »nicht frei« eingestuft werden
- Geldwäsche: Länder, die laut der Financial Action Task Force on Money Laundering der OECD als nicht kooperativ eingestuft werden

- Kinderarbeit: Länder, in denen es in großem Umfang zu Kinderarbeit kommt
- Korruption: Länder, die in dem von Transparency International aufgestellten Korruptionsindex auf einer Skala von 0 bis 10 einen Wert von kleiner als 5 erreichen
- Menschenrechtsverletzungen: Länder, in denen grundlegende Menschenrechte regelmäßig massiv verletzt werden
- Rüstungsbudget: Länder, die ein Rüstungsbudget in Höhe von mindestens drei Prozent des Bruttoinlandprodukts aufweisen
- Todesstrafe: Länder, in denen die Todesstrafe laut Amnesty International nicht gänzlich abgeschafft ist

Zu den Ausschlusskriterien im Umweltverhalten gehören zwei:
- Atomenergie: Länder, deren Anteil von Atomenergie am gesamten Primärenergieverbrauch mindestens zehn Prozent beträgt und die keinen Ausstieg aus der Atomenergie beschlossen haben
- Mangelhafter Klimaschutz: Länder, die das Kyoto-Protokoll nicht ratifiziert haben bzw. allgemein unzureichende Klimaschutzleistungen zeigen. Sie weisen einen Wert kleiner als 50 in dem von Germanwatch aufgestellten Klimaschutzindex auf, der eine Skala von 0 bis 100 umfasst.

Angesichts des Bedarfs nach einer Wirkungsmessung für die eigenen Anlagen wird es auch in Zukunft mehr und mehr Einrichtungen geben, die den Anlegern in der Welt der Financial Innovations 2.0 beistehen werden. Für einzelne gemeinnützige Unternehmungen im bestehenden Feld des *Social Business* erweist beispielsweise die Plattform Phineo bereits wertvolle Dienste als Rating-Agentur. Die Phineo-Analyse besteht aus einem vierstufigen Verfahren, das gemeinnützigen Organisationen aller Art und Größe offensteht und an deren Ende eine Empfehlung für wirkungsvolle Projekte gemeinnütziger Organisationen steht. Das A und O dafür ist Wissen. Bevor Phineo die Bewerbungsphase für ein bestimmtes Thema ausschreibt und damit den Startschuss für die Bewerbung seitens gemeinnütziger Organisationen und deren darauffolgenden Analyse gibt, steht eine umfassende Analyse des Themenfelds und der Akteure an, die in dem Themenfeld, z. B. der häuslichen Pflege, wirtschaftlich oder gemeinnützig unterwegs sind. Die Teilnahme am Analyseverfahren ist im Übrigen für die gemeinnützigen Organisationen kostenfrei.

Phineo setzt sich dafür ein, dass soziale Investoren ihre Geldentscheidungen beispielsweise als Spende auf Grundlage höchstmöglicher Transparenz treffen können. Die Phineo-Analysten untersuchen zu diesem Zwecke die Probleme und Hintergründe, unter denen die Akteure bislang im Themenfeld tätig waren, um daraus verschiedene wirksame Lösungsansätze zu erarbeiten. Sie stellen dar, wie soziale Investoren durch ihr Engagement zu positiven Veränderungen beitragen können und welche Wirkungen mithilfe von Spenden und Fördertätigkeiten möglich sind. Zudem ermitteln sie, welche gemeinnützigen Projekte in verschiedenen Themenfeldern mit ihrer Arbeit gute Ergebnisse erzielen und von leistungsfähigen Organisationen getragen werden und – das ist besonders wichtig – bringen auf der Basis dieser Analysen soziale Investoren und gemeinnützige Organisationen zusammen.[3]

Schauen wir über die Grenze: In Liechtenstein ist vor Kurzem die Carlo Foundation gegründet worden. Ziel der Stiftung ist es, einen wichtigen Beitrag zu einem verantwortungsvolleren Umgang mit der Umwelt zu leisten, indem ein unabhängiges Finanzprodukte-Rating zur Förderung nachhaltiger Geschäftsmodelle aufgebaut und betrieben wird. Auf diese Weise soll

nicht nur die Transparenz von nachhaltigen Finanzprodukten gefördert, sondern auch das Verständnis von Nachhaltigkeit bei den Anlegern geschärft werden.
Selbstverständlich gibt es auch im englischsprachigen Raum Unterstützung für investmentwillige *Fair-Impact*-Menschen, was die Informationsversorgung anbelangt. Herausragend ist das B-Lab, eine nicht gewinnorientierte Organisation mit Sitz in den USA. »B« steht dabei für *Business* und den Versuch, die Kräfte des Marktes für öko-soziale Zwecke positiv einzusetzen. Ein kostenloser Beurteilungsprozess führt zur Verleihung eines B-Lab-Siegels an zertifizierte B-Unternehmungen. Bei diesen Unternehmen, auch *Corps* genannt, handelt es sich um Firmen, welche die Macht eines effektiven und produktiven Wirtschaftens mit finanziellem Gewinn nutzen, um soziale Herausforderungen zu meistern und Umweltprobleme zu lösen. B-*Corps* unterscheiden sich von konventionellen Unternehmen dadurch, dass sie umfassende und transparente Sozial- und Umweltleistungsstandards einhalten, höhere Normen der gesetzlichen Haftung erfüllen sowie Kunden finden und motivieren, die bereit sind, nach Regeln zur Förderung nachhaltiger Unternehmensformen zu arbeiten. Es gibt in den USA über 500 zertifizierte B-Unternehmen in 60 verschiedenen Branchen. Diese reichen von der Ernährungswirtschaft über die Bekleidungsindustrie bis hin zu Rechtsanwälten und Firmen zur Beschaffung von Büromaterialien. Alle verfolgen das gleiche Ziel: Sie wollen Erfolg im Unternehmen neu, nämlich nachhaltig definieren.[4]

Zum Umgang mit Risiken

Sobald man sich seinen eigenen Kriterienkatalog als Anleger im Bereich der fairen Investments erarbeitet hat, ist der erste und wichtigste Schritt zum Umgang mit Risiken gemacht. Denn dann weiß man um die ideellen Bedingungen, unter denen ein Risiko eingegangen wird: Schließlich ist jedes Investment ein Risiko und gerade im Bereich der fairen Investments, die insgesamt Neuland darstellen, lässt sich sicher nicht, wie im konventionellen Anlagegeschäft, ein detailliertes Risikoprofil erstellen. Fest steht, es gibt immer ein Marktpreis- oder Adressenausfallrisiko. Daher lohnt es sich beim Einstieg in die neue Investmentkultur, das eigene Risiko nicht nur durch klare Kriterien zu begrenzen. Es hat sich auch bewährt, in der Investitionshöhe Grenzen zu setzen. Man sollte wissen, mit welchen Summen man beginnen möchte, um seine ersten Erfahrungen in *Fair Investing* zu machen. Neben individuell festgelegten Höchstbeträgen empfehlen wir ferner, Streuungen in unterschiedliche Anlagefelder (z. B. Bildung, Gesundheit, Altenpflege) vorzunehmen und auf verschiedene Anlageformen zu achten, etwa Beteiligungen über Genussscheine oder Genossenschaften. Der persönlich gestaltete Mix folgt dabei den eigenen gewählten Kriterien.

Um sodann das Risiko zu managen, müssen die Volumengrenzen entlang der Investitionszeit kontrolliert und angepasst werden. Wir raten, mindestens einmal jährlich Modellrechnungen durchzuführen, um den Risikogehalt des eigenen Portfolios zu verdeutlichen. Auch auf der Zeitachse empfiehlt es sich, klare Grenzen festzulegen. Wenn sich beispielsweise bei einem *Social Business*, an dem man finanziell beteiligt ist, die Rahmenbedingungen des Investierens über mehr als sechs Monate ungünstig entwickeln, sollte erwogen werden, ob man bei dieser Investition bleibt oder unter welchen Bedingungen – diese müssen überprüfbar sein – das Investment aufrechterhalten bzw. beendet wird. Bei vielen der über eine Anfangsphase hinaus weiterentwickelten Sozialunternehmen gibt es ein Bilanzierungsverfahren, das jeweils zum Quartalsende einen Vermögenswert darstellt. Dieser Wert sollte transparent sein oder es sollte zumindest bei Abschluss des Anlagengeschäfts vereinbart werden, Bilanzwerte in einem festgelegten Rhythmus einsehen zu können.

Grundsätzlich ist beim Einstieg in eine Anlage auch im Feld der fairen Investments darauf zu achten, dass die Investitionspreise marktgerecht sind. Dies kann insbesondere bei Sozialunternehmen nicht leicht von vornherein festgelegt werden. Umso dringlicher ist die Herausforderung, mit den Anbietern von Anlagen das Thema »Marktfähigkeit der Preise« zu diskutieren und sich eine eigene Auffassung zu erarbeiten. Dies zeigt sich beispielsweise an den Kosten beim sogenannten *Crowdfunding*, auf dessen Funktionsweise wir später noch zu sprechen kommen.

Eines ist ganz klar: Ohne ein detailliertes Sich-Beschäftigen mit Daten, Zahlen und Fakten, auch im Vergleich zu konventionellen Anlagen, geht es nicht. Da die Risiken in der Regel deutlich größer sind, müssen diese mit den versprochenen *Impacts* im sozialen, ökologischen und anderen gewollten kulturellen Wertschöpfungsprozessen abgewogen werden. Da aber Eigentum bekanntlich verpflichtet, bedeutet dies in unserem Kontext, dass man angehalten ist, sich gerade bei Beteiligungen innerhalb einer neuen, fairen Investmentkultur besonders zu engagieren und Zeit aufzubringen für die Informationsbeschaffung, Bewertung, Beurteilung und schließlich Selektion von stimmigen Produkten oder Anlageformen, die einen *Blended Value* versprechen.

In der Obhut der neuen Banken

Die Risiken für den fairen Investor lassen sich – das machen die Kriterien deutlich – am leichtesten relativ klein halten, wenn man mit einer der etablierten neuen Banken (siehe Kapitel »Fair Banking mit neuen Banken«) zusammenarbeitet. Selbstverständlich können wir an dieser Stelle keine Empfehlung für ein einzelnes Finanzhaus aussprechen. Vielmehr raten wir – unserem kultur- und kommunikationswissenschaftlichen Ansatz konsequent folgend –, auf die Kommunikationskultur der einzelnen Anbieter im Bankenbereich zu achten. Wenn sich eine Stimmigkeit zwischen den Werten ergibt, die einerseits Anleger verfolgen und die andererseits in den Druckerzeugnissen (z. B. dem *Bankenspiegel* der GLS-Bank), dem Internetauftritt oder anderen Medien des Anlagehauses veröffentlicht werden, dann erleichtert dies Investoren die Entscheidung, mit welcher Bank zusammengearbeitet werden könnte. Auch der persönliche Eindruck im Gespräch mit Mitarbeitern von Banken zählt, die Nachhaltigkeit als Ziel ihrer Tätigkeit verfolgen und für deren Fonds oder andere Produkte gute Wirkungen postulieren.
Einen guten Eindruck in die Unterschiedlichkeit von Kommunikationskulturen vermittelt folgender Vergleich von zwei Texten. Der eine stammt aus dem *Bankenspiegel* der GLS-Bank, der andere aus dem Magazin *Engagiert für Werte* der Bethmann Bank. So lesen wir beispielsweise über die Zinsgestaltung bei der GLS-Bank: »Mit den Geldeinlagen unserer Kundinnen und Kunden vergeben wir Darlehen an sozial-ökologisch engagierte Unternehmen und für sinnvolle und zukunftsweisende Projekte. Langfristig nachhaltiges Wirtschaften für Menschen und Umwelt ist dabei Kern unseres Handelns. Wir haben bei der

Zinsgestaltung sowohl die Kredit- als auch die Einlagenseite im Blick. So konnten wir die Darlehenszinsen zum Wohl unserer Kreditkundinnen und -kunden von Mai 2011 bis heute um knapp einen Prozentpunkt senken. Die Zinsen auf Tagesgeldeinlagen haben wir im selben Zeitraum lange stabil gehalten. Dies führte jedoch dazu, dass unsere Margen – aus denen wir unsere laufenden Kosten bestreiten – kleiner und die Erträge der Bank geschmälert wurden. Eine Senkung des Tagesgeldzinssatzes war daher sinnvoll. Er liegt aktuell bei 0,80 Prozent und damit in einem marktüblichen Bereich.
Uns ist bewusst, dass im Markt vereinzelt deutlich höhere Zinssätze angeboten werden. Viele Banken mit diesen Zinsen haben Probleme beim Zugang zu ›frischem Kapital‹ oder ›kaufen‹ sich über solche Konditionen neue Kunden. Sie müssen also entweder Risikoaufschläge zahlen, um Geld zu bekommen, oder höhere Zinsen zahlen, um Kunden anzulocken. Für Banken wie die GLS-Bank, die solide wirtschaften und ausschließlich die Realwirtschaft finanzieren, sind solche Aufschläge sinnlos und nicht rentabel. Sie würden im Hinblick auf die Kreditvergaben die Umsetzung nachhaltiger Projekte verteuern. Die GLS-Bank könnte sich bei der Europäischen Zentralbank (EZB) derzeit für einen Zinssatz von einem Prozent ohne Beratungs-, Werbungs- oder Verwaltungskosten Geld besorgen. Da unsere Aufgabe aber darin besteht, Kundeneinlagen für sinnvolle Kredite zu verwenden, kommt dies für uns nicht infrage. Gleichwohl ist es nicht gut, Zinssätze, die über das durchschnittliche Marktniveau hinausgehen, zu zahlen. Dies ist weder menschlich noch zukunftsweisend noch ökonomisch sinnvoll.«[5]

Dies ist ganz offensichtlich ein Text, der die Zinsgestaltungspolitik auch bezüglich der europäischen Zinswirtschaft verständlich und transparent macht und sich zugleich an Anleger wie Kreditsuchende richtet, worin die GLS-Bank geradlinig ihrem Gemeinschaftsimpetus folgt.

Im Magazin der Bethmann Bank *Engagiert für Werte* wird in der Sprache, die wir von Nachhaltigkeitsberichten aus der Großindustrie kennen, über die Einrichtung und Funktion eines Nachhaltigkeitsrats referiert, der für die Anleger Sorge tragen soll, dass ihre Anlagen und Vermögenswerte in eine nachhaltige Richtung arbeiten. Dort schreibt die Leiterin Investment Consulting, Dorothee Elsell: »Mit einem Nachhaltigkeitsbeirat als unabhängigem Partner richtet sich die Vermögensverwaltung der Bethmann Bank konsequent nachhaltig aus. Sie wirbt mit Fairness und Transparenz um Vertrauen. Statt allein auf kurzfristige Gewinnmaximierung zu schielen, wird ein nachhaltig gutes, nicht nur an materiellen Werten orientiertes Wachstum angestrebt. Der Beirat fungiert als Impulsgeber und Kontrollinstanz, um glaubwürdig zu dokumentieren, wie Anspruch und Wirklichkeit in Einklang gebracht werden muss.«[6] Durch vier namhafte und durch ihr langjähriges Engagement für Nachhaltigkeit ausgewiesene Personen (Gabriele Scherle, Christine von Weizsäcker, Ulf Doerner und Peter Roche) soll dies Anliegen sichergestellt werden. Zwar wird das Nachhaltigkeitsanliegen der Bank in der Folge noch beschrieben, doch bleiben einige Fragen: Ist dies *Greenwashing* oder erzeugt dieser Beirat wirklich ein Bewusstsein für die Umsetzung der Nachhaltigkeitsanliegen der Anleger im Geschäftsmodell der Bank? Kann er die vielen im Kundengeschäft der Bethmann Bank tätigen Mitarbeiter und Mitarbeiterinnen erreichen? Und was tun diese tatsächlich anders seit Einrichtung des Beirats? Diese und andere Fragen müssen alle Banken und Versicherungen, genauso wie Fondsmanager beantworten können, die nicht aus der überzeugenden, per se glaubwürdigen Welt des *Fair Banking* kommen. Anlagegeschäfte sind Vertrauensgeschäfte und erst recht für das nachhaltige Investment braucht es mehr Vertrauen als für konventionelle Anlagen. Vertrauen wird durch Kommunikation, Dialog, Transparenz und Teilhabe aufgebaut und stabilisiert. Gerade deshalb ist für uns die Art und Weise, wie über Investitionsangebote gesprochen und geschrieben wird, so entscheidend.

Ein anderer Indikator ist der Erfahrungswert. Wenn sich Finanzhäuser über lange Zeit mit ihren Umweltfonds als vertrauenswürdige und verlässliche Wertemanager für Kunden, die im ökologischen Bereich Wirkung erzeugen wollen, erwiesen haben, dann ist es naheliegend, mit diesen Banken zusammenzuarbeiten. Hilfreich für die Suche nach solchen soliden Anlagehäusern ist der abonnierbare Informationsbrief *Öko-Invest. Investment mit Verantwortung und Erfolg*. Er enthält aufschlussreiche Analysen nachhaltig ausgerichteter Banken, auf deren Basis man selbstständig und eigenverantwortlich Unternehmen oder Fonds auswählen kann, denen man sein Vertrauen schenken möchte.

Volker Weber, der Vorstandsvorsitzende des Forums »Nachhaltige Geldanlagen e.V.«, hat die herausragende Entwicklung nachhaltiger Geldanlagen im Magazin *Forum Nachhaltiges Wirtschaften* 2012 zutreffend beschrieben. Trotz der zweistelligen Zuwachsraten von ethisch-ökologischen Nachhaltigkeitsanlagen blieben viele Kunden, so Weber, skeptisch. Das Vorurteil, bei nachhaltigen Kapitalanlagen auf Finanzrendite verzichten zu müssen, halte sich noch immer hartnäckig. Dabei zeigen Vergleiche mit herkömmlichen Anlagestrategien, dass es keine Renditenachteile gibt: »Stellt man die Dow Jones Sustainability Indices ihrem Pendant – dem herkömmlichen Index – gegenüber, wird deutlich, dass der Anleger mit nachhaltigen Anlagen in diesen schwierigen Börsenzeiten sein Kapital erhalten hat.«[7] Tatsächlich böten nachhaltige Kapitalanlagen weitere

Vorteile, etwa im Bereich der Umwelt- und Sozialrenditen. Insbesondere bei der Reduktion des CO_2-Ausstoßes können diese Geldanlagen deutliche Signale an die Wirtschaft senden, indem sie bevorzugt Unternehmen oder Staaten finanzieren, die Umweltziele formulieren und einhalten. So entstehe eine Symbiose aus Profit und Verantwortung, die in Zukunft immer stärker eingefordert werden wird.

Vielversprechende Impact-Projekte unterstützen

Bei Anlegern, die sich über ihre Kriterien für ein moralisches Investieren klar geworden sind und erste Anlageerfahrungen im risikoärmeren Feld der Bankangebote, der Fonds und ähnlicher, einigermaßen etablierter Investmentvehikel gesammelt haben, entsteht gerne eine gewisse Neugier, sich noch näher an konkrete Vorhaben oder Einzelunternehmungen heranzuwagen. Und in der Tat gibt es in Deutschland sowie international eine Reihe von Projekten, die vom fairen Investmentgedanken her geeignet sind, mit frischem Geld für Weiterentwicklungen ausgestattet zu werden.

Die im Folgenden vorgestellten Unternehmen sind durch anerkannte Organisationen wie Ashoka Deutschland oder, was internationale Projekte anbelangt, durch die Schwab Foundation geprüft. Einige werden auch schon aktiv von sozialunternehmerischen Institutionen wie BonVenture oder dem Social Venture Fund gefördert. Wir halten uns deshalb an die Projektauswahl, die auf den Websites von Ashoka, der Schwab Foundation, BonVenture und dem Social Venture Fund einzusehen ist, möchten aber gezielt Gesellschaften mit beschränkter Haftung oder auch gemeinnützige GmbHs besprechen, die zum Teil die Startphase bestanden haben und nun in einer zweiten oder gar dritten Phase einer erweiterten Finanzierung stecken und dafür immer wieder frisches Anlegerkapital benötigen. Zudem haben wir die Projekte nach den vier Hauptfeldern für *Impact Investment* gegliedert: Umwelt, Gesundheit, Bildung und Kultur/Gesellschaft. Unsere Auswahl soll damit als Orientierungshilfe dienen, um die eigene Passion für ein spezifisches Feld gesellschaftlicher Zukunftsentwicklung herauszubilden oder noch einmal zu prüfen. Aus Gesprächen mit Anlegern in faire Investments wissen wir, dass es sich allemal lohnt, sich mit dem Sachgebiet seiner Wahl näher vertraut zu machen, bevor man sich mit einem der Projekte finanziell verbindet. Selbstverständlich gibt es eine Menge hier nicht von uns gelisteter Projekte, die in den einzelnen Feldern noch darauf warten, von Investoren entdeckt zu werden. Vielleicht gibt es ja auch eines ganz in der Nähe des Anlegers, weshalb wir empfehlen, sich via Internetrecherche danach zu erkundigen. Oft helfen auch lokale Bürgerstiftungen oder themenspezifisch arbeitende Stiftungen in der Frage weiter, was sich vielleicht für den Einzelnen und seine Interessen als Investitionsobjekt eignen könnte.

Umweltprojekte in Deutschland und international

Nachhaltigkeitsunternehmen und Umweltprojekte in ganz Deutschland, aber auch international leben von ihrer ungeheuren Innovationskraft. Je nach individueller Wertegewichtung oder geografischen Präferenzen bieten sich hier für jeden Anleger vielfältige Möglichkeiten zur Investition.

Gerade im Energiesektor sind innovative Lösungen gefragter denn je. Wind- und Wasserkraft, Erdwärme, nachwachsende Rohstoffe und Solartechnik sollen die Bausteine für die anstehende Energiewende sein. Dementsprechend viele Unternehmen positionieren sich hier auf dem noch jungen Markt. Strom-

und Wärmeerzeugung aus solarer Strahlung scheint auf den ersten Blick krisenfest: Die Sonne ist schließlich eine unerschöpfliche Energiequelle, deren Strahlung mittels Solarthermie weltweit zur Gewinnung von Energie aufgewendet werden kann. Trotz dieser idealen Voraussetzungen schwächelt die deutsche Solarbranche unter dem Druck internationaler (Billig-)Konkurrenz. Doch gibt es auch hierzulande Marktführer, die sich mit ihrer innovativen Technik durchsetzen können.
Die Solarlite GmbH in Mecklenburg-Vorpommern etwa, die ein Kleinkraftwerk zur Nutzung thermischer Solarenergie entwickelt hat. Die solarthermischen Parabolrinnen-Kraftwerke erzeugen Strom auf Basis der Direktverdampfung und bieten zusätzlich die Option der Kraft-Wärme-Kopplung. Die Kraftwerke, die deutlich effizienter, kostengünstiger und umweltfreundlicher sind als herkömmliche Anlagen, erreichen eine Leistung von bis zu 30 MWe. Diese Technologie ist gerade für gewerbliche und kleinindustrielle Unternehmen bestens geeignet. Auch ist die Energieproduktion hier besonders klimafreundlich: Durch die Direktverdampfung wird der CO_2-Ausstoß deutlich reduziert, das geringe Gewicht der Kollektoren führt zusätzlich zu Einsparungen beim Transport. Der wichtigste Aspekt ist jedoch die Dezentralität und Selbstständigkeit dieser Technik: Die Anlagen können unabhängig vom Netz dezentral betrieben werden.[8]
Ebenfalls im Bereich der Erneuerbaren Energien angesiedelt ist die Wald21 GmbH, die in ihren Energiewäldern sogenanntes Feldholz vermarktet. Diese Baumarten können aufgrund ihres schnellen Wachstums mehrmalig geerntet werden und so gezielt zur Biomassegewinnung genutzt werden. Denn die steigende Nachfrage nach Holz ist eine konstante Bedrohung für natürliche Wälder. Um dieser Herausforderung angemessen zu begegnen und gleichzeitig eine von Marktfruchtschwankungen

weitgehend unabhängige Energieversorgung zu schaffen, erscheinen Energiewälder bzw. Kurzumtriebsplantagen, kurz KUP, eine nachhaltige Alternative zu bieten. Denn die Wälder stehen auf landwirtschaftlich genutztem Gebiet und weisen im Vergleich zu anderen Energiepflanzen eine positivere Bilanz hinsichtlich der Biodiversität und anderer ökologischer Faktoren auf. Die Wald21 GmbH setzt dabei zusätzlich auf regional gebündelte Energiewälder (Cluster), wodurch die Effizienz bei Ernte und Transport weiter erhöht wird.[9]

Eine Stromversorgung, die nicht nur nachhaltig und dezentral, sondern auch nach demokratischen Grundsätzen funktioniert, bieten die Elektrizitätswerke Schönau EWS. Mehr als 115 000 Privathaushalte, Gewerbebetriebe und Industrieunternehmen werden bundesweit von der EWS mit »sauberem« Strom versorgt. »Sauber« deshalb, weil hier nach klar definierten Leitlinien gewirtschaftet wird, die Umweltbelange ebenso berücksichtigen wie sozio-ökonomische Größen. Die Führung von EWS hat es sich zur Aufgabe gemacht, einen Großteil der Erträge zu reinvestieren. Dazu unterstützt das Unternehmen kleinteilige, regional angepasste Anlagen in Bürgerhand, die eine maximale Bürgerteilhabe an Stromnetzen und Großkraftwerken im Rahmen ökologisch orientierter finanzieller Beteiligungen ermöglicht. Darüber hinaus wird bürgerschaftliches Engagement für alternative Energien durch Netzwerkarbeit und Know-how gefördert.[10]

Auch international wird eine ökologisch wie sozial gerechte Energie- und Stromversorgung immer gefragter. Besonders in den sogenannten Entwicklungsländern gehört eine konstante und stabile Stromversorgung noch immer nicht zur Grundversorgung der Menschen. Die SELCO Solar Light Ltd. aus Indien versucht daher, auch den Menschen Zugang zur Stromversorgung zu ermöglichen, die kaum genug zum täglichen Leben haben. Mittlerweile versorgt das Unternehmen mit 28 Filialen 130 000 Kunden im Südwesten Indiens. Durch den lokal angepassten Service und innovative Finanzierungsmodelle können sich wesentlich mehr Menschen den Strom leisten. Denn die Abnehmer bezahlen den Strom nach Leistung einer kleinen Anzahlung monatlich über fünf Jahre hinweg in bezahlbaren Raten. Durch diese »Vorleistung« wird den Kunden der Aufbau eines eigenen Geschäfts oder das Anbieten eigener Dienstleistungen ermöglicht. Das Unternehmen setzt bei der Erzeugung von Strom, solarbetriebenen Lampen, Straßenbeleuchtung und Warmwasserversorgung komplett auf umweltverträgliche Solarenergie.[11]

Neben den Energieerzeugern und -anbietern gibt es auch vielfältige andere Projekte und Plattformen rund um das Thema Energie. Co2online etwa ist eine gemeinnützige Beratungsgesellschaft, die es sich zum Ziel gesetzt hat, den Energieverbrauch in den Privathaushalten zu reduzieren und so CO_2 einzusparen. Anhand eines Sets von Beratungswerkzeugen werden die Kunden hier eingehend informiert und betreut: Ob mit Energiespar-Ratgebern, kommunalen Heizspiegeln, Kampagnen oder Aktionen – die Bürger sollen angeregt werden, sich für den Klimaschutz aktiv einzusetzen und dabei bares Geld zu sparen.[12] Der Erfolg der Plattform liegt nicht nur in der Kompetenz rund um das Thema Energieeffizienz. Viel wichtiger ist die Forderung nach mehr Eigeninitiative der Verbraucher. Dies kann nur gelingen, wenn einerseits ein direkter Nutzen (monetärer Anreiz) für den Verbraucher sichtbar ist und ihm andererseits entsprechende Informationen, Strategien und Maßnahmen an die Hand gegeben werden, die sich mühelos im Alltag verwirklichen lassen.

Nicht nur der Input von Ressourcen und Energie, auch die Entsorgung, Recycling und Abwassertechnik bieten ein ungeheures Potenzial für Innovation, Kreativität und Wandel. Gerade im Bereich der Abwasseraufbereitung und -entsorgung sind technische Neuerungen nicht nur willkommen, sondern mit Blick auf Entwicklungsländer sogar ethisch geboten. Hier zu investieren, bedeutet ganz konkret, Leben zu retten. Denn in den weniger privilegierten Ländern dieser Erde leben noch immer mehr als zweieinhalb Milliarden Menschen ohne hinreichende sanitäre Anlagen. Die Folgen sind gravierend und sie sind tödlich für viele Millionen Menschen jährlich. Hier gilt es, mit einfacher, praktikabler und günstiger Technik, die zugleich Umwelt- und Sozialstandards im Blick behält, anzusetzen. Ein Projekt, das eine effiziente und ökologische Abwasserentsorgung verwirklichen möchte, ist Ikotoilet des Sozialunternehmens Ecotact. Ecotact unterstützt und entwickelt nachhaltige Innovationen für das städtische Leben, insbesondere auf dem afrikanischen Kontinent. Die Ikotoilets, die zur städtischen Versorgung, insbesondere in Slums, entwickelt wurden, verfügen über fließendes Wasser, Dusche, Seife und Handtücher. Dabei unterscheiden sie sich fundamental von anderen sanitären Einrichtungen. Trocken-Urinale, Wassersparspülungen und der angeschlossene Stoffkreislauf durch den Einsatz von Biogasanlagen garantieren nicht nur höchste hygienische Standards, sondern auch Umweltstandards. Ikotoilets kommen bereits in vielen Städten weltweit zum Einsatz.[13]

Gesundheitsprojekte in Deutschland und international

Auch im Bereich der Gesundheitsaufklärung und -entwicklung bieten sich verschiedenste Möglichkeiten, sinnvoll und rentabel zu investieren. Projekte zu Forschung und Diagnostik sind dabei ebenso zu finden wie Initiativen zur Aufklärung und Prävention.

Brustkrebs ist die häufigste Krebserkrankung von Frauen in den Industrienationen. Allein in Deutschland gibt es über 60 000 Neuerkrankungen jährlich. Wie bei vielen Krebserkrankungen kann bei Brustkrebs eine Diagnose im Frühstadium für eine positive Prognose überlebenswichtig sein. Doch eine zuverlässige Diagnose ist gerade zu Beginn der Erkrankung besonders schwierig. Um eine unnötige Behandlung oder gar Amputation einerseits zu verhindern, andererseits kleine Auffälligkeiten nicht zu übersehen, hat der Gynäkologe Dr. Frank Hoffmann »Discovering Hands®«, ein standardisiertes Tastverfahren entwickelt. Das Verfahren macht sich zunutze, dass durch den fehlenden Sehsinn bei blinden Menschen andere Sinne sensibler ausgebildet sind als bei sehenden Menschen. Deshalb werden für Discovering Hands® blinde Frauen zu Medizinischen Tastuntersucherinnen (MTU) ausgebildet. Die Methode, die insbesondere in unklaren und nicht eindeutigen Fällen für die Betroffenen hilfreich ist, ist inzwischen lizensiert und soll auch über Deutschland hinaus eingesetzt werden.[14] Das Beispiel zeigt, dass in Zeiten der gerätebasierten Hightech-Medizin auch und gerade Fähigkeiten besonderer Menschen stärker beachtet und wertgeschätzt werden müssen. Es zeigt außerdem, wie wertvoll die Inklusion von Menschen mit Handicaps in der Mitte der Gesellschaft ist – zum Wohle aller.

Die Welt anders wahrnehmen – darum geht es auch bei der VerbaVoice GmbH, die schwerhörigen und gehörlosen Menschen wieder eine aktive Teilhabe am gesellschaftlichen Leben ermöglicht. Denn nicht alle Hörgeschädigten beherrschen die Gebärdensprache. Bisher brauchten sie, um sozial nicht ausgegrenzt zu werden, kostspielige Schriftdolmetscher. VerbaVoice hat gemeinsam mit der Hörgeschädigten-Pädagogin Michaela Nachtrab eine internetbasierte Vermittlungsplattform für Dolmetscher entwickelt. Im Bedarfsfall senden diese per Smart-

phone-Zuschaltung das in einen Text übertragene Gesprochene direkt an den Hörgeschädigten. Die Plattform fungiert auch als Ort der Vernetzung, an dem beispielsweise Live-Mitschriften von Veranstaltungen zur Verfügung gestellt werden.[15]
Die Teilnahme am sozialen Leben ist gerade für Kinder und Jugendliche mit Behinderungen besonders wichtig. Dabei geht es nicht nur um das technische Equipment, sondern auch um den individuellen Umgang mit körperlichen Einschränkungen. Shonaquip, Südafrika, möchte beides: Das Sozialunternehmen stellt Kindern und Jugendlichen einerseits innovative Technik zur Verfügung; gleichzeitig bietet Shonaquip Schulungen und Trainings an, um diesen Menschen mit ihren besonderen Bedürfnissen sowie deren Angehörigen das Leben zu erleichtern und soziale Teilhabe zu fördern. Shonaquip arbeitet eng mit staatlichen Stellen, Universitäten und dem Privatsektor zusammen, was sich auch in der Finanzierung der Initiative widerspiegelt: Zur Hälfte wird Shonaquip von der Regierung finanziert, 30 Prozent der Gelder kommen von Privatkunden und Versicherern, der Rest stammt von humanitären Organisationen und NGOs.[16]

Bildungsprojekte in Deutschland und international

Echte Nachhaltigkeit kann nur durch eine Bildungsoffensive erreicht werden, die allen Menschen, weltweit, aus allen Schichten und jeden Geschlechts, gleiche Chancen einräumt. Weltweit können 775 Millionen Menschen weder lesen noch schreiben, zwei Drittel von ihnen sind Frauen. Der fehlende Zugang zu Bildung ist nicht nur eine menschliche Tragödie, sondern auch eine enorme Verschwendung an Potenzial. Wer in Bildung investiert, investiert in die Zukunft – und zwar in eine selbstbestimmte, aufgeklärte Zukunft. Ob dies hier im »reichen«

Deutschland ist, in dem zwischen PISA, Reformen und persönlicher Überforderung noch immer Tausende Kinder auf der Strecke bleiben, oder im südlichen Afrika, wo Mädchen jeglicher Zugang zu Bildung verwehrt wird – jede Investition ist wichtig, wertvoll und zukunftsweisend.

Hierzulande gibt es Defizite, insbesondere was die individuelle Förderung betrifft. Gerade Familien aus »bildungsfernen« Schichten können sich teure Nachhilfe nicht leisten, der Weg der Kinder ist damit bereits vorgezeichnet. Viele Kinder fallen durch das Netz, weil ihre individuellen Fähigkeiten und Schwächen nicht erkannt, nicht gefördert bzw. unterstützt werden. Um diese Lücke zu schließen, hat das Unternehmen Bettermarks ein Online-Lernsystem entwickelt. Hier können Lehrer ihre Schüler individuell fördern und auf die spezifischen Probleme der Kinder besser eingehen. Anhand eines Prüfungstrainers können Schüler die oft als sehr belastend empfundene Prüfungssituation einüben und im Vorfeld Ängste und Denkblockaden abbauen. Mithilfe des Lern-Centers haben die Kinder außerdem die Möglichkeit, fachliche Defizite eigenständig und ohne teure Nachhilfestunden auszugleichen.[17]

Die wachsende Kritik an der deutschen Schullandschaft hat die Flachsland Zukunftsschulen GmbH dazu bewogen, von vornherein ganz andere Wege einzuschlagen. In Hamburg betreibt das Unternehmen eine Zukunftsschule der besonderen Art: Hier lernen Kinder ab dem zweiten Lebensjahr altersübergreifend bis zum Ende ihrer Schulzeit. Durch unmittelbares Erfahren, Gruppenarbeit, Transparenz und Mitbestimmung kann jedes Kind den für sich passenden Weg finden und aktiv ausgestalten. »Zukunft gestalten« will man hier, die Kinder auf ein selbstbestimmtes und verantwortliches Leben vorbereiten. Da das Reformkonzept nur anteilig behördlich gefördert wird, setzt man seitens der Betreiber neben Spendern und Sponsoren auf

Bürgschaften, günstige Betriebsmittelkredite der GLS-Bank und BonVenture.[18]

Ebenfalls auf individuelle Förderung und altersübergreifende Strukturen setzt das Rishi Valley Institute for Educational Resources (RIVER), Indien. Mit seinem Programm »School-in-a-Box« werden Lernprogramme der Regierung an den regionalen Bedarf angepasst und so aufbereitet, dass sie auf die jeweilige Begabung der Kinder abgestimmt sind. Die Schüler erhalten ein flexibel einsetzbares, tragbares Lernset, anhand dessen sie individualisiert lernen können. Durch die hohe Effizienz des Programms und die gemeinsame Unterrichtung von Kindern verschiedener Altersstufen bleibt mehr Zeit für die individuelle Förderung von schwächeren Schülern. Auch die kostengünstigen Lernmaterialien sind zugeschnitten auf die Bedürfnisse der Kinder. Weltweit nutzen bereits eine halbe Million Lehrer das Programm in 15 Sprachen. »School-in-a-Box« finanziert sich größtenteils staatlich, wird aber auch durch private Mittel finanziert.[19]

Lebenslanges Lernen und kontinuierliche Weiterbildungsmöglichkeiten sind wichtig und werden in Zeiten der Globalisierung und Flexibilisierung immer stärker von Bedeutung sein. Das indische Unternehmen Industree Crafts Pvt Ltd/Mother Earth hat (Aus-)Bildung, Umwelt- und Ressourcenschutz sowie die Schaffung einer nachhaltigen und lebenswerten Welt zu einem Geschäftsmodell verbunden. Hier werden hochwertige und ökologisch wie sozial nachhaltige Möbel, Kleidung und Lebensmittel hergestellt und vermarktet. Im Fokus stehen dabei die ländliche Entwicklung, die Wertschätzung und Vermittlung von Kultur sowie eine langfristige und auskömmliche Zukunft des regionalen Handwerks. Mother Earth bietet durch seine mittlerweile acht Läden indischen Handwerkern einen garantierten Marktzugang und ein sicheres Jahreseinkommen. Industree Crafts Pvt Ltd arbeitet eng mit staatlichen Stellen zusammen, betreibt Förderprogramme und Gründerzentren, um Arbeit suchenden Menschen die Perspektive auf ein geregeltes Einkommen zu verschaffen. Finanziert wird die Unternehmung unter anderem durch *Future Ventures* der Future Group, eine der stärksten Handelsketten in Indien.[20]

Kultur- und Gesellschaftsprojekte in Deutschland und international

Nachhaltige Entwicklung kann nur gelingen, wenn sie aus der Mitte der Gesellschaft kommt und auch innerhalb der kulturellen Entwicklung von Menschen einen Platz hat. Kultur für Menschen aller Gesellschafts-, Alters- und Bildungsschichten erleb- und erfahrbar zu machen, ist eine der fundamentalen Aufgaben, die Gesellschaften in Zukunft zu erfüllen haben. Erfahrungshorizonte zu schaffen und neue kulturelle Erlebnisräume zu öffnen, das verwirklicht beispielsweise das 2005 in Frankfurt eröffnete Dialog-Museum. In seinen Ausstellungsreihen entstehen echte Begegnungsräume: Im Dialog im Dunkeln®, einer Ausstellung, in der das Unsichtbare entdeckt werden soll, werden die Besucher von blinden Museumsmitarbeitern durch verschiedene Räume und Alltagssituationen geführt und erleben mit allen Sinnen – außer mit den Augen. So werden die Blinden zu Botschaftern einer Kultur ohne Bilder.[21] Das Dialog-Museum beherbergt auch das Casino for Communication®, das an insgesamt sieben Spieltischen spielerisch kommunikative Fähigkeiten der Besucher schulen soll. Im Taste of Darkness®, dem Restaurant im Dunkeln, schließlich müssen sich die Besucher ganz auf ihren Geschmackssinn verlassen. Eine kulinarische Reise durch ein mehrgängiges Menü – ohne zu sehen, was man gerade verspeist – verlangt viel ab und schenkt dafür ein unvergleichliches Geschmackserlebnis. In Zeiten von Fast Food, Klebeschinken und Analogkäse lässt sich oft sehenden Auges nicht herausfinden, was man gerade isst. Umso wichtiger ist es, Kindern wie Erwachsenen wieder aufzuzeigen, welche Geschmackswelten sich entfalten, wenn man sich darauf einlässt.

Nicht nur Geschmacksgrenzen, sondern ganz reale Entfernungen der globalisierten Welt überwinden will OpenSpace-Online®, die Echtzeit-Mitmach-Konferenzmethode[22], die von der in Berlin ansässigen OpenSpace-Online GmbH ins Leben gerufen wurde. Gründerin Gabriela Ender will mit ihrer Konferenzmethode die Verfügbarkeit von Kollektivwissen erweitern, eine Atmosphäre der Wertschätzung und des Vertrauens schaffen und Teilhabe fördern. Durch die schriftliche und zugängliche Veröffentlichung der Ergebnisse werden Grenzen und Entfernungen überwunden und Entstehungs- sowie Entscheidungsprozesse professionell und aktuell (mit)geteilt. Ressourcen wie Zeit, Energie und Reisekosten können auf diese Weise eingespart werden – ein Gewinn nicht nur für die Umwelt, sondern auch für die Menschen. In mehr als 60 Ländern kam OpenSpace-Online® bereits zum Einsatz und ermöglicht auf diese Weise auch kleinen Organisationen eine Funktion als Change-Maker.[23]

Eine Demokratie lebt von ihren Bürgern. Politikverdrossenheit und sinkende Wahlbeteiligungen sind Anzeichen einer von vielen Menschen empfundenen »Kollektivohnmacht« gegenüber den Entscheidern aus Politik und Wirtschaft. Politiker werden immer weniger als unabhängige Instanzen wahrgenommen, die zum Wohle der Gesellschaft urteilen und Beschlüsse fassen. Die Diskussionen um Nebeneinkünfte von Spitzenpolitikern, vergünstigte Kredite, Vorteilsnahme im Amt und Einflussnahme auf die Medien hinterlassen bei den Bürgern zunehmend das Gefühl, nicht teilhaben zu können an den demokratischen Prozessen. Die Kluft zwischen Volk und Volksvertretern ist vielleicht groß wie nie zuvor. Diese seitens des Volkes antizipierte Hilflosigkeit ist Gift für eine funktionierende Demokratie und aktive Bürgergesellschaft. Umso wichtiger sind Initiativen, die unabhängig agieren und Transparenz einfordern. Parlamentwatch e.V. ist eine solche Initiative. Auf ihrer Internetplattform www.abgeordnetenwatch.de werden deutsche Abgeordnete des Bundestags und des Europaparlaments in einer Kurzbeschreibung porträtiert, inklusive Auskünfte über Ausschussmitgliedschaften oder Abstimmungsverhalten. Die Internetnutzer haben die Möglichkeit, sich mit Fragen direkt an die Abgeordneten zu wenden, sowohl Fragen als auch Antworten sind für alle anderen Besucher der Plattform einsehbar. Die gesamte Kommunikation unterliegt dabei einem Codex zum fairen Dialog, dessen Einhaltung von einem Moderationsteam kontrolliert wird. Abgeordnetenwatch.de wurde 2004 in Kooperation mit Mehr Demokratie e.V. gegründet. Unterstützung erhält das Projekt von BonVenture. Die Finanzierung setzt sich aus Förderkreisen, Beiträgen von Partnerprojekten und Projektkostenbeteiligungen der Abgeordneten zusammen, anfallende Gewinne werden gespendet.[24]

Dem Kern der Gesellschaft, nämlich der Familie, widmet sich die gemeinnützige Wellcome gGmbH. Das Abenteuer Familie steht hier im Zentrum der Angebote: Was brauchen Familien mit Kindern? Wie kann man sie stärken, um den Herausforderungen eines Lebens mit Kindern besser gewachsen zu sein? Wer kümmert sich schnell und unbürokratisch bei Krankheit oder Überforderung um Kinder und deren Familien? Denn oftmals fehlen heutzutage soziale Netzwerke; Freunde, Großeltern, Verwandte leben nicht mehr unbedingt in einer Stadt oder gar demselben Land. Kleinste Erschütterungen können so das gesamte Familiengefüge und den organisatorischen Alltag ins

Wanken bringen. Geschäftsführerinnen Rose Volz-Schmidt und Regine Wagenblast leiten die 2002 gegründete Sozialunternehmung mit Sitz in Hamburg. Hauptanliegen ist die Schaffung eines Netzwerkes aus Professionellen und Ehrenamtlichen, auf das betroffene Familien zurückgreifen können: »Wer nach der Geburt eines Kindes keine Unterstützung von Familie, Nachbarn oder Freunden hat, bekommt sie von wellcome. Diese Hilfe kann Zeit, Wissen oder Geld sein. Ziel ist es, individuell, unbürokratisch, effizient und nachhaltig zu helfen.«[25] Bundesweit an über 200 Orten hilft Wellcome in der Not aus und beugt Krisen vor. Die vielfach ausgezeichnete Initiative arbeitet eng mit großen Sozialverbänden und Vereinen und Organisationen der Kinder- und Jugendhilfe zusammen. Die Finanzierung läuft ausschließlich über Spenden und freiwillige Beiträge. Über Botschafter und Schirmherrschaften je nach Bundesland soll der Wirkungsgrad weiter ausgedehnt werden, um das Ziel von 250 bundesweiten Wellcome-Anlaufstellen zu erreichen.[26]

Nicht nur die Gründung einer Familie, auch der Aufbau eines Unternehmens, der Sprung in die Selbstständigkeit oder die Verwirklichung einer beruflichen Vision kann Menschen an den Rand ihrer Kräfte bringen. Denn von der Idee bis hin zur Umsetzung sind viele Hürden zu nehmen, die einem ohne professionelle Anleitung oft unüberwindbar erscheinen. So werden viele zündende Ideen oder Geschäftsmodelle gar nicht erst weiterverfolgt, obwohl für sie vielleicht ein hoher gesellschaftlicher Bedarf gegeben ist. Um auch Quereinsteigern, jungen und schwer vermittelbaren Arbeitslosen und Menschen mit Handicaps oder Migrationshintergrund die Verwirklichung eigener Ideen und soziale Innovationen zu ermöglichen, bietet die gemeinnützige Agentur für soziale Innovationen, iq consult gmbh, ein vielfältiges Beratungsspektrum, von der Ideenentwicklung bis hin zur Konsolidierung von Unternehmen.

Durch individuelles Coaching, Seminare und Workshops in den Bereichen Youth-, Social-, Inclusive- und Cultural Entrepreneurship werden Unternehmensgründer aus benachteiligten sozialen Verhältnissen gezielt unterstützt und befähigt, auf dem Markt dauerhaft zu bestehen. Selbst bei der Finanzierung kann iq consult durch einen eigenen Mikrofinanzfonds bei der Anschubfinanzierung helfen. Ebenso finden hier soziale Organisationen, NGOs, Stiftungen und Kommunen Expertisen zur Entwicklung von Leitbildern und der Durchführung von Machbarkeitsstudien.[27]

Auch auf internationaler Ebene gibt es spannende Unternehmen, Projekte und Initiativen im Bereich des *Social Business*, die sich der (Weiter-) Entwicklung kultureller Zusammenhänge widmen. Novica etwa fördert und promoted weltweit Künstler und deren handwerkliche Arbeiten. Rund um den Globus werden auf der E-commerce-Webseite die Künstler in einem Portfolio vorgestellt. Deren Produkte reichen von Möbeln über Schmuck bis hin zu Dekoartikeln und Kleidung. Novica bringt Menschen zusammen, die unter »normalen« Voraussetzungen der Märkte nie zusammengefunden hätten. Die Kunden haben die Möglichkeit, Kunstwerke aus aller Welt direkt vom Künstler zu beziehen, ohne Umweg über Zwischenhändler. Kleinstbetriebe können auf diese Weise am globalen Markt teilhaben – und Geld verdienen. Denn die Preise werden von den Handwerkern und Künstlern selbst festgelegt. Novica erfüllt auf einzigartige Weise den Wunsch der Kunden nach Transparenz und Herkunftsgarantie; andererseits kann Novica dank des Internets die hohen Ansprüche der Konsumenten in der globalisierten Welt der Warenströme decken. Zu den Partnern von Novica gehören Global Player wie eBay und Amazon, aber auch National Geographic, das US-amerikanische National Public Radio und der Grassroots Business Fund in Guatemala.[28]

Der südafrikanische Kuyasa Fund ist das letzte Projekt, das hier exemplarisch für die vielfältigen globalen und lokalen Initiativen vorgestellt werden soll. Der Fund vergibt seit 1999 Mikrokredite an Wohnungslose und Wohnungssuchende, die auf dem herkömmlichen Weg bei den Banken keine Darlehen bekommen. Eine Mikrofinanzierung durch Kurzzeitkredite ermöglicht es sozial Benachteiligten, kleine Bauvorhaben zu verwirklichen und wieder Fuß zu fassen. Denn ohne Dach über dem Kopf sind die Betroffenen gesellschaftlich völlig isoliert und perspektivenlos. Fast 14000 Menschen haben bereits an dem Finanzierungsprogramm teilgenommen, mehr als 70 Prozent von ihnen sind Frauen. Erst mit einem Eigenheim können die Betroffenen wieder an Bildung und Beruf, Gesundheitsprävention und dem sozialen Leben teilhaben.[29]

Die vielfältigen Initiativen, Sozialunternehmen und Projekte rund um ökologische und soziale Nachhaltigkeit laden zum Mitmachen ein. Sie involvieren Geldgeber und bieten echte Transparenz. Darüber hinaus machen sie einen gravierenden Unterschied zwischen »Gutes *tun*« und »Gutes *bewirken*«. Die durch gemeinsame Maßnahmen erzielte Effizienz und der gesellschaftliche oder ökologische Benefit sprechen maßgeblich für *Blended-Value*-Anlagen, nicht das eigene gute Gewissen.

Wo man selbst zum Macher wird

Unsere Analyse der Motive von Anlegern, die sich ins Feld der fairen Investments begeben haben, verdeutlicht eines ganz klar: Je vertrauter sie mit den Spielarten und Spielregeln der Financial Innovations 2.0 werden, desto mehr wächst der Wille, nicht nur nahe an die Projektwelt heranzukommen, sondern sogar selbst zum Macher zu werden. Dieser Reiz wird nicht zuletzt

dadurch verstärkt, dass der *Impact*-bewusste Anleger sich herausgefordert fühlt, seine eigene Kreativität in Kooperation mit anderen Investoren zu testen, möglicherweise weitere Spielregeln zu finden und in den Markt des neuen Investierens einzuführen.
Gerade Menschen, die sich darüber Gedanken machen, wie sie im Alter wohnen und leben wollen, gehören zu dieser Gruppe, aber auch Menschen, die ihre Nahversorgung mit Lebensmitteln neu gestalten wollen und sich beispielsweise in der Dorfladenbewegung engagieren. Manchmal ist es auch ein Einstieg für jüngere Anleger, sich über die für sie passenden Versicherungslösungen Gedanken zu machen und genau zu prüfen, welche Lebensversicherung beispielsweise nach den eigenen Kriterien für ein faires Investieren funktioniert und welche eben nicht. Ferner konnten wir beobachten, dass Mitarbeiter von Unternehmungen, die sich mit Fragen der Gemeinwohlökonomie auseinandersetzen und bei der Bilanzierung von sozialen und ökologischen Wirkungen ihres Tuns einbezogen sind, überaus wach sind, was die Möglichkeiten zum Mitmachen angeht. Oftmals wollen sie Lösungen für soziale Probleme in ihrem lokalen Umfeld, aber auch für Produktionsstätten von Lieferanten, die international tätig sind.

Regionalwährungen

Wer vor der Haustüre zum Akteur werden will, dem legen wir nahe, sich zu erkundigen, ob es nicht im direkten Lebensumfeld eine Regionalwährung gibt. Auskünfte über die deutschen Initiativen erteilt der Verein Regiogeld e.V. Das Prinzip der Regionalwährung haben wir in Kapitel 4 ausführlich dargestellt, sodass wir an dieser Stelle nur nochmals betonen möchten, dass gemäß unserer Recherchen diese Form von Financial Innovations 2.0 häufig der erste direkte Einstieg in eine nachhaltige Finanzwirtschaft darstellt, der gut und problemlos funktioniert. Folgende Abbildung zeigt alle Regionalgeldprojekte auf, die bereits aktiv oder noch in Vorbereitung sind:[30]

Regionalgeldprojekte in Deutschland, Österreich und der Schweiz

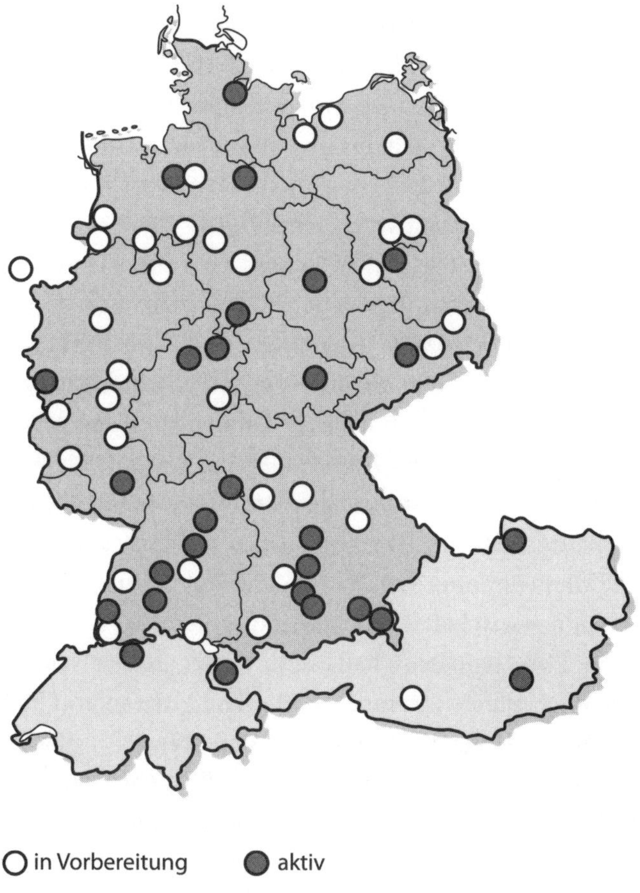

Genosse/Genossin werden

2012 ist das UN-Jahr der Genossenschaften gewesen. Damit zeichneten die Vereinten Nationen nicht nur das Feld der Genossenschaftsbanken aus, die sich in der Finanzmarktkrise erstaunlich stabil erwiesen haben, sondern richteten das öffentliche Bewusstsein auf eine Form kooperativen, gemeinschaftlichen Handelns, die in der Tat zur Förderung lokaler und regionaler gemeinwohlorientierter Tätigkeit eine zunehmend wichtige Rolle spielen wird. Der Forscher Hans Münkner hat »Genossenschaft« als einen freiwilligen Zusammenschluss von Personen definiert, die gemeinsam ökonomische, soziale und kulturelle Bedürfnisse durch ein gemeinsam getragenes, demokratisch geführtes Unternehmen befriedigen.[31]

In Deutschland gibt es sehr viele Genossenschaften. Gerade in der Land- und Lebensmittelwirtschaft hat sich nicht zuletzt durch die hohe Präsenz der Raiffeisen- und Volksbanken in ländlichen Räumen, die ebenfalls genossenschaftsgetragen sind, das Genossenschaftsmodell für Landwirte, Handwerker, Einzelhandelskaufleute, Bäcker und Metzger etabliert. Aber auch 65 Prozent aller selbstständigen Steuerberater sind Genossenschaftsmitglieder. Im Übrigen werden mehr als zehn Prozent aller Mietwohnungen in Deutschland von Wohnbaugenossenschaften bewirtschaftet und haben insgesamt 3,2 Millionen Mitglieder. Das Genossenschaftswesen bietet in Deutschland einen rechtlich stabilen Rahmen und erlaubt dennoch inhaltlich eine große Menge von Gesellschaftszwecken.

Eingetragene Genossenschaften sind ähnlich aufgebaut wie Vereine und benötigen wenigstens sieben Gründungsmitglieder. Sie wirken als wirtschaftlicher Verein, der in seinen Funktionsweisen von einem Gesellschaftsvertrag geregelt wird. Genossenschaften bieten sich deshalb als Modell für das Erzeugen eines *Blended Value* an, weil sie gemeinwirtschaftlich orientiert sind. Sie bezwecken also keine Gewinnmaximierung, sondern wollen vielmehr ihre Genossen (Mitglieder) fördern. Diese Förderung drückt sich unter anderem darin aus, dass die Mitglieder immer auch zu den Kunden zählen. So kaufen beispielsweise Einkaufsgenossenschaften ihre Waren für die Betriebe günstiger ein, die sich in ihnen zusammengeschlossen haben. Oder bei Wohnbaugenossenschaften bekommen die Genossen ihre Wohnungen zu günstigeren Mieten, als sie sonst im Mietmarkt bezahlt werden müssten. Genossenschaften sind darüber hinaus demokratisch angelegt. Das heißt, bei Abstimmungen wird nach Köpfen gezählt und nicht nach Geschäftsanteilen. Ferner ist das Risiko begrenzt, weil man als Anleger nur mit der Einlage haftet.

In Zeiten der Energiewende in Deutschland werden besonders viele Genossenschaften gegründet, um die Energieversorgung in einer bürgerschaftlich organisierten Form durchzuführen. Dieses Phänomen wird von einem Trend zur Rekommunalisierung begleitet, der in den letzten Jahren festzustellen ist und dadurch charakterisiert wird, dass Marktanteile auf kommunaler, lokaler oder regionaler Ebene von den großen Energieversorgern zurückgekauft werden. Auf diese Weise soll neuer Einfluss auf die stark zentralisierte Energiepolitik in Deutschland genommen werden. Die Übernahme der Verteilnetze für Strom, Gas und Fernwärme in die öffentliche Hand gehört genauso dazu wie der Aufbau von Energiegenossenschaften wie beispielsweise die »Energie in Bürgerhand e. G.«. Diese wurde 2009 gegründet und hat von Beginn mit 1700 Mitgliedern und einem Kapital von rund 10 Millionen Euro an der Zurückführung der Eon-Tochter Thüga in die öffentliche Verwaltung mitgewirkt.

Mit das bekannteste Beispiel dafür, Energiewirtschaft den Bürgern zu überlassen, sind die Energiewerke Schönau (EWS e. G.), die wir bereits vorgestellt haben. Diese durch vielfache Preise ausgezeichnete Energiegenossenschaft wirbt mit dem Slogan »Atomstromlos. Klimafreundlich. Bürgereigen«. Sie sind aus einer Bürgerbewegung entstanden und haben sich sehr strengen ökologischen Prinzipien unterworfen, die insgesamt der nachhaltigen Energieversorgung dienen sollen. Es ist bestechend zu sehen, wie dieser Ansatz von unten, der von der Bereitschaft von Menschen abhängt, sich mit eigenen Mitteln einzubringen, weit über Schönau hinaus zur Gründung von Genossenschaften beigetragen hat. Auch Familienunternehmen wie der Safthersteller Perger aus Breitbrunn sind nicht zuletzt durch die guten Erfahrungen aus der genossenschaftlichen Energiewirtschaft ermuntert worden, ihren Obstbaubetrieb in eine Genossenschaft umzubilden. Ein Blick in den Genossenschaftsvertrag der Perger e. G. zeigt deutlich, welche Rechten und Pflichten man als Mitglied neben der Bereitstellung von investivem Kapital hat.

Auszüge aus der Gründungssatzung der Perger Genossenschaft

§ 2
Zweck und Gegenstand

1. Zweck der Genossenschaft ist die Förderung des Erwerbs und der Wirtschaft der Mitglieder durch gemeinschaftlichen Geschäftsbetrieb.
2. Gegenstand des Unternehmens ist:
   - die Herstellung, Bearbeitung und Verwertung landwirtschaftlicher Erzeugnisse, insbesondere von Obst

und Früchten sowie die Herstellung von Obst- und Fruchterzeugnissen aller Art.

- die Versorgung der Mitglieder mit Obst- und Fruchterzeugnissen aller Art durch gemeinschaftliche Produktion, gemeinsamen Einkauf und Beschaffung.
- Die Genossenschaft kann Zweigniederlassungen errichten und sich an Unternehmen beteiligen. Der Geschäftsbetrieb kann auf Nichtmitglieder ausgedehnt werden.

§ 11
Rechte der Mitglieder

Jedes Mitglied hat das Recht, nach Maßgabe des Genossenschaftsgesetzes und der Satzung, die Leistungen der Genossenschaft in Anspruch zu nehmen und an der Gestaltung der Genossenschaft mitzuwirken. Es hat insbesondere das Recht:

a. an der Generalversammlung und an ihren Beratungen, Abstimmungen und Wahlen teilzunehmen,
b. in der Generalversammlung Auskünfte über Angelegenheiten der Genossenschaft zu verlangen (§ 33),
c. Anträge für die Tagesordnung der Generalversammlung gemäß § 27 Abs. 4 einzureichen,
d. Anträge auf Einberufung einer außerordentlichen Generalversammlung gemäß § 27 Abs. 2 einzureichen,
e. nach Maßgabe der einschlägigen Bestimmungen und Beschlüsse am Jahresüberschuss teilzunehmen,
f. rechtzeitig vor Feststellung des Jahresabschlusses durch die Generalversammlung auf seine Kosten eine

Abschrift des Jahresabschlusses, des Lageberichts, soweit dieser gesetzlich erforderlich ist, und des Berichts des Aufsichtsrats zu verlangen,

g. die Niederschrift über die Generalversammlung einzusehen,

h. die Mitgliederliste einzusehen, das zusammengefasste Ergebnis des Prüfungsberichts einzusehen.

§ 12
Pflichten der Mitglieder

Jedes Mitglied hat die Pflicht, das Interesse der Genossenschaft zu wahren. Es hat insbesondere:

a. den Bestimmungen des Genossenschaftsgesetzes, der Satzung und den Beschlüssen der Generalversammlung nachzukommen,

b. die Einzahlungen auf den Geschäftsanteil oder auf weitere Geschäftsanteile gemäß § 36 zu leisten,

c. der Genossenschaft jede Änderung seiner Anschrift, Änderung der Rechtsform sowie der Inhaber- und Beteiligungsverhältnisse unverzüglich mitzuteilen. Gleiches gilt für Änderungen der Vertretungsbefugnis oder Mitgliedschaft, soweit Personen in ihrer Eigenschaft als Organmitglied der Genossenschaft betroffen sind,

d. bei der Aufnahme ist ein der Kapitalrücklage (§39) zuzuschreibendes Eintrittsgeld zu zahlen, wenn dies von Vorstand und Aufsichtsrat gem. § 22 Abs. 1 l festgesetzt wird,

e. Angebotsunterlagen, Preise und Konditionen, Rundschreiben und sonstige Informationen der Genossenschaft sind gegenüber Außenstehenden vertraulich zu behandeln,

f. Geschäftsanteile nach Maßgabe des § 36 Abs. 3 zu übernehmen,
g. Beiträge und Umlagen nach Maßgabe des § 29 p zu leisten.

§ 36
Geschäftsanteil und Geschäftsguthaben

1. Der Geschäftsanteil beträgt 500.– EUR.
2. Der Geschäftsanteil ist sofort voll einzuzahlen.
3. Ein Mitglied kann sich mit weiteren Geschäftsanteilen beteiligen. Die Beteiligung eines Mitglieds mit einem zweiten Geschäftsanteil darf erst zugelassen werden, wenn der erste Geschäftsanteil voll eingezahlt ist; das Gleiche gilt für die Beteiligung mit weiteren Geschäftsanteilen. Für die Einzahlung gilt Absatz 2 entsprechend. Für die Einzahlungsverpflichtung gilt für jeden Geschäftsanteil Absatz 2 entsprechend.
4. Die auf die Geschäftsanteile geleisteten Einzahlungen zuzüglich sonstiger Gutschriften und abzüglich zur Verlustdeckung abgeschriebener Beträge bilden das Geschäftsguthaben eines Mitglieds.
5. Das Geschäftsguthaben darf, so lange das Mitglied nicht ausgeschieden ist, von der Genossenschaft nicht ausgezahlt, nicht aufgerechnet oder im geschäftlichen Betrieb der Genossenschaft als Sicherheit verwendet werden. Eine geschuldete Einzahlung darf nicht erlassen werden; gegen diese kann das Mitglied nicht aufrechnen.

6. Die Abtretung oder Verpfändung des Geschäftsguthabens an Dritte ist unzulässig und der Genossenschaft gegenüber unwirksam. Eine Aufrechnung des Geschäftsguthabens durch das Mitglied gegen seine Verbindlichkeiten gegenüber der Genossenschaft ist nicht gestattet. Für das Auseinandersetzungsguthaben gilt § 10.

Aber nicht nur in Deutschland kann man sich aktiv als Genosse oder Genossin einbringen, es besteht auch die Möglichkeit, in Genossenschaften für Entwicklungsländer einzusteigen. In der schon zitierten Studie von Hans Münkner wird herausgearbeitet, dass diese eine nicht zu unterschätzende Rolle bei der wirtschaftlichen Entwicklung und Demokratisierung innehaben. Als »antikapitalistische« sozioökonomische Organisationen verbinden Genossenschaften tradierte und neue Formen der Kooperation. »So werden z. B. häufig Führungspersonen aus der alten Elite in den Vorstand gewählt, unterliegen aber in Genossenschaften – anders als nach autochthonen Regeln – einer Reihe von Kontrollen: Wahlen, beschränkte Amtszeit und Prüfung.«[32] Ferner ebnen Genossenschaften neuem Führungspersonal den Weg und fördern den Zugang zu neuem Knowhow, neuer Technik und letztlich Absatzmärkten. Innovationen können im Kreise von Gleichgesinnten leichter gegen traditionsbedingte Widerstände durchgesetzt werden, sodass diese Organisationsform vor allem eines vermag: Die Symbiose von Freiheit und Abhängigkeit, Tradition und Fortschritt herzustellen und zu pflegen.

Besonders gut funktionierende Beispiele für lokale Genossenschaften in den sich entwickelnden Ländern sind die *Credit*

Unions (CU). Darunter versteht man Spar- und Kreditgenossenschaften, die arbeiten und wirtschaften können, ohne an Bankregeln gebunden zu sein. Sie funktionieren nach dem bewährten Vorbild der Raiffeisen-Banken, folgen einem klar formulierten Unternehmensleitbild und stützen sich auf einen lokal beschränkten Mitgliederkreis (*Common Bond*). Die CUs verwalten sich selbst, sind aber überregional bis hin zu einem Weltverband vernetzt (WOCCU), zum Teil kooperieren sie auch mit rotierenden Spar- und Kreditringen (ROSCA). Sinn und Zweck ist es, Menschen, denen der Zugang zu Banken verwehrt ist, aus der Abhängigkeit von Geldverleihern und Zwischenhändlern zu holen.[33]

Crowdfunding – ein Teil des Schwarms werden

Eine der derzeit spannendsten und wegen der kleineren Investmentsummen, die benötigt werden, vergleichsweise risikoarmen Vorgehensweisen, um bei Projekten in der fairen Finanzwelt aktiv zu werden, ist das sogenannte *Crowdfunding* oder auch »Schwarmfinanzierung« genannt. *Crowdfunding* nutzt das Web 2.0 als Plattformbasis und ist deshalb unserer Auffassung nach eine der interessantesten Financial Innovations 2.0. In Deutschland gibt es fünf Plattformen, auf denen *Crowdfunding* geordnet stattfindet: Incubator, MySharePass, pling, Startnext und VisionBakery. Auf diesen fünf Plattformen gibt es mehr als 30 verschiedene Projektfelder, auf denen Projekte eingestellt werden können, um Anleger anzuziehen. Ähnlich wie in den USA sind insbesondere kreative und künstlerische Projekte auf der Suche nach Finanziers via Netzaktivität. Dazu gehören Designprojekte, Modeprojekte, Produktionsvorhaben für Musiktitel, Filme oder auch Videos, Ausstellungsprojekte, Theaterprojekte u.v.m. Das *Crowdfunding* begann verstärkt im Jahre 2011 und konnte schon nach dem dritten Quartal, gemittelt über die fünf Plattformen, 310 beendete Projekte verzeichnen. Davon gelang es, 120 erfolgreich zu finanzieren. Insgesamt wurden mehr als 350 000 Euro auf diese Weise von Anlegern in Projekte investiert.

Dem *Crowdfunding* liegt ein einfaches Modell zugrunde:

Modell des *Crowdfunding*

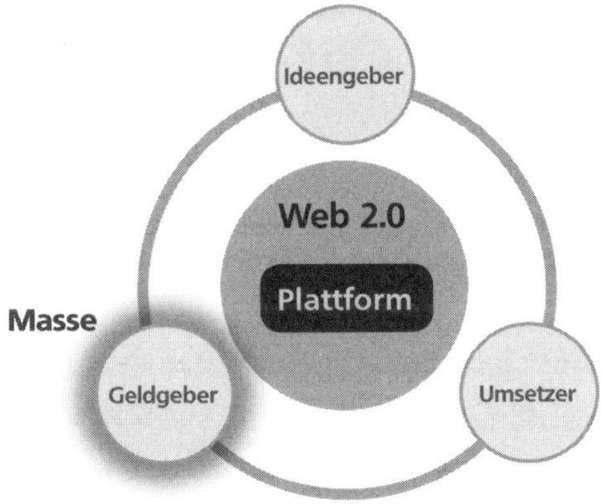

Am Anfang des *Crowdfunding* steht eine Idee, eine Vision. Meist sind es Entwürfe für solche Projekte, die sich mit öffentlichen Mitteln oder herkömmlichen Geldgebern und Sponsoren nur schwer oder gar nicht umsetzen lassen. Für diesen Fall, dass die Entwicklung eines Projektes oder Produktes nicht selbst finanziert werden kann oder soll, kann durch die Mobilisierung der Öffentlichkeit via Internet eine gemeinschaftliche Vorabfinanzierung sichergestellt werden. Diese im Netz akquirierten anonymen Geldgeber sind aus verschiedenen Gründen oftmals besser geeignet als eine Förderung von öffentlicher Hand oder ein Sponsor. Erstens, weil davon ausgegangen werden kann, dass sich die Geldgeber über das Projekt informiert haben und dieses bewusst unterstützen möchten. Zweitens spiegelt die Schwarmfinanzierung den tatsächlichen gesellschaftlichen Bedarf des Projektes am ehesten wider. Drittens sind die Rollen sehr viel klarer verteilt. Geldgeber und Projektmanager bzw. Produkthersteller sind voneinander klar unterschieden. Die an der Umsetzung beteiligten Personen treffen, im Gegensatz zu den anonymen Geldgebern, operative Entscheidungen und bestimmen im Wesentlichen die Gesamtrealisierung der ursprünglichen Idee. Als Tool für die Vernetzung der Akteure, die Information und Kommunikation dient das Web 2.0.

Bei einer Finanzierungsaktion, die durch eine Masse (*Crowd*) fremdfinanziert sein muss, bevor die Aktion selbst beginnt, wird eine Mindestkapitalmenge aufgebracht. Jeder einzelne *Crowdfunder* erhält eine Gegenleistung für seinen eingebrachten finanziellen Anteil. Diese kann in einem zurückfließenden Geldbetrag bestehen, in Sachleistungen oder in Rechten, die er erwirbt. Allerdings muss die Gegenleistung immer in Geld beziffert werden können, selbst wenn sie darüber hinaus einen ideellen Wert besitzt. Diejenigen, die an Investments aus einer *Crowd* interessiert sind, also die Geldnehmer, machen auf einer Plattform im Internet eine offene Ausschreibung, die in der Regel keine Einschränkungen oder Ausgrenzungen für potenzielle Geldgeber beinhaltet. Die Mittel, die dann von den *Crowdfundern* oder Geldgebern eingeworben werden, sind immer zweckgebunden, d. h., sie sind fix an die jeweilige Aktion gekoppelt.

Anders als in den USA gibt es derzeit in Deutschland noch keine gesetzliche Grundlage für diese Finanzierungsform. Dennoch bildet sich mittlerweile schon faktisch eine große Verlässlichkeit zwischen den *Crowdfunding*-Geschäftspartnern heraus. Eine Hilfestellung, wie Projektgelder durch eine Internetgemeinschaft eingeworben werden können, bietet die Plattform www.startnext.de. Hier finden sich Richtlinien für die Projektpartner, *Community*-Regeln und allgemeine Geschäftsbedingungen. Startnext koordiniert alle Vorgänge und nimmt dafür in der Regel von den Geldnehmern eine Gebühr, die bei erfolgreichen Projekten zehn Prozent des Projektbudgets ausmacht. Anleger zahlen nichts extra.

Sozialunternehmer werden

Die intensivste Form des Investierens besteht natürlich darin, ein eigenes Projekt im Feld des Sozialunternehmertums zu entwickeln. Selbst *Social Entrepreneur* zu werden und eigenes Geld sowie das Geld von anderen Investoren beispielsweise über *Crowdfunding* in das eigene Vorhaben zu lenken, verlangt allerdings auch die höchsten Voraussetzungen und birgt die größten Risiken. Doch damit muss man nicht auf sich gestellt bleiben.

Das Aspen Institut in Washington, D.C. hat mit seinem Testverfahren ein großartiges Hilfsmittel entwickelt, um das eigene Projekt auf Markt- und Finanzierungsfähigkeit zu überprüfen. Der Zweck des sogenannten MicroTests besteht darin, Kleinunternehmen (*Micro Enterprise Programs*) auf ihre Funktionsfähigkeit zu testen und ihr Leistungsvermögen zu verbessern.

MicroTest wurde mit der Überzeugung gegründet, dass in dem Moment, in dem definierte Leistungsstandards von Kleinunternehmen eine weite Verbreitung finden, nicht nur deren Leistungsfähigkeit und Organisationsstabilität verbessert wird, sondern auch die Verfügbarkeit von effizienten und wirkungsvollen Dienstleistungen für die Kunden garantiert werden kann. Ferner soll auf diese Weise mehr Unterstützung für effektive

Kleinunternehmer generiert werden. MicroTest bietet für interessierte Kleinunternehmen erprobte und bewährte Prüfprogramme, die bereits von über 150 Firmen eingesetzt und auch von der Association for Enterprise Opportunity empfohlen werden. Weiterhin stellt es Instrumente zur Messung von Unternehmensleistung und Kundenzufriedenheit bereit und wirbt mit einer gründlichen Einführung und einem intensiven Training in diesen Feldern. MicroTest ist ansprechbar, wenn technische Unterstützung zur Verbesserung der Datenerfassung und -auswertung benötigt wird, und erstellt ausführliche, auf den Kunden zugeschnittene leistungs- und ergebnisorientierte Berichte. Dabei helfen bei Bedarf auch MicroTest-Berater. Mit anderen Worten: Mit dem MicroTest-Programm ist es möglich, die eigene Unternehmensleistung anhand eines US-weit anerkannten Bewertungsinstruments zu analysieren und mit anderen, ähnlichen Organisationen zu vergleichen. Auf diese Weise können Ressourcen gezielter eingesetzt werden und Geldgeber und Kunden von den angestrebten hohen Standards überzeugt werden. Der Einsatz des Tests ermöglicht einen Überblick, wohin die aktuellen Branchentrends gehen und wer die beste Leistung erbringt, da Kontakt zu anderen Organisationen, die ebenfalls an der Verbesserung ihrer Leistungsstandards arbeiten, aufgenommen werden kann.[34]

Die meisten der angebotenen Prüfungswerkzeuge lassen sich vom amerikanischen Kontext auch in den deutschsprachigen transferieren. Daraus ergibt sich eine breit angelegte Checkliste für den eigenen Werdegang zum *Social Entrepreneur*.

Natürlich bieten auch Ashoka Deutschland oder BonVenture sowie eine Reihe von *Business-Angel*-Organisationen in Deutschland an, Unternehmensgründer beim Einstieg ins *Social Business* unter die Arme zu greifen. Dies kann in Form von Prüfung der Konzeptidee bis hin zur professionellen Begleitung in den ersten Entstehungsphasen geschehen. In unserem 2011 erschienenen Buch *Social Business. Für ein neues Miteinander* haben wir unter dem Stichwort der Professionalisierung die in Deutschland bestehende Infrastruktur beschrieben, die es braucht, um ein eigenes Sozialunternehmen erfolgreich aufzusetzen.[35] In der Tat sind die Voraussetzungen für ein eigenes unternehmerisches Engagement, das ökologische, soziale oder kulturell-gesellschaftliche Wirkung erzeugen soll, noch nie so gut wie heute gewesen.

Nachwort

Die vorhergehenden Kapitel zeigen eindeutig: Ein neues ökonomisches und finanzwirtschaftliches Denken hält Einzug, das über die Begrenztheit des klassisch ökonomischen Paradigmas hinausgeht. In der Praxis können wir bereits erste Anzeichen eines Umbruchs erkennen, im Zuge dessen Kernelemente des Finanzsystems und seiner Instrumente sozial, ethisch und ökologisch wirkungs- und wertgebunden erprobt werden. Auf der Ebene des persönlichen Investments haben wir zunehmend Möglichkeiten, Finanzprodukte und Finanzdienstleistungen zu nutzen, die ein *Impact Investing* erlauben, wodurch jeder Einzelne von uns Einfluss auf die Angebotsstruktur nehmen kann. Vor allem Menschen, die einen sogenannten LOHAS-Lebensstil (*Lifestyle of Health and Sustainability*) pflegen, werden Produkte aus der Welt der Financial Innovations 2.0 mehr und mehr nachfragen und somit diese neue Kultur des Investierens befeuern. Natürlich sind diese Ansätze aktuell nicht *Mainstream*, sondern eher Nischenangebote, allerdings am Markt durchaus so erfolgreich, dass klassische Anbieter ihre Produktpalette um diese »Exoten« erweitert haben.
Dies alles macht Hoffnung, dass die systemische Transformation ökonomischen Handelns gelingen wird. Der Markt der Finanzen ist im Umbruch, die Chance auf gesellschaftliche Innovation ist gegeben. Damit ist die Situation keinesfalls so alternativlos, wie uns eine um Machterhalt und Wiederwahl bangende politische Elite glauben machen will – auch wenn sich die im Sinne von *Fair Finance* bewegten Summen angesichts der Dynamiken der Finanzmärkte bescheiden ausnehmen. Ver-

gleicht man selbst großvolumige *Impact-Investing*-Ansätze – etwa jene 500 Millionen britische Pfund, die den Kapitalstock der sozial ausgerichteten Bank Big Capital Society bilden – mit herkömmlich gehandelten Volumina, so kommt man zu niederschmetternden Ergebnissen: Selbst dieser hohe Betrag von 500 Millionen Pfund, also aktuell circa 650 Millionen Euro, macht gerade mal eine Promille (!) dessen aus, was am Finanzplatz London an einem einzigen Tag bewegt wird.

Allerdings dürfte auch entlang unserer Argumentation deutlich geworden sein, dass es für die Finanzmärkte gefährlich ist, sich mit der Aura einer überlegenen Rationalität zu umgeben, eines unfehlbaren Wissens über »richtige« Zukünfte und ihr erfolgreiches Management. Bei solchem pfauenhaften Gebaren schmückt sich die Branche mit falschen Federn, denn ein solches Wissen besitzt sie nachweislich nicht. Ebenso risikoreich ist es, wenn sich die Finanzmärkte in ihrer Eitelkeit nur mit sich selbst und nicht mit dem Finanzierungsbedarf der realen Wirtschaft bzw. den Herausforderungen der sie umgebenden Gesellschaft beschäftigen – als wären sie losgelöst vom Rest der Welt. Damit forcieren sie nur eines: den Niedergang des Finanzkapitalismus als Wirtschafts- und Lebensform.

Dieser steht aktuell in der Tat zur Disposition. Allerdings sollte man vermeiden, das Kind mit dem Bade auszuschütten, denn *Fair Finance* hält eine wenngleich paradoxe Antwort auf die Frage bereit, wie wir die große Krise mit ihren massiven sozialen Kollateralschäden hinter uns lassen können. Statt sich auf die naheliegende Antwort zu versteifen, dass die Macht der Märkte ausgeschaltet werden muss, geht *Fair Finance* davon aus, dass die Lösung des Problems in einer Werteberichtigung innerhalb des Finanzsektors gefunden werden muss und kann.

Fair Finance verbindet, ähnlich wie der verwandte Begriff »Social Business«, zwei scheinbar sich ausschließende Bedeutungen miteinander. Mit dem Begriff »*Finance*« assoziiert der Normalbürger vor dem Hintergrund der jüngsten Entwicklungen des Finanzkapitalismus eine Kultur der Rücksichtslosigkeit, des Betrugs und der gesellschaftlichen Verantwortungslosigkeit. Gleichsam als Gegenbild zu dieser Welt beschreibt der Begriff »*Fair*« eine Kultur der Rücksichtnahme und Solidarität, der Transparenz und Wertegebundenheit, kurz gesellschaftliche Verantwortung. Die beiden Begriffe zusammenzufügen und damit nahezulegen, dass eine Ausrichtung von Finanztechniken und Finanzmärkten auf ethische Standards möglich ist bzw. dass soziale Probleme durch Nutzung dieser Instrumente eine bessere Lösung erfahren können, mag gewagt erscheinen. Denn ohne Zweifel handelt es sich um eine gefährliche Mischung, eine Spekulation in die Zukunft, die sich aufgrund der Gegensätzlichkeit der Ziele, der Werte und Perspektiven nicht ohne Weiteres bewahrheiten wird.

Und dennoch: Wir meinen, dass es möglich ist. Gerade diese Verbindung konträrer Elemente eröffnet Möglichkeiten, die Welt des Sozialen und das Universum der Finanzen so weiterzuentwickeln, dass in beiden Bereichen innovative Lösungen für ökologische und soziale Herausforderungen, lokal wie global, gefunden werden können.

Selbstverständlich liegt darin auch ein Stück politischer Utopie: Aber wir sind davon überzeugt, dass auch Akteure der Finanzindustrie lernfähig sind und ihre Lehren aus der großen Krise von 2008 und den Folgejahren gezogen haben.

Statt im Zorn auf die Exzesse der Finanzindustrie zu schauen und alles unter den Generalverdacht einer bloßen Systemerhaltungsmaßnahme, einer großen Verschwörung zwischen Politik und Finanzwirtschaft, zu stellen, geht es nun darum, den Blick nach vorne zu richten und mit einer neu gewonnenen Freiheit sich den Experimentalräumen zuzuwenden, in denen gerade viel Aufregendes rund um Financial Innovations 2.0 entsteht.

Wir brauchen diese Laboratorien, in denen Neuansätze unter Realitätsbedingungen erprobt werden können. Wir brauchen einen breiten gesellschaftlichen Diskurs über die Erfahrungen aus diesen Labors einer zukünftigen, nachhaltig und solidarisch organisierten Finanzwelt. Und wir brauchen vor allem eins: Talente, die sich diesen Herausforderungen wagemutig stellen und mit hohem persönlichen und unternehmerischen Einsatz Alternativen austesten. Statt technokratischer Kapitalverwaltung auf Basis mathematischer Allokationsstrategien sollen Talent und Persönlichkeit wieder zu spielentscheidenden Faktoren für die Entwicklung von Märkten werden. Teil unserer politischen Utopie, die sich mit *Fair Finance* verknüpft, ist auch folgende Überlegung: Wenn schon Politik die Märkte nicht im Sinne der Interessen des Gemeinwohls zu beeinflussen vermag – die damit verbundene Resignation wird allzu gerne hinter verbalen Leerformeln, ziellosem Aktivismus oder schlichten Lügen verborgen –, warum sollten dann nicht Konsumenten durch ihre finanziellen Entscheidungen die Dinge selbst in die Hand nehmen? Warum sollte die Zivilgesellschaft nicht als Korrektiv der politischen Klasse aktiv werden und zumindest den Freiheitsspielraum für Experimente in einer scheinbar alternativlos gewordenen Welt erstreiten?

Es ist höchste Zeit, an einer neuen hoffnungsvollen großen Erzählung zu arbeiten und von dem Mut, dem Engagement und der Zukunftsvision, die in den Experimentierlabors des *Fair Finance* herrschen, zu berichten, anstatt diese einfach mit der kalten Arroganz der Macht abzuschreiben.

Wir sind uns bewusst: Mit den Versuchen des *Impact Investing* ist noch lange kein durchgängiger Entwurf für eine alternative Wirtschaft formuliert. Doch dieses Experimentierfeld, dieses *Social*

Finance Innovation Hub, liefert wichtige Impulse für eine Umwandlung der jetzigen, finanzkapitalistischen Wirtschaft zu einer mehr solidarisch ausgerichteten Marktwirtschaft. Die Laborberichte, wie sie in den vorausgehenden Kapiteln beschrieben wurden, zeigen Ansätze auf, wie eine lebensdienlichere Wirtschaftsweise innerhalb einer sozialen Marktwirtschaft möglich ist, in der tatsächlich Solidarität an die Stelle von rücksichtsloser Konkurrenz tritt und die Finanzmärkte nicht länger nur selbstbezogen agieren. Wohin uns die Reise letztlich führen wird, kann keiner beantworten: »Wir kennen die konkrete Gestalt der Gesellschaft, die am Ende des Transformationsprozesses steht, heute noch nicht«[1] – entscheidend ist, dass wir uns bewegen.

»Der Kapitalismus steht zur Disposition« – mit diesem Verweis auf Klaus Schwab und dem Weltwirtschaftsforum in Davos 2012 haben wir dieses Buch begonnen. Jetzt nach unserem Durchgang durch die Landschaft der in Erprobung befindlichen Experimente und Möglichkeiten, selbst ein wichtiger Partner in diesen Zukunftsunternehmungen zu werden, schließen wir mit einer durchaus auch gesellschaftspolitischen Perspektive, nämlich einer zum Talentismus gewandelten Marktwirtschaft.

Große Erzählungen sind dazu da, soziale Fantasie freizusetzen. Die Geschichte, die hier erzählt wurde, nahm ihren Ausgangspunkt im Davos des Jahres 2012, als dort die Frage nach der Zukunft des Kapitalismus gestellt wurde. Die von Schwab prompt gegebene Antwort einer Ablösung des Kapitalismus durch eine neue Form des Talentismus bzw. durch eine Form der *Shared Value Creation* gewinnt seitdem in vielen Veranstaltungen und Diskussionen an Kontur. Offenbar ist sie in der Mitte der Gesellschaft angekommen.

Es bleibt angesichts dieser vielversprechenden Entwicklungen des *Impact Investing* zu hoffen, dass man in wenigen Jahren im

Rückblick auf die aktuelle Krise und die mit ihr verbundenen Auseinandersetzungen in ähnlicher Weise reden wird können, wie es Thomas Mann in der Einleitung zu seinem *Zauberberg* tun konnte: »(...) diese Geschichte ist sehr lange her, sie ist sozusagen schon ganz mit dem historischen Edelrost überzogen und unbedingt in der Zeitform der tiefen Vergangenheit vorzutragen. Das wäre kein Nachteil für eine Geschichte, sondern eher ein Vorteil: denn Geschichten müssen vergangen sein, und je vergangener, könnte man sagen, desto besser für sie in ihrer Eigenschaft als Geschichte.«[2]

Die Finanzkrise von 2008 und die uns nach wie vor in Atem haltende Staatsschuldenkrise eröffnen uns die Chance auf einen sehr weitreichenden Bewusstseinswandel. Es besteht die Aussicht, dass die Enge und Borniertheit einer mit unverantwortlich hohen sozialen und ökologischen Kosten verbundene Form der Wirtschafts- und Finanzmarktorganisation bereits bald der Vergangenheit angehört. So kann man begründet hoffen, dass die in diesem Buch beschriebenen Ansätze im Rückblick als kreativer Vorgriff, als Impuls- und Taktgeber für umtriebige Akteure einer Bewegung zu verstehen sind, die sich dank der medialen Vernetzung unserer Zeit wellenförmig ausbreitet. Mathematische Modelle fraktalen Wachstums können hierfür im Zeitalter digitaler Medien ein solides wissenschaftliches Modell liefern, warum sollte immer nur Geld exponentiell wachsen?

Ein klassisches Modell der Zukunftsforschung, die Technik des narrativen Szenarios, geht davon aus, dass, wenn Zukunft lebendig erzählt wird, daraus die Kraft für die Verwirklichung von Zukunftsträumen geschöpft werden kann. Es hilft, gerade angesichts der deprimierenden Gegenwartsdiskurse, gerade angesichts der mit Wut und Hass geführten Diskurse über die Finanzkrise und ihre Folgen, einen solchen Sprung in die

Zukunft zu wagen und von einem Szenario einer bereits überwundenen Krise auf diese schmerzvolle Gegenwart zurückzublicken. Eine vergleichbare Technik nützt man übrigens auch dort, wo es um die Überwindung persönlicher Lebenskrisen und biografischer Brüche geht. Die Kraft, die von einem positiv entfalteten Bild der eigenen Zukunft ausgeht, bildet den Motor, der den Prozess der persönlichen Transformation antreibt. Die aktuelle Phase der Transformation unseres Finanzsystems und unserer persönlichen Beziehung zu diesem System und seinen Instrumenten kommt einem tiefen Prozess des Bewusstseinswandels, einem mutigen unternehmerischen Prozess der gesellschaftlichen Innovation gleich.

Eine Finanzwirtschaft im Präsens, in der Fülle des Augenblicks, könnte der Weltgesellschaft, aber auch jedem Einzelnen von uns guttun. Dies wäre es, was mit Zukunftsoffenheit, unternehmerischem Mut und Talentismus innerhalb einer neuen Form des Kapitalismus gemeint sein könnte. Die wachsende Rolle des Talentismus bedeutet mit Sicherheit eine schwindende für den Faktor Kapital, aber dennoch: Kapital ist nötig, um Rahmenbedingungen und Spielfelder einer talentistischen Gesellschaft überhaupt erst schaffen zu können. Kapital allerdings, das vor allem aus Talent, Chance, Selbstbestimmung und Freiheit besteht.

Vielleicht ist diese Entwicklung für Player, die aktuell Pionierarbeit im Feld von *Fair Finance* leisten wie etwa auf ethische Geldanlage spezialisierte Banken, gar nicht so vorteilhaft. Es wäre durchaus denkbar, dass dank kluger Führung und strategischer Neuausrichtung möglicherweise die klassischen Finanzmarktakteure das Rennen um diesen Markt machen werden. Einige ihrer hier geschilderten Initiativen deuten dies immerhin an. Sollten sich diese Akteure mit *Fair Finance* anfreunden – sei es auf Druck von Organisationen der Zivilgesellschaft oder der eigenen Kunden und Aktionäre – und nur mit steigenden Raten von jährlich einem Prozent in *Social Ventures* und in die Förderung von Talenten dieses Bereichs investieren, dann würde dies einen jährlichen Zuwachs von stattlichen Milliardenbeträgen für diesen Markt bedeuten. Ein Betrag, von dem eine durchaus verändernde Kraft ausgehen könnte. Was liegt näher in unserem Zukunftsszenario, als zum Ausgangspunkt unserer Reise zurückzukehren und zu fragen, wie denn wohl im Jahr 2018, also zehn Jahre nach dem »Startschuss« der Finanzkrise, die Eröffnungsbotschaft vom Weltwirtschaftsgipfel in Davos lauten wird: »Der Patient, unser Wirtschaftssystem, ist auf dem Weg der Besserung. Er ist aus der dünnen Luft der Bergwelt eines spekulativen Finanzkapitalismus hinuntergestiegen und im Tal einer sozial verantwortungsvollen Realwirtschaft angekommen. Mit jedem Schritt des Abstiegs sind seine Vitalkräfte wieder zurückgekehrt. Die Krise liegt hinter uns, wir haben ein neues Muster einer ökosozialen Marktwirtschaft entwickelt, das sich dank neuartiger Finanzierungsmodelle einer auf Basis von *Fair Finance* agierenden Finanzwirtschaft in immer weiteren Bereichen durchgesetzt hat.« Das wäre die erste wirklich gute Nachricht, die wir seit 2008 aus der Finanzwirtschaft zu hören bekämen.

Dank

Schon in den Diskussionen um unser Buch *Social Business. Für ein neues Miteinander* (München 2011) wurden wir mit Fragen nach neuen, alternativen und fairen Finanzierungsformen für Sozialunternehmen konfrontiert. Bei einschlägigen Zukunftswerkstätten mit Studenten des Studiengangs »Management sozialer Innovationen« an der Hochschule München nahm dieses Thema dann einen so großen Raum ein, dass wir von der Notwendigkeit des vorliegenden Buchs überzeugt wurden. An dieser Stelle gilt deshalb unser Dank all denen, die uns durch ihr intensives Nachfragen zum Schreiben motiviert haben!
Überdies hat uns die Zusammenarbeit mit dem Strascheg Center for Entrepreneurship, der BMW-Stiftung Herbert Quandt und der Social Entrepreneurship Academy im Rahmen unserer Ringvorlesungsreihe »Gesellschaftliche Innovation« inspiriert. In diesem Rahmen sind von namhaften Referenten wichtige Aspekte des Finanzthemas behandelt worden, und die Inhalte und Ergebnisse dieses Dialogs haben dieses Buch tiefgreifend beeinflusst. An die Partner und Referenten der Ringvorlesung geht deshalb ebenfalls unser Dank.
In den vergangenen Jahren haben wir aufgrund unserer Beratungstätigkeit bei Banken und im Zuge gemeinsamer Diskussionen und Gespräche auf Vorstandsebene erkunden dürfen, welch großer institutioneller und kultureller Wandel sich vorbereitet, um für das Management des »neuen Kapitals« vorbereitet zu sein. Besonders verpflichtet sind wir in diesem Zusammenhang Herrn Thomas Jorberg, Vorstandssprecher der GLS Gemeinschaftsbank, Herrn Helmut Lind, Vorstandsvorsitzen-

der der Sparda Bank München eG, Herrn Dr. Marcus Niggl als Leiter Konzernstrategie/Personalwesen und Herrn Dr. Günther Dapunt, Vorstandsvorsitzender, beide von der Walser Privatbank.

Ohne die über Jahre gepflegten Dialoge mit Fabienne und Charles Abrecht sowie mit Maria Melo Antunes hätte das diesem Buch zugrundeliegende Verständnis von *Private Wealth Management* nicht entstehen können. Ihre aus dem beruflichen Umfeld bei Brown Brothers & Harriman, Bank in Liechtenstein und Fairway Rasini Investment Partners gewonnenen Einsichten haben uns nicht nur die Perspektive des *Global Investing* und die Welt der Hedgefonds eröffnet, sondern auch gezeigt, dass es weitreichende Anstrengungen des Umdenkens in diesem Feld gibt.

Würde es nicht vielfältige Stiftungsaktivitäten rund um *Social Impact Investment* und *Mission Related Investment* geben, könnten wir nicht so optimistisch hinsichtlich der zeitnahen Verbreitung von fairen Investments sein. Die Begegnungen mit den Kollegen der Bertelsmann Stiftung sind hier genauso zu nennen wie die Gespräche mit PHINEO gemeinnützige AG, der Plattform für Soziale Investoren. Namentlich möchten wir Herrn Dr. Andreas Rickert und die geschäftsführende Partnerin von The Architects of Value GmbH, Claudia Sterrer-Pichler, besonders dankbar erwähnen.

Dass dieses Buch geschrieben werden konnte, verdankt sich der großzügigen Förderung der Schweisfurth-Stiftung für nachhaltige Entwicklung (München) sowie der Förderung der Stiftung für Kooperationsforschung und kollektive Entwicklung (Berg). Das Buch ist zudem Teil des gemeinsam zwischen der Hochschule München und der Schweisfurth-Stiftung verabredeten Projekts »*Social Impact Investing* im Stiftungsbereich«, das im Rahmen des Forschungsfreisemesters eines der beiden Autoren durchgeführt werden konnte.

Bei diesem Buch hat uns Frau Petra Spier in einem Vorprojekt mit umfangreichen Recherchen geholfen. Ihre mit großem journalistischem Geschick aufbereiteten Unterlagen haben dafür gesorgt, dass trotz der Dynamik des »Forschungsfeldes« der Überblick nicht verloren ging.
Dem Herbig Verlag München unter Leitung von Frau Brigitte Fleissner-Mikorey sind wir besonders verbunden; das Verlagshaus lässt sich erneut auf thematisch unsicheres Neuland ein. Der verlegerische Mut und der lektorierende Beistand durch die Programmleiterin Frau Dr. Iris Forster haben uns in der Sache und im Stil unermüdlich angespornt, ein komplexes Wissensgebiet gemeinverständlich aufzuschließen.
Wenn es gelingt, dass dieses Buch dazu beiträgt, möglichst viele Finanzmittel zur Förderung des Gemeinwohls zu mobilisieren, wäre dies für uns als Autoren der größte Erfolg!

Anmerkungen

1 Borderline – wie sich die Welt in der Krise verhält

[1] Brecht, B., Die Dreigroschenoper, in: Brecht, B., *Ausgewählte Werke in sechs Bänden*, Bd. 1, Frankfurt am Main 1997, S. 267

[2] Josef Ackermann im Interview, in: *Neue Zürcher Zeitung*, 11. Juni 2012

[3] Vgl. Sinn, H.-W., *Kasino-Kapitalismus. Wie es zur Finanzkrise kam, und was jetzt zu tun ist*, Berlin 2009

[4] Ebd., S. 11f.

[5] Ebd., S. 12

[6] Vgl. dazu das Kapitel »Talentismus – das Kapital der Zukunft neu gedacht« in Rifkin, J., *Die empathische Zivilisation. Wege zu einem globalen Bewusstsein*, Frankfurt am Main 2011

[7] Sinn, S. 11ff.

[8] Vgl. http://www.faz.net/aktuell/wirtschaft/protestaufruf-der-offene-brief-der-oekonomen-im-wortlaut-11810652.html; Zur weiteren Diskussion siehe auch http://www.ftd.de/finanzen/maerkte/:kritik-von-hans-werner-sinn-und-anderen-vom-dilettantismus-der-deutschen-oekonomen/70059879.html; Zur politischen Reaktion siehe http://www.sueddeutsche.de/wirtschaft/2.220/aufstand-der-oekonomen-breitseite-gegen-merkel-1.1402965

[9] Vgl. Soros, G., *The Alchemy of Finance*, New York 1975

[10] Vgl. Buse, U., Fichtner, U., Goos, H., Hoppe, R., Pauly, C., Schnibben, C., Schulz, T., Seith, A., Smoltczyk, A.: Schlussverkauf, in: *Der Spiegel* 50/2011, Titelstory

[11] Ebd., S. 40

[12] Ebd., S. 70

[13] Vgl. Prantl, H., *Wir sind viele. Eine Anklage gegen den Finanzkapitalismus*, München 2011

[14] Vgl. Binswanger, H. C., *Geld und Magie*, Hamburg 2005, S. 52

[15] Buse, U., u. a., S. 46

[16] Ebd., S .46

[17] Ebd., S. 46

[18] Ebd., S. 41

[19] Ebd., S. 70

[20] Smith, G., Why I am leaving Goldman Sachs, in: *New York Times*, 14. März 2012, http://www.nytimes.com/2012/03/14/opinion/why-i-am-leaving-goldman-sachs.html?pagewanted=all&_r=0

[21] Vgl. die Publikation »Update of group of global sytemically important

banks (G-SIBs)« vom November 2012 unter http://www.financialstabilityboard.org/list/fsb_publications/index.htm

22 Prantl, H., Machtlos gegen die Gier, in: *Süddeutsche Zeitung*, 11./12. August 2012; Vgl. auch http://www.sueddeutsche.de/wirtschaft/untersuchung-wegen-betrugs-freispruch-fuer-goldman-sachs-1.1437768

23 Bisky, J., Die Goldmänner sind überall, http://www.sueddeutsche.de/wirtschaft/soziologe-wolfgang-streeck-ueber-goldman-sachs-die-goldmaenner-sind-ueberall-1.1335228

24 Ebd.

25 Bofinger, P., Habermas, J., Nida-Rümelin, J., Kurswechsel für Europa. Einspruch gegen die Fassadendemokratie, in: *Frankfurter Allgemeine Zeitung*, 3. August 2012

26 Ebd.

27 Widmann, M. und H. Freiberg, Willkommen im Sperrgebiet, in: *Süddeutsche Zeitung*, 19./20. Mai 2012, S. 5

28 Wallerstein, I., The Fantastic Success of occupy wall street, http://www.iwallerstein.com/fantastic-success-occupy-wall-street

29 Vgl. Sennett, R., *Civitas. Die Großstadt und die Kultur des Unterschieds*, Berlin 2009 sowie Sennett, R., *Verfall und Ende des öffentlichen Lebens*, Berlin 2008

30 Vgl. http://www.oxfam.de/publikationen/spekulationsstudie; einen Kurzüberblick zur Studie bietet die Oxfam-Presseinfo vom 9. Mai 2012 unter http://www.oxfam.de/sites/www.oxfam.de/files/20120509_factsheet-nahrungsmittelspekulation-allianz.pdf; http://www.oxfam.de/allianz;
Vgl. zum Engagement der Deutscher Bank/DWS http://www.oxfam.de/presse/120117-nahrungsmittel-spekulation-verschaerft-hungerkrisen-deutsche-bank-muss-aussteigen; http://www.oxfam.de/factsheet-deutsche-bank. Mittlerweile hat sich die Fondgesellschaft der DWS aus Nahrungsmittelfond zurückgezogen.

2 Die Zukunft des Kapitals – was auf dem Spiel steht

1 Vgl. Pressemitteilung zur Eröffnung des Weltwirtschaftsforums 2012 sowie Schwab, K., Was nach dem Kapitalismus kommt, in: *Süddeutsche Zeitung*, 11. April 2012

2 Vgl. Randers, J., *2052. A Global Forecast for the Next Forty Years*, London 2012

3 Vgl. Kahane, A., *Power and Love. A Theory and Practice of Social Change*, San Francisco 2012 sowie Kahane, A., *Transformative Scenario Planning*, San Francisco 2012; als Einstieg empfiehlt sich der Vortrag an der Royal Society of Arts in London, http://www.youtube.com/watch?v=v8ScJqk25yo

4 Vgl. zum Thema *Microfinance* Graeber, D., *Schulden. Die ersten 5000 Jahre*, Stuttgart 2012, S.397ff.

3 Wert(e)berichtigung – die Zeit ist reif für *Fair Finance*

1 http://de.wikipedia.org/wiki/Wertberichtigung
2 Zwischenbericht zur strategischen Überprüfung, 31. Juli 2012, http://www.deutschebank.de/medien/de/content/3862_4182.htm?kid=pi.inter_ghpde.nachricht
3 Rubini, N., *Crisis Economics. A Crash Course in the Future of Finance* (Updated), New York 2011; Otte, M., *Der Crash kommt. Die neue Weltwirtschaftskrise und wie Sie sich darauf vorbereiten*, Berlin 2008
4 http://ineteconomics.org/video/conference-kings/living-history-last-30-years-george-soros; Text im Original: »Economic theory has modeled itself on theoretical physics. It has sought to establish timelessly valid laws that govern economic behavior and can be used reversibly both to explain and to predict events. But instead of seeking laws capable of being falsified through testing, economics has increasingly turned itself into an axiomatic discipline consisting of assumptions and mathematical deductions similar to Euclidean geometry.«
5 Vgl. Hierzu die Analyse in Soros, G., *The new paradigm for financial markets. The credit crisis of 2008 and what it means*, New York 2008
6 http://ineteconomics.org/video/conference-kings/living-history-last-30-years-george-soros; Text im Original: »This means: financial markets should not be treated as a physics laboratory, but as a form of history. The course of events is time bound and one directional. Predictions and explanations are not reversible. Some timeless law can serve to explain events, but not to predict them.«
7 Vgl. Wallerstein, I., *Das moderne Weltsystem*, 3 Bde., Wien 2004 und Braudel, F., *Sozialgeschichte des 15.–18. Jahrhunderts*, 3 Bde., München 1985
8 Vgl. das Interview mit Thomas Straubhaar, Direktor des Hamburgischen Weltwirtschaftsinstituts (HWWI), in der *Bild* vom 12. März 2012. Im Zuge einer Behandlung der sechs größten Irrtümer der wissenschaftlichen Ökonomie stellt er unter dem Punkt »Mehr Mathematik, bessere Ökonomie« fest: »Falsch! Ökonomie ist eine Geistes- und Sozialwissenschaft. Deshalb wird es nie eine Exaktheit der Prognosen geben können, wie sie in den Naturwissenschaften erwartet wird.«, http://www.bild.de/geld/wirtschaft/finanz-krise/finanzkirse-experte-darum-haben-sich-alle-geirrt-23107748.bild.html
9 Vgl. Tomasello, M., *Die Ursprünge der menschlichen Kommunikation*, Frankfurt am Main 2009

[10] Vogl, J., *Das Gespenst des Kapitals*, Zürich 2010, S. 27f.

[11] Ebd., S. 28f.

[12] Interview mit Thomas Straubhaar, Direktor des Hamburgischen Weltwirtschaftsinstituts (HWWI), in der *Bild* vom 12. März 2012

[13] Keynes, J. M., The General Theory of Employment, in: *Economic Journal*, 51, 2 (1937), S. 214

[14] Ebd., S. 214

[15] Kahneman, D. und A. Tversky, Prospect Theory. An Analysis of Decision under Risk, in: *Ecometrica* 47, 2/1979, S. 273, zitiert nach dem Reprint in Kahneman, D., *Thinking fast and slow*, London 2011

[16] a.a.O, S. 109ff.

[17] Sedláček, T., *Die Ökonomie von Gut und Böse*, München 2012, S. 17f.

[18] Vgl. Kay, J., The Parabel of the ox, in: *Financial Times*, 24. Juli 2012, http://www.ft.com/intl/cms/s/0/bfb7e6b8-d57b-11e1-af40-00144feabdc0.html axzz21iOMA3QQ

[19] Nida-Rümelin, J.: *Die Optimierungsfalle. Philosophie einer humanen Ökonomie*, München 201, S. 16

[20] Vgl. Küng, H., *Anständig wirtschaften. Warum Ökonomie Moral braucht*, München 2010 und Marx, R., *Das Kapital. Ein Plädoyer für den Menschen*, München 2008

[21] http://www.spiegel.de/wirtschaft/soziales/deutsche-wollen-laut-umfrage-in-krise-gerechtigkeit-statt-reichtum-a-852596.html

[22] Schiller, F., *Über die ästhetische Erziehung des Menschen* (15. Brief), Stuttgart 1965, S. 63

[23] Henkel, C. H., Die erstaunliche Kehrtwende des Sandy Weill, http://www.nzz.ch/aktuell/wirtschaft/wirtschaftsnachrichten/die-erstaunliche-kehrtwende-des-sandy-weill-1.17402481

[24] Vgl. dazu beispielsweise Chesney, M. u.a., *Basler Manifest*, Basel 2011; Sinn, H.-W., *Kasino-Kapitalismus*, Berlin 2010; Peukert, H., *Die große Finanzmarkt- und Staatsschuldenkrise*, Marburg 2010; Hickel, R., *Zerschlagt die Banken. Entmachtet die Finanzmärkte*, Berlin 2012

[25] http://www.sueddeutsche.de/wirtschaft/heidelberg-cement-chef-scheifele-zerschlagt-die-banken-1.1442146

[26] Gabriel, S., *Eine Minderheit schadet der Mehrheit – und dem ganzen Land*, Thesenpapier zu Banken und Finanzsektor, 21. Juli 2012

[27] Vgl. Gottwald, F.-Th. und K. P. Sprinkart, *Social Business. Für ein neues Miteinander*, München 2011, S. 57ff.

[28] Vgl. Flassbeck, H., *Zehn Mythen der Krise*, Berlin 2012; Graeber, D., *Schulden*, Stuttgart 2012; Sedláček, T., *Die Ökonomie von Gut und Böse*, München 2012

[29] Flassbeck, S. 5

[30] Vgl. Ostrom, E., *Die Verfassung der Allmende. Jenseits von Staat und Markt*, Tübingen 1999

[31] Vgl. Barnes, P., Quellen der Gemeingüter, in: *Gemeingüter. Wohlstand durch Teilen.* Herausgegeben von der Heinrich-Böll-Stiftung, Helfrich, S., Siefkes, C., Sachs, W. und Kuhlen, R., o.O. 2009
[32] Vgl. Buchmann, R., *Open Source als innovatives Wirtschaftsmodell*, München 2011
[33] Vgl. Gottwald, Sprinkart, S. 57ff.
[34] Vgl. Altvater, E. und N. Sekler (Hrsg.), *Solidarische Ökonomie*, Hamburg, 2009
[35] Vgl. Felber, C., *Gemeinwohlökonomie. Eine demokratische Alternative wächst*, Wien 2012
[36] Ebd. S. 12f.
[37] Ebd., S. 12
[38] Vgl. http://www.gemeinwohl-oekonomie.org/wp-content/uploads/2012/03/Gemeinwohl-Matrix_4.0_2012.pdf
[39] Felber, S. 13
[40] Ebd., S. 71
[41] Ebd.
[42] Zum aktuellen Stand des Gründungsprozesses siehe die Website www.demokratische-bank.at
[43] Dörre, K., *Grenzen des Wachstumskapitalismus. Perspektiven gesellschaftlicher Transformation*, Vortrag HM München 2012, Manuskript, S. 2
[44] Vgl. Miegel, M., *Exit. Wohlstand ohne Wachstum*. Berlin 2010
[45] Vgl. Dörre, K., Lessenich, S., Rosa, H., *Soziologie. Kapitalismus. Kritik. Eine Debatte*, Frankfurt am Main 2009
[46] Vgl. Dörre, S. 7
[47] Weizsäcker von, E. U., Keine Angst vor guten Preisen, in: Machnig, M. (Hrsg.), *Welchen Fortschritt wollen wir? Neue Wege zu Wachstum und sozialem Wohlstand*, Frankfurt 2011, S. 189f.
[48] Vgl. Rademacher, F. J., Obermüller, M., Spiegel, P., *Global Impact*, München 2009
[49] Köhler, H., Geleitwort zu Zahrnt, A, Seidl, I. (Hrsg.) *Postwachstumsgesellschaft. Konzepte für die Zukunft*, Marburg 2010, S. 7
[50] Schwab, K., Was nach dem Kapitalismus kommt, in: *Süddeutsche Zeitung*, 11. April 2012
[51] Ebd.
[52] Ebd.
[53] Vgl. Knop, K., Weltwirtschaftsforum in Davos. Vertrauensverlust und Kapitalismuskritik, in: *Frankfurter Allgemeine Zeitung*, 28. Januar 2012
[54] Vgl. Bourdieu, P., Ökonomisches Kapital, kulturelles Kapital, soziales Kapital, in: Bourdieu, P., *Die verborgenen Mechanismen der Macht*, Frankfurt am Main 1993, S. 49–80
[55] Vgl. Rifkin, J.: *Die empathische Zivilisation. Wege zu einem globalen Bewusstsein*, Frankfurt am Main 2012

[56] Ebd., S. 14

[57] Vgl. Kapitel 4 bzw. entsprechende Hinweise in Kapitel 5

[58] Vgl. Weber, M. und A. Schneeweiß, Mission Investing im deutschen Stiftungssektor. Impulse für wirkungsvolles Stiftungsvermögen, http://www.stiftungen.org/de/presse/pressematerial/pressemappen/stiftungsstudie-mission-investing-im-deutschen-stiftungssektor.html

[59] Vgl. dazu die Bertelsmann Initiative im Rahmen des Programms Zukunft der Zivilgesellschaft, www.bertelsmann-stiftung.de/cps/rde/xchg/SID-90A48158-123776F2/bst/hs.xsl/87723.htm, sowie die Website des Analyse- und Beratungshauses Phineo, www.phineo.org

[60] Vgl. zur Finanzplatzstrategie von Liechtenstein unter http://www.bankenverband.li die Medienmitteilung unter der Rubrik »Finanzplatzstrategie: Qualität, Stabilität und Nachhaltigkeit« vom 18. Februar 2011, zum Thema Venture Philanthropy http://www.lgt.com/de/private-banking/philanthropie/ sowie http://www.lgtvp.com/HOPS/Das-Haus-der-Philanthropie-Losungen.aspx?lang=de-CH

[61] Brecht. B., Der gute Mensch von Sezuan, in: Brecht, B: *Ausgewählte Werke in sechs Bänden*. Bd. 2, Frankfurt am Main 1997, S. 294

4 Das Kapital der Zukunft – fair, sozial, stabil

[1] So zusammengefasst von Hinterberger, F., Hutterer, H., Omann, I., *Welches Wachstum ist nachhaltig? Ein Argumentarium*, Wien 2009, S. 48f.

[2] Näheres zur Agenda 21 unter http://www.un.org/depts/german/conf/agenda21/agenda_21.pdf

[3] Gottwald, Sprinkart, S. 31f.

[4] Hinterberger u. a., S. 71

[5] Spicher, P., Cramer v. Clausbruch, J., Waldenfels P. v., Sustainability in Finance. Banking on the Planet, in: Höfer, R (Hrsg.), *Sustainable Solutions for Modern Economies*, London 2009, S. 16

[6] Ebd.

[7] Hoffmann, J., Scherhorn, G., Busch, T. (Hrsg.), Darmstädter Definition nachhaltiger Geldanlagen, http://wupperinst.org/uploads/tx_wibeitrag/ws31.pdf

[8] Die komplette Liste der Unterzeichner ist einzusehen auf www.unpri.org/signatories

[9] Vgl. http://www.nachhaltigkeit.info/artikel/PRI_principles_1090.htm

[10] Vgl. http://www.threadneedle.com/media/236184/en_sri_article_unpri.pdfG14

[11] Eigene Darstellung nach Garz & Schnella, *KPIs for ESG*, DVFA Financial Papers, 8/08_e, Version 1.1-Draft, DVFA, Society of Investment Professionals in Germany, Frankfurt 2008

[12] Schäfer, H., Nachhaltigkeitsindizes, in: Schneider, A. und R. Schmidpeter (Hrsg.): *Corporate Social Responsibility. Verantwortungsvolle Unternehmensführung in Theorie und Praxis*, Berlin 2012, S. 651

[13] Thiel, C., *Das bessere Geld. Eine ethnographische Studie über Regionalwährungen*, Wiesbaden 2011, S. 20

[14] http://www.margritkennedy.de/wenn_sie_nur_ein_paar_minuten_zeit_haben.html

[15] Ebd.

[16] http://www.lietaer.com/other-languages/deutsch-2/

[17] Vgl. http://www.scribd.com/doc/13322419/BrandeinsInterview-Mit-Bernard-Lietaer-2009 download.

[18] Vgl. Uchatius, W. und S. Gesell, Geld muss rosten!, http://www.zeit.de/2012/12/Interview-Onken/seite-1

[19] http://www.roland-regional.de/Abrechnungssystem.82.0.html

[20] Ebd.

[21] http://www.regiogeld.de/urstromtaler.html

[22] Vgl. http://www.wir.ch/index.cfm?DC86BF333C1811D6B9950001020761E5&o_lang_id=1

[23] http://www.regionalentwicklung.de/2012/02/expressgeld-fur-griechenland/

[24] Vgl. http://www.bbc.co.uk/news/world-europe-17680904

[25] Dörner, S., Griechen führen den Obulus ein, http://www.handelsblatt.com/technologie/it-tk/it-internet/alternative-zum-euro-griechenfuehren-den-obolus-ein/4526964.html

[26] Thiel, C., S. 22

[27] Rademacher, Obermüller, Spiegel, S. 129

[28] http://www.kfw.de/kfw/de/KfW-Konzern/Unternehmen/Auftrag/KfW_Entwicklungsbank.jsp

[29] Vgl. http://www.mikrokreditfonds.de/

[30] Vgl. http://www.mikrokreditfonds.de/de/kooperieren.html.

[31] Vgl. Nessa, T., *The Impact of Microfinance Institutions on Women Empowerment in Rajshahi, Bangladesh.* A Thesis submitted to the College of Arts and Sciences in full fulfilment of the requirements for the degree of Doctor of Philosophy Universiti Utara Malaysia 2011, S.182f.

[32] Vgl. http://ideas.repec.org/p/sol/wpaper/2013-98806.thml

[33] Täubert, A., Social Banking. Ein Markt mit 16 Millionen Kunden, zeb/Rolfes.Schierenbeck.Associates, Pressemitteilung vom 2. Mai 2012

[34] Ebd.

[35] Eigene Darstellung nach Bozesan, M., The Future of Sustainable Business from an Investors Perspective, http://www.wbiconpro.com/206-Mariana.pdf

[36] http://www.umweltbank.de/umweltbank/satzung.html

[37] http://www.ethikbank.de/die-ethikband/anlagekriterien.html

[38] http://www.ethikbank.de/dieethikbank/anlagekriterien.html

[39] http://triodos.de/de/ueber-triodos/wer-wir-sind/mission/geschaefts-grundsaetze/

[40] Hafenmayer, W., Alles Gamma oder was?, in: *Institutional Money* 2, 2012, S. 70

[41] Ebd., S. 71

[42] http://www.genussrechte.org/seite/beispiele-referenzen

[43] Crocoll, S., Rendite zum Anfassen, in: *Die Zeit*, 2. Februar 2012, http://www.zeit.de/2012/06/F-alternative-Renditen

[44] Vgl. https://www.boerse-stuttgart.de/de/marktundkurse/genussscheine/produktuebersicht/produktuebersicht.html

[45] http://www.sueddeutsche.de/wirtschaft/investment-in-resozialisierung-bleibt-das-gefaengnis-leer-macht-goldman-gewinn-1.1430672

[46] Vgl. Husmann, N., Wall-Street-Legende Sandor im Interview., in: *Financial Times Deutschland*, 8. Juli 2012, http://www.ftd.de/finanzen/maerkte/:wall-street-legende-sandor-im-interview-die-banken-warfen-mich-raus/70060182.html

[47] Regionalwert AG Bürgeraktiengesellschaft in der Region Freiburg, Geschäftsbericht 2011, S. 4

[48] Ebd., S. 13

[49] Vgl. http://www.whiteinvestments.de/assets/docs/SW2011-01_76-77.pdf

[50] Vgl. http://www.stiftungen.org/fileadmin/bvds/de/Presse/Pressematerial/Mission_Investing/BVDS_Studie_Mission_Investing.pdf (gekürzt und angepasst)

5 Unternimm was! – Schritt für Schritt zur konkreten Investition

[1] Vgl. http://www.ethikbank.de/die-ethikbank/anlagekriterien.html c729. Diese Kriterienliste wurde teils ohne Detailzitation übernommen und aus Gründen der Lesbarkeit in einen Fließtext mit Kürzungen und Kommentaren gebracht.

[2] Vgl. http://www.oekom-research.com/index.php?content=standardoperationalisierung

[3] Vgl. http://www.phineo.org/analyse/verfahren/

[4] Nähere Informationen sind unter www.bcorporation.net zu finden.

[5] http://www.gls.de/fileadmin/media/pdf_bankspiegel/BS0112_ohne_kreditliste.pdf, S. 28f.

[6] Elsell. D., Die Funktion des Nachhaltigkeitsbeirates, in: *Engagiert für Werte, Magazin für gemeinnützige Organisationen*, BethmanBank 2012, S. 7ff.

[7] Weber. V., 100 Milliarden Euro-Grenze im Visier, in: *Forum Nachhaltigen Wirtschaftens*, 3/2012, S. 18, http://www.forum-csr.net/scripts/basics/eco-world/wirtschaft/basics.prg?session=42f94849501506db_883054&a_no=6032

[8] Vgl. http://www.solarlite.de/
[9] Vgl. http://www.wald21.com/
[10] Vgl. http://www.ews-schoenau.de/
[11] Vgl. http://www.selco-india.com/
[12] Vgl. http://www.co2online.de/
[13] Vgl. http://www.ecotact.org/
[14] Vgl. www.discovering-hands.de
[15] Vgl. www.verbavoice.de
[16] Vgl. www.Shonaquip.co.za sowie http://www.schwabfound.org/sf/SocialEntrepreneurs/Profiles/index.htm?sname=222675
[17] Vgl. de.bettermarks.com
[18] Vgl. www.flachsland-hamburg.de/
[19] Vgl. www.rishivalley.org.
[20] Vgl. http://motherearth.co.in/
[21] Vgl. http://dialogmuseum.de
[22] Vgl. www.OpenSpace-Online.com
[23] Vgl. www.OpenSpace-Online.com
[24] Vgl. www.abgeordnetenwatch.de
[25] www.wellcome-online.de
[26] Vgl. www.wellcome-online.de
[27] Vgl. www.iq-consult.com
[28] Vgl. http://www.novica.com/
[29] Vgl. www.thekuyasafund.co.za sowie http://www.schwabfound.org/sf/SocialEntrepreneurs/Profiles/index.htm?sname=206640&sorganization=0&sarea=0&ssector=0&stype=0
[30] Eigene Darstellung basierend auf der Vorlage von http://www.regiogeld.de/typo3temp/GB/bd27b33bc6
[31] Vgl. Münkner, H., 50 Jahre Genossenschaftsförderung in Entwicklungsländern. Ein Fazit, in: *Zeitschrift für Genossenschaftswesen*, 2/2012, S. 133–146
[32] Münkner, H., S. 136f.
[33] Vgl. ebd., S. 137f.
[34] Vgl. http://fieldus.org/MicroTest/info.html
[35] Vgl. Gottwald, Sprinkart, S. 187ff.

Nachwort

[1] Bender, H., Bernhold, N., Winkelmann, B., *Kapitalismus und dann? Systemwandel und Perspektiven gesellschaftlicher Transformation*, München 2012, S. 15
[2] Mann, T., *Der Zauberberg*, Frankfurt am Main 2004, S. 9

Empfehlenswerte Literatur

Alt, F., Spiegel, P., *Gute Geschäfte. Humane Marktwirtschaft als Ausweg aus der Krise*, Berlin 2009

Bugg-Levine, A und J. Emerson, *Impact Investing. Transforming How We Make Money While Making a Difference*, Hoboken 2011

Deml, M. und H. Blisse, *Grünes Geld. Das Handbuch für ethisch-ökologische Geldanlagen, 2012/2013*, Stuttgart 2011

Felber, C., *Gemeinwohlökonomie. Eine demokratische Alternative wächst*, Wien 2012

Flassbeck, H., *Zehn Mythen der Krise*, Berlin 2012

Graeber, D., *Schulden. Die ersten 5000 Jahre*, Stuttgart 2012

Gottwald, F.-Th. und K. P. Sprinkart, *Social Business. Für ein neues Miteinander*, München 2011

Hickel, R., *Zerschlagt die Banken. Entmachtet die Finanzmärkte*, Berlin 2012

Kahneman, D., *Thinking fast and slow*, London 2011

Nida-Rümelin, J., *Die Optimierungsfalle – Philosophie einer humanen Ökonomie*, München 2011

Kahane, A., *Transformative Scenario Planning*, San Francisco 2012

Rifkin, J., *Die empathische Zivilisation. Wege zu einem globalen Bewusstsein*, Frankfurt am Main 2012

Sedláček, T., *Die Ökonomie von Gut und Böse*, München 2012

Sennet, R., *Zusammenarbeit. Was unsere Gesellschaft zusammenhält*, München 2012

Smith, G., *Die Unersättlichen. Ein Goldman Sachs-Banker rechnet ab*, Reinbek 2012

Sinn, H.-W., *Kasino-Kapitalismus. Wie es zur Finanzkrise kam, und was jetzt zu tun ist*, Berlin 2009

Simmel, G., *Philosophie des Geldes*, Köln 2009

Stiglitz, J., *Im freien Fall. Vom Versagen der Märkte zur Neuordnung der Weltwirtschaft*, München 2010

Petit, P. U. und Goi Peace Foundation (Hrsg.), *Earth Capitalism. Creating a New Civilization through a Responsible Market Economy*, New Brunswick 2010

Prantl, H., *Wir sind viele. Eine Anklage gegen den Finanzkapitalismus*, München 2011